做老板不是做好一件大事，而是理顺万件小事

一个小公司老板的日常管理

管理不对路，发展没出路
先做专做精，再做强做大

YIGEXIAOGONGSI LAOBANDE RICHANGGUANLI

王 剑／著

时代出版传媒股份有限公司
北京时代华文书局

图书在版编目（CIP）数据

一个小公司老板的日常管理 / 王剑著 . -- 北京 :
北京时代华文书局 , 2014.8
ISBN 978-7-80769-775-6

Ⅰ . ①一… Ⅱ . ①王… Ⅲ . ①中小企业－企业管理
Ⅳ . ① F276.3

中国版本图书馆 CIP 数据核字 (2014) 第 174250 号

一个小公司老板的日常管理

著　　者 | 王　剑

出 版 人 | 田海明　朱智润
责任编辑 | 林少波
装帧设计 | 天下装帧设计
责任印制 | 訾　敬

出版发行 | 时代出版传媒股份有限公司 http://www.press-mart.com
北京时代华文书局 http://www.bjsdsj.com.cn
北京市东城区安定门外大街 136 号皇城国际大厦 A 座 8 楼
邮编：100011　电话：010－64267120　64267397
印　　刷 | 北京建泰印刷有限公司　010－89580799
（如发现印装质量问题，请与印刷厂联系调换）
开　　本 | 710×1000mm　1/16
印　　张 | 19. 25
字　　数 | 292 千字
版　　次 | 2014 年 10 月第 1 版　　2014 年 10 月第 1 次印刷
书　　号 | ISBN 978-7-80769-775-6

定　　价 | 39. 80 元

前　言

一个企业从创立那天开始，在领导的带领下，在团队的帮助下，通过扎实肯干打下一片属于自己的江山。然而，打江山容易，守江山难，若想让江山不断扩张，不断流传下去，就要看企业领导者的管理水平。只有把企业管理好了，企业才会拥有光明的前景。

每个小老板都希望带领一支团队，为实现自己的个人追求和人生价值而奋斗，打造一份属于自己的光辉事业。可是当你真正拥有一支团队时，你有信心将其管理好，让团队发挥出“1 + 1 > 2”的效果吗？恐怕未必。商界不乏单打独斗的“高手”，他们个人能力很强，责任意识、执行力也都很强，但他们不一定能带领好团队。因为“帅才”与“将才”是不一样的。那么，怎样才能管理好一个公司呢？

很多小老板带领一帮员工，风风火火“闯九州”，闯下“九州”之后，却意味着事业的止步甚至终结。最根本的原因，就是不懂管理。在我们身边，不乏夜以继日加班、身先士卒的老板，他们一边用“拼命三郎”的精神工作，一边抱怨下属的能力不够。他们不知道，管理者的定位是什么；更不知道，正是他们的大包大揽，导致了下属的能力“退化”，致使公司止步不前。

人常说：“向管理要效益。”然而，管理并不是一件简单的事，管理的主要对象是人、财、物，其中人是最主要的因素。垃圾是未被利用的财富，只要我们善于挖掘人才，能够了解其长处、洞察其优势，就能在选人用人的过程中扬长避短，将人才的潜力发挥到最大化。

唐僧师徒的取经团队就是一个成功的典型，唐僧知道孙悟空本事大脾气也大，一定要管紧，所以必要时要念紧箍咒；猪八戒虽然小毛病多，但本事也不小，偶尔批评批评就行；沙僧人老实憨厚，耐力有余而自信不足，要时常给予鼓励。每个团队都有孙悟空式的干将，也有猪八戒、沙僧式的员工，而领导者需要做的，就是充分发挥大家的长处，让员工们各安其位，自己则负责定战略和市场，把握大局，如此一来，团队的战斗力就自然而然地提高了。

一个成功的老板，在管理企业的过程中，往往杜绝“人治”，狠抓制度。小公司立足的关键在于治理，治理的关键在于制度。如果公司没有科学合理的制度，主要靠“人治”，那么或许可以繁荣一时，但是很难繁荣一世。许多百年老店、大型的跨国公司告诉我们，靠制度管理的公司才能持久地发展下去，制度才是真正的老板。华盛顿之所以伟大，关键在于他带领美国人民缔造了《美利坚合众国宪法》，并让每个美国人都遵守这部《宪法》，虽然华盛顿早已不在，但是美国人还是按照这部《宪法》在做事，这就是制度的重要作用。因此，制度才是真正的权力拥有者。

一个成功的老板，在管理企业的过程中，从不以权压人，而是会以心换心。一个只会管事的人只能叫“总管”，一个会管人的人才称得上是领导者。管人的精髓在于管心，管好了人心，你才能人心所向，才能让员工从行为上、精神上都有一种自动自发的意识，使大家为团队的目标积极主动地开展工作，并形成一种职业化的习惯，最终实现员工的自我管理、自我发展和自我进步，当然，最大的赢家是企业这个团队。所以，管事先管人，管人要管心，从心开始做管理，你才能成为优秀的管理者。

一个成功的老板，在管理企业的过程中，往往会表现出超群的智慧，能赢得下属的敬佩和拥护。与此同时，他们还要有较好的内在品格和个性魅力，这样一来，他们的威信就会逐步树立起来，大家都会心悦诚服，听从他们的安排和管理，这样就很容易将工作做好。

总之，如何选拔人才、培育人才、使用人才、留住人才，如何精细管理、为企业创造高效益，对小老板来说，是一门迫切需要掌握的艺术。所谓“磨刀不误砍柴工”，在繁忙的工作之余，抽出一点儿时间，来读一读这本书，可以使你的办事效率更高、工作能力更强、管理更加得心应手。

目 录

CONTENTS

第一章　给你一个公司，你会管理吗

常言道：打江山易，守江山难。企业管理是一门深奥的学问，稍有疏忽，公司就会陷入混乱。世界500强企业，之所以能够鹤立鸡群，不在于效益惊人，而在于管理有方。管理的根本在于老板，在于制度。一个企业有怎样的统帅，关系到这个企业能否打下江山，而一个企业有怎样的制度，则关系到这个企业能否长久发展。

第二章　小公司如何留住骨干

人才是企业发展的根本。在当今社会，谁能得到优秀人才的辅佐，谁就能在激烈的竞争中杀出一条血路，打下一片江山。留住骨干人才，抓住这最为关键的20%，企业才有未来，才有希望。重金或许可以吸引人才，也可以在一段时间内留住人才，但是如果你想让人才长期辅佐你，你就必须在高薪的前提下，注重培养与人才的感情，以情感人，以情留人。金钱留人和感情留人相结合，才是网罗人才最靠谱的策略。

第三章　关于涨工资、分红与年终奖

对员工而言，什么是核心利益？答案只有两个字：薪水。对于一个刚刚毕业不久或家境贫困的员工来说，打拼的目的就是赚钱，这也是不争的事实。作为老板，一定要体恤员工的辛苦，善于利用薪酬制度来留住人才、用好人才。这样，员工才会心甘情愿为你卖命。

第四章　员工就是员工，不要奢望在公司交到真心朋友

俗话说得好：距离产生美。有了距离，才有威严；有了距离，政令才能畅通。和下属打成一片，和下属称兄道弟，并不利于公司的发展。作为老板，既要有亲和力，又不能和下属走得太近；既要不失人性关怀，又不能顾及个人私情。这样，你才能成为令人信服的、受人膜拜的领导者。

第五章　不懂带人，你就自己累到死

正所谓“火车跑得快，全靠车头带”，企业管理的关键在于带人、带团队。真正高明的管理者，不会事无巨细地管，他们只是告诉员工，自己期望得到什么结果，而不会告诉员工应该怎样去做。当一个员工知道自己想要什么的时候，整个世界都会给他让路。

第六章　国有国法，家有家规：制度才是真正的老板

俗话说："没有规矩，不成方圆。"规矩和秩序的重要性不言而喻，当一个团队缺少规章制度时，团队就很容易陷入混乱。当一家企业崇尚人治、忽视制度时，员工就会变得没有执行力。身为老板，首要任务就是建立完善合理的制度，要知道，用制度管人远比用人管人有效得多。

第七章　战略管理：小公司的战略就是赚钱、活下去

企业的目标是什么？松下幸之助说过："企业如果不以赚钱为目的，就失去了做企业的意义。"对于小公司而言，企业的战略就是赚钱、活下来。除此之外，一切都是浮云，都是无意义的。要知道，小企业想立足商界并不容易，半路夭折的小企业太多太多。这就是马云为何忠告老板们：活下来才是首要任务。只有活下来了，企业才有希望争霸天下，从而创造一番宏伟蓝图。

第八章　财务管理：搞不懂财务，就当不好老板

任何一个公司，能在残酷的竞争中生存下来，背后一定有强大的财务体系做支撑。作为老板，无论企业大小，首先要对自己公司的财务状况了如指掌。财务管理的最大特点，就是可量化、精确化、可考核、可检查。只有不断推行精细化管理，控制经营成本，保证收支平衡，才能获得产值和效益的最大化。

第九章　授权管理：管头管脚，但不要从头管到脚

权力是管理者依仗的最大资本，有了权力之后，管理者才能实施有效的管理。但有时权力过分集中，反而会酿下祸患。身为管理者，一定要明确自己的角色定位，要“有所为，有所不为”。领导者授权的成功与否，从大的方面来讲，决定着企业的兴衰成败；从小的方面来讲，关系到工作能否顺利开展。

第十章　赢在执行：没有执行，再伟大的战略都等于零

在当今激烈的市场竞争中，衡量一个企业、一个团队、一个员工的标准，就是执行力。很多企业只关注战略决策，却缺乏有效的执行。要知道，没有执行力，再伟大的战略都等于零；没有执行力，企业就没有竞争力。企业要想立于不败之地，就必须充分激发员工的执行力，建立一支高效的、有战斗力的团队。

第十一章　危机管理：企业家天天想的就是危机在哪里

21 世纪，没有危机感就是最大的危机。如果经营者没有危机意识，管理者不懂得居安思危，就算是“百年老店”，也难逃倒闭的命运。身为老板，当企业处于兴盛时，千万不要妄自尊大。只有未雨绸缪，控制好风险，增强企业的免疫力，你的企业才能长治久安。

第十二章　老板的形象影响着公司的命运

自古道：“江山之固，在德不在险。”君主如此，老板也如此，治理国家与管理企业，本质上没有区别。正所谓“正人先正己”，要想拥有振臂一呼、应者云集的号召力，先要具备良好的德行；要想在竞争激烈、危机重重的商场上屹立不倒，就要有大胸襟、大抱负。

第一章 Di Yi Zhang

给你一个公司，你会管理吗

常言道：打江山易，守江山难。企业管理是一门深奥的学问，稍有疏忽，公司就会陷入混乱。世界500强企业，之所以能够鹤立鸡群，不在于效益惊人，而在于管理有方。管理的根本在于老板，在于制度。一个企业有怎样的统帅，关系到这个企业能否打下江山，而一个企业有怎样的制度，则关系到这个企业能否长久发展。

1 团队打天下，管理定江山

有一位智者带着徒弟在河边散步，忽然，智者向徒弟提了一个问题："怎样才能使一滴水永不干涸?"徒弟想了很久，答道："将它托入掌心。"智者笑着说："非也非也！将它投入大海之中。"

当一滴水融入了大海，它才不会干涸；当一个人融入了团队，它才能更好地施展才华、成就自我。要知道，单个人的力量是渺小的，尤其是在企业打天下时，尽管有些创业者特别能干，但他们个人的力量也是有限的，只有借助团队的力量，才能打下一片更大的江山。

可是，打江山容易，守江山难。相比于带领团队打天下，在打下天下之后，如何治理天下、管理天下，让属于你的天下稳步地发展，会有更大的难度。很多创业者带领一帮员工风风火火"闯九州"，闯下"九州"之后，却意味着事业的止步甚至终结。有一项调查显示，中国的中小企业平均寿命不到3年，这就是"守江山难"的最好例证。

为什么会这样呢?因为打江山时，人们会想：我什么也没有，放手一搏，失败了也没什么。在这种心理状态下，他们会有一股勇往直前，毫无畏惧，破釜沉舟的精神。在与困难斗智斗勇，反复周旋的过程中，不断地获得成功，自信心、进取心会一步步被激发出来，最终取得胜利。而守江山时，人们容易因骄傲而失去危机感，或因取得成就而自以为是，认为自己无所不能，于是轻率冒进。

当然，最根本的原因在于，管理一个公司是一门深奥的学问，管理不当，公司就会陷入混乱，这样公司就很难继续发展下去。如果企业管理得当，公司就会有生生不息的生命力，一代一代地传承下来。这一点在著名的美国杜邦公司的发展历程中，就有明显的体现。

杜邦公司从1802年创立至今，已经有200多年的历史，是世界500强企业中最长寿的公司。它之所以如此长寿，得益于杜邦家族在企业制度上的不断创新。

早期的杜邦公司在管理上，崇尚个人英雄主义，尤其是亨利·杜邦掌权时，就特别独裁，哪怕是细微的决策他都要亲力亲为，所有的支票他亲自开，所有合同他亲自签。这种管理方式在他39年的任期内取得了较好的效果，将公司的发展带到了一个前所未有的高度，并帮助他建立起了杜邦帝国。这种成功得益于亨利·杜邦超强的个人能力，而不是得益于完善的企业制度。因此，当他卸任之后，杜邦公司就出现了危机。

1889年，亨利·杜邦去世，他的侄子尤金成为接班人。但由于他的管理经验不足，能力有限，导致公司的效益大衰退，差一点就葬送了杜邦。杜邦家族见到这种情况，马上意识到问题，于是决定改行集团式经营的管理体制。

在新的管理架构下，最高决策权依然掌控在杜邦家族手中，但他们拒绝亲力亲为，而是把执行权交给执行委员会。同时，杜邦公司实行制度化管理，而不是仅仅靠人来管理。自从实行这种管理模式后，杜邦公司的效益显著提高。

但是，决策权过于集中也有缺陷，因为市场瞬息万变，杜邦家族在做决策时，很难适应市场的变化。鉴于这种情况，杜邦公司开始深化管理体制改革，把权力下放给分部，这再一次促使杜邦公司获得大发展。

然而，在激烈的市场竞争中，杜邦公司在20世纪60年代初遇到了一次严重的危机。当时他们不得不出售10亿多美元的通用股票，导致公司多年的优良资产被剥离。同时，公司控制的美国橡胶公司也被洛克菲勒家族抢走。

出现这种问题，说明原有的经营模式不再适应公司的发展。于是，科普兰·杜邦临危授命，出任杜邦公司的第11任总经理兼董事长，并改变了原有的经营方针。1967年年底，科普兰放弃总经理一职，而是让非杜邦家族的马可担任总经理。科普兰还放弃了财务委员会议长的职位，他只担任董事长一职。由此，杜邦公司“三驾马车”式的体制正式成立。1971年，科普兰又让出了董事长的职务。

科普兰对管理职务的放弃在杜邦发展史上是一个创举，因为在他之前，杜邦家族以外的人无权担任公司最高职务。但是他果断地打破了这一家族恶习，结束了杜邦公司长达170年的专制。从此，杜邦公司从家族企业转变成现代巨型的总经理式企业。

如今，杜邦家族成员基本上成了优秀的经理职员，只有一人进入公司的董事会。尽管杜邦家族在董事会中的人数越来越少，并且基本不参与重要的经营决策，但杜邦家族仍是公司的拥有者，占有公司最大份额的利润。

从第11任总裁科普兰至今，尽管杜邦公司换了8任董事长，但公司的制度一直沿袭了下来。由此我们可以发现，杜邦公司之所以能长久地发展，不在于由谁管理，而在于用什么样的制度来管理。因为单凭人来管理，受限于人的能力，会产生截然不同的管理效果，但用制度管理，按制度执行，一切都在制度的规范下正常地运转。所以，管理定江山，本质上是制度管理定江山。

杜邦公司的发展还告诉我们，企业制度并非一成不变，而要随着现实环境不断地调整，不断地创新。科普兰的制度变革就体现了这一观点。可以说，杜邦的可持续发展与它的制度创新是分不开的。

所以，领袖是打天下的“王”，制度定江山的“王”。一个企业有怎样的统帅，关系到这个企业能否打下江山，而一个企业有怎样的制度，关系到这个企业能否长久发展。只有坚持制度为王、制度创新为王的管理思想和模式，企业的江山才能永固。

2 真正的领导是管人的，而不是做事的

在我们身边，不乏夜以继日加班、身先士卒的领导者，他们一边用“拼命三郎”的精神工作，一边抱怨下属的能力不够。他们不知道，领导者的定位是什么、究竟是干什么的。也不知道，正是他们的大包大揽，导致了下属的能力“退化”。

想一想：在过去的一周里，你有多少时间是在做事，有多少时间是在管人、带人？所谓做事，是指你自己去执行具体任务，亲上执行一线，所谓管人、带人，是指你做企业战略规划、制定企业目标、给员工分派任务，然后追踪员工执行进程，根据员工的表现加以指点，或给员工做示范，给员工做评估等等。

如果你把一周的 5 天工作和所花的时间列出来，就会发现用在管人、带人上的时间很少，而用在做事上的时间很多，那么你就要开始改变了。因为真正的领导是管人、带人的，而不是做具体琐碎的事情的。如果你把过多的时间投入到公司琐碎的事情上，就意味着你在管人、带人上花的精力太少，这势必会影响你带团队的效果。

有一位管理专家在培训课上讲过这样一段话：中层管理者应该用 50% 的时间管人、带人，用 50% 的时间做事；高层管理者应用 80% 的时间管人、带人，用 20% 的时间做事。如果你喜欢做事，无法说服自己少做事，那么你永远无法成为优秀的企业领导者。因为你这种喜欢做事的习惯，注定了你不适合做领导者。

在惠普公司，定位领导者有一个基本的原则，那就是管理者是教练而

不是老板。因为老板可以发号施令，但教练却不同，教练水平的高低要看他带的团队水平如何，而不是看他个人能力多强、多么能干。其实，惠普的这个原则很好地阐释了真正的领导是管人、带人的，而不是做事的。

看过足球联赛、篮球联赛的人都知道，球队的整体素质、赢球的场次和最终的排名，才是一个教练水平高低的体现。因此，作为一名优秀的领导者，一定要完成从自己做事到指导别人做事的转变。也许一件事，领导者自己做只需 1 个小时，但教下属做却要花 3 个小时，但是领导者别无选择，必须花时间教别人，只有授人以渔，让下属变得更优秀，让团队变得更有战斗力，领导者才是称职的教练。

与此同时，领导者还要容忍下属在某些方面比自己差，甚至很多地方不如自己。试想一下，如果下属各方面都比你强，那他就不应该是你的部下，而应该是你的上司了。如果你有这种心态，那么你就会有足够的耐心来管理、领导下属、提升整个团队的水平了。

事实上，领导者管人、带人主要表现在这样两点：第一，用规章制度管理员工，让公司在一个有秩序、有纪律的环境下运转。第二，善于用人，因为领导者是帅，帅就要会用兵，会用人。善于用人的领导者，懂得发现下属的优点，让下属做擅长的事情，因此他们身边总是人才济济，各个下属都能在某一方面独当一面。

在《史记·淮阴侯列传》中，有关于刘邦与韩信的一段对话，很好地表明了领导者是帅而非将；是管人、带人的，而非做事的；是把员工放在正确位置上，让员工发挥自己特长的，而非把员工放在错误位置上，泯灭员工优势和激情的。

有一次，刘邦问韩信："像我这样的人你看能带领多少士兵？"

韩信说："超不过 10 万人。"

刘邦又问："那你呢？"

韩信说："多多益善。"

刘邦有些不高兴："你能多多益善，那怎么还是被我抓了呢？"

韩信说："你不善领兵卒，却善于领导将士，这就是我韩信为你所用的原因。"

在这段对话中，韩信提出了关于"帅才"和"将才"的概念。在韩信看来，他是一个将才，擅长带兵打仗、攻城拔寨，而刘邦是帅才，擅长领导大将，给大将放权，让大将去战斗、去执行任务。事实就是如此，刘邦不仅领导着韩信，还领导着张良与萧何。这三人在刘邦手下，各自在自己擅长的位置上施展才能，最后帮刘邦夺得天下。

领导者是帅才，管理者是将才，帅才比将才高一个层次，帅才偏重于战略思维，其学识和涵养有助于提升自己的思维空间和眼界，以保证总揽全局、放眼长远。而将才是在一定范围内掌控局势，带领下属完成统帅分派的任务，他们偏重于战术或方式方法的研究。

对于领导者而言，你要做的不是按照你的想法去塑造下属，而是为他们的成长提供条件，帮助团队获得成功。通过发现下属的优势，给下属安排正确的职位，让他们更好地发挥自己的才能。这才是领导者真正要做的事情。

3 优秀的领导者能把一群绵羊变成冲锋的战士

一只狮子带领一群绵羊，与一只绵羊带领的一群狮子战斗，哪一方会取胜呢？让我们来看一看吧！

一只狮子站在绵羊面前，以专业的素养训练着一群绵羊，训练结束后羊群的战斗力有了很大的提升。另一边，绵羊首领站在一群狮子面前。训练开始了，绵羊按照羊群的散漫管理方式来训练狮群，结果可想而知，大家军心涣散，反而失去了原有的战斗力。当两军对垒时，狮子训练的绵羊军团战胜了绵羊训练的狮子军团。

的确，正如一位法国军事家说过的那样："一只狮子带领一群羊，要远远胜过一只羊带领一群狮子。"这句话是非常有道理的，因为狮子是优秀的"领头羊"，它能通过自己的领导才能，激发出整个绵羊团队的激情，使绵羊成为冲锋的战士。

其实，优秀的领导者就是雄狮，一个团队的战斗力，归根结底要看领导者的带人能力。巴顿将军曾经说过："在战争中有这样一个真理：士兵什么也不是，将领却是一切。"一个团队能否迸发出战斗力，关键在于领导者是否有魄力、决断和勇气，是否善于带领团队、激励队员、合理地安排队员的工作。所谓"兵怂怂一个，将怂怂一窝"就是这个道理。

优秀的领导者之所以能把一群绵羊型的员工变成冲锋的战士，主要在于这样几点：

首先，优秀的领导者要对员工充满期许。

把绵羊变成雄狮，看似是不可能实现的目标。因此，在一开始，领导者就要向员工提出这样的期许。如果你不将这种期许告诉员工，员工或许不可能朝着你所期望的方向发展。要知道，每个人都很享受别人对自己的高期许，因为这意味着自己的价值被肯定。

领导者要知道，对员工期望越高，员工的发挥可能越好，甚至会超出这种期望。在心理学上，有个"皮格马利翁效应"，说的是一个名叫皮格马利翁的雕刻家精心雕刻了一位美女，并深深爱上了这个雕像。他每天祈祷盼望着这个雕像能成为现实中的人，与自己生活在一起。后来，他的诚意感动了神，这座雕像被赋予了生命，真的与皮格马利翁生活在了一起。当然，这是一个神话，但它说明了真心期许的重要性。

对领导者而言，不需要把不现实的事情变成现实。领导者要做的，就是期许下属变成战斗力强的"雄狮"。只要你对他们表达期望，发现他们的闪光点，鼓励他们努力，他们就会变得越来越出色。

其次，优秀的领导者要对员工表达信任。

当你领导一支团队时，你要相信：这支团队缺少的并不是想法和建议，而是缺少领导者对员工的信任和信心。如果领导者始终对员工抱有希望，员工就会感到无比的自信。他们会愿意花时间和领导者一起研究如何让团队变得更优秀。

当员工提出建议和想法时，如果领导者表达认同和肯定，并且能有选择地加以采用，那么对员工就是非常好的激励。当领导者分派给员工任务时，说："去干吧，我相信你没问题。"员工也会感受到信任的力量，从而百分百地投入精力，争取不辜负领导者的期望。

某电信公司的领导者贝蒂在带领团队时，就采用了信任的原则，她是这样总结她的带队经验的："我会尽量让我的团队了解到，我真心认为他们可以做好这项工作，我相信他们能够做出判断，寻找信息，及时获取信息。在我们的团队会议上，当我们分析总结员工工作成就时，我会有意识地表扬队员们的贡献，不会当面指出他们的不足之处。"

这样，公司就会充满轻松的氛围，员工们感觉自己尽了全力，大家相互之间就不会指责，而是相互支持和尊重。贝蒂说："我相信人们会实现我们的期望，只要你选择信任他们，表扬员工的成就，就可以让他们自动高效率为你做事。"

再次，优秀的领导者重视激励员工。

著名领导力训练专家谭小芳曾表示，10 个失败的领导者，9 个不懂得激励下属；10 家失败的企业，9 家企业忽视激励员工。我们先来看一个历史案例。

《史记》中记载，汉楚相争之初，项羽兵力多达40 余万，是刘邦的4倍。然而，项羽不会看人识人，奖罚不明，"于人之功无所记，于人之罪无所忘，战胜而不得其奖，拔城而不得其封"，"虽有奇士不能用"。这直接导致陈平、韩信等优秀的部下离他而去，选择为刘邦效力，甚至还直接逼走了亚父范增。最后，这位"力拔山兮气盖世"的霸王被善于用人、善于激励的刘邦所灭。

领导员工发展企业，与带领队伍打天下的道理是一样的。如果你想避免企业走向衰落，请从激励员工开始。比如，你要经常问一问自己：员工希望获得哪种激励呢？当我称赞员工时，他是否会兴奋呢？我最后一次在工作中称赞别人是什么时候？其实，激励员工很容易，简单地拍一下后背，表达一种友善和认可，一句表扬，表达赏识和器重，一个充满肯定的眼神等等，都能激励员工奋发向上。

此外，还有授权、对话、承诺，都是领导者要做的。德国西门子公司在这方面做得很好，他们重视向员工授权，充分信任自己的员工，并千方百计为员工实现目标排忧解难。公司的领导者认为，授权的前提是信任，信任的前提是员工能够胜任。领导者还要重视与员工对话、沟通，这样做的目的是向员工承诺，给员工一个值得憧憬的目标，给员工实实在在的发展空间。

如果你能做到以上几个方面，那么，你也能把绵羊型的员工变成雄狮般的战斗勇士，让他们冲锋陷阵，为企业攻城拔寨。

4 别给员工讲道理，没人听

小时候，犯了错误，父亲会把我们叫到跟前，滔滔不绝地跟我们讲道理：“你怎么会犯这样的错误呢？不知道这样做不对吗？”长大后，进入公司，如果犯了错误，领导者也会把我们叫过去，喋喋不休地跟我们讲道理。知道吗？我们已经很反感别人给我们讲道理了，员工也有同样的心理。

有一次，一位领导和下属谈话，下属的情绪有点低落，领导就劝她几句。怎么劝说呢？无非就是讲一些大而空的道理，领导讲的时候见下属没吭声，于是继续讲。突然下属忍不住了，大声说："你真不愧是领导，这么会讲道理。"一时间，领导明白了什么意思，知道讲道理激起了下属的反感。

也许很多领导者不知道，下属听你讲道理的时候，表面上不吭声，甚至对你点头表示认可，实际上他们心里早已厌烦，只不过出于对你的尊重，不好意思让你难堪，才忍气吞声地接受。他们在听的时候，早已经左耳进右耳出，你的大道理对他们没有作用。有这样一段对话：

一位女职员和朋友谈起领导，说："领导经常给我讲道理，好像他知道的东西多，我就是不懂事的小孩子一样，特别让人讨厌。"

朋友说："那是领导关心你，才会找你谈话，跟你讲道理，是为你好啊！"

女职员说："我才不稀罕。他讲道理时，我听也是左耳进右耳出，他说也白说。"

从这段对话中，我们可以发现：讲道理是没有效果的沟通。所以，聪明的领导者，千万不要给员工讲道理，因为没人愿意听。当一个领导者想通过给员工讲道理来解决问题时，他已经落于下风了，这是管理上的无能。

有一位企业的人力资源经理说，他在日常管理中，最喜欢"讲道理"，他每天都会花大量时间去"讲道理"。当员工发生冲突时，他去讲道理；当部门之间配合不好时，他也去讲道理；当下属不支持她的工作时，他也去讲道理。可是，当别人问他"讲道理能解决问题吗"时，他却一脸无奈地说："唉，这些人都不讲道理。"

要知道，每个人都有固定的思维模式，每个人都有自己的思想和理念，都有看问题的不同角度。如果你和他讲道理，只是站在你的角度跟他讲道理，那么他怎么可能认同你呢？道理讲得多了，就成了纯粹的理论，这些理论早已经被别人嚼烂了，你再去反复讲述，味同嚼蜡，谁爱听呢？

事实上，真正优秀的领导者，不会和员工讲道理，而是和员工讲故事，通过讲故事，来表达一种观点，引起员工思考。而且这个故事往往很有趣，很有深意，让人听了之后，久久忘不掉，这样就能持久地发挥影响。通过讲故事来表达观点，激励员工，是一种趣味性的沟通，绝不同于讲道理来强迫员工接受，所以，效果往往比较好。

一个人力资源经理跳槽到一家新单位，上任伊始，老板为了让他在公司树立威信，公布任命之后，就让他发言。他站起来，很幽默地说："我是一头驴。"大家一听，顿时哄堂大笑。

接着，人力资源经理说："我们家乡有一头驴，一天它不小心掉到枯井里，在井里凄惨地叫了好几个小时，主人想了很多办法，都没有把它救起来。最后，他决定用土把驴埋在枯井里，一来免得驴子活活饿死，二来避免其他东西再次掉进枯井里。于是他找来村民帮忙，大家抓起铁锹，开始往井里填土。一开始驴子恐慌地嚎叫，不一会儿，驴竟然安静下来，当村民把土铲到它背上时，它迅速地把土抖落下来，然后狠狠地用脚踩结实。就这样，驴一点一点地升到了井口。"

讲到这里之后，人力资源经理又说："我现在还说我是一头驴，大家还觉得好笑吗?"在沉静片刻后，大家爆发出热烈的掌声。掌声渐停后，人力资源经理说："我的存在就是和大家一起抖落身上的土，希望全体成员和我一样，配合我的工作，为公司清除发展中的障碍，为公司的发展贡献一份力量。"这时全场再次掌声雷动。

如果你不给员工讲道理，而是给员工讲故事，并且故事有寓意、有深意，而且讲得生动有趣，那么你将成为一个受人欢迎的领导者。领导力大师约翰·科特认为："故事长驻大脑，因此带来变化，有机会影响员工的行为。"因此，从今天开始，尽量不要和员工讲道理，试着给员工"讲故事"，用故事阐述道理，用故事引导员工改变行为，这样效果会更好。

5 管理越简单越好，无为而治是最高境界

作为企业领导，你的任务不是处处管着、监视员工，而是建立一个能让每个人都能成为人才的制度，让员工自发地对待工作。因为一个企业最好的控制方法，就是来自于员工的自我管理。

杰克·韦尔奇有一句经典名言："管得少就是管得好。"管得少却能管得好，是因为各种制度、措施真正发挥了主导作用。在良好制度的规范下，员工的自觉性、责任感、积极性都能得到充分的激发，这对减轻管理压力、简化管理环节、提高执行力，都有非常好的作用。这一点在下面的例子中得到了充分印证。

苏州某工业园区实行体制规范、政策透明的"授权管理"，先后制定了45项新的管理办法和实施细则，里面清楚地规定什么可行，什么不可行，哪类问题应该怎么做，都规定得非常详细。在"授权管理办法"实施以后，员工们发现，领导亲自过问事情的现象越来越少，但按制度办事的良好风气却在园区内逐渐形成。

由于少了很多管理环节，一些项目审批、海关物流、外事管理等看似复杂的问题变得十分简单而有效，园区的主要经济指标8年保持50%左右的增长速度。仅2002年全年的GDP总额就达到了252亿元，财政收入32亿元。

管得少并不是说管理者的作用被弱化了，恰恰相反，由于在管理上变"人"治为"法"治，真正实现了按制度办事，用制度规范企业，管理的效率大大提高，管理者可以从繁杂的管理事务中解放出来，更好地去做企

业战略上的规划。

台湾奇美公司是一家生产石化产品ABS的企业，该企业虽然比不上王永庆的台塑公司，但它的生产力是同行企业的4倍。在20世纪70年代，其产品掀起了石化业的一场革命，其产品质量之高、价格之低让同行的美国和日本企业都畏之如虎。公司想要投资的地方，众多的美日厂商都会退避三舍，不敢与之竞争。

为什么奇美公司有如此强大的竞争力呢？这得益于公司董事长许文龙的“无为而治”的管理方式。虽然许文龙挂着董事长的头衔，但这是一个十足的虚名，他就像英国女王一样，对企业内部的大小事，根本就不参与管理，而是全部授权给部属。许文龙从来不做任何书面的指令，即使偶尔和主管们开会，也只是闲聊家常。很多时候，他甚至根本不知道公司的图章放在哪里，更奇怪的是，他连专门的办公室都没有。因为他很少在办公室，而是经常开车去外面钓鱼。

有一次，他在外面钓鱼时，突然遇到大雨，于是他就开车去公司避一避雨，顺便看一下公司。当员工看到他时，竟然惊讶地问道：“董事长，没有事你来干什么？”他想了想说：“对呀！没事来这干什么？”说完，一溜烟地开车离去了。

许文龙的例子启示我们，作为老板，一定要信任员工，充分放权。充分放权，减少控制，这种“无为而治”是一种管理境界，是一种依托企业制度、企业文化、企业战略而建立起来的经营平台。“无为”并不是什么都不做，你别看许文龙什么都不做，实际上他对奇美的发展情况心如明镜。“无为”是让企业在制度、文化的规范下，非常自然有效地运行，就像钟表上了发条，尽管你不在钟表旁，但是它不会因为你的离开而停止运行。

海尔集团的董事长张瑞敏曾说：“我经营海尔主要是无为而治。我只抓大事，企业的大事就是文化、组织和战略。”在张瑞敏看来，“无为”中有“有为”，他认为“无为”就是企业的价值观，它是无形的，但是非常重要。在这个无形价值观的指导下，可以产生有形的企业发展成果。张瑞敏说："所谓的'超级领导'，就是当你的下属没有你的管理时，仍然能够正常工作。"

反观一些中小企业的管理者，就缺乏无为而治的勇气和自信。据一份权威的调查分析报告称："中国企业每个层次上的管理者，大概都把80%的时间用于管理，把20%的时间用于工作上。"许多管理者习惯于崇拜自己、相信自己，对员工不放心，经常不礼貌地干预员工的工作，从始至终都不敢放开下属的手，每个环节、每道关他们都要严把。管理者忙得团团转，到最后企业却在生存的边缘上苦苦挣扎。究其原因，就是因为管理者管得太多造成的。

因为管得太多，管理者终日疲于奔命，没有精力抓制度、抓战略、抓落实，因而很难取得工作实效；因为管得太多，管理者顾此失彼，漏洞百出，问题层出不穷，使企业利益严重受损；因为管得太多，员工的积极性和创造性会严重受挫，会变得越来越束手束脚。时间一长，企业就会缺少活力，缺乏生机。

管理者管得太多，对员工的危害是致命的。在这方面，我们可以用"大象理论"来加以阐述。大象小的时候，饲养员用一条铁链将它拴住，使它无力挣扎。时间久了，大象就失去了挣扎的习惯，习惯了铁链。直到它长成大象，原本力气足够大，可以轻而易举地挣脱铁链时，它也不会去挣脱了。

其实，领导者对员工管理过多、管理过严，最终也会把员工变成不想挣脱铁链的大象。员工会习惯性地依赖管理者，而不会积极地思考、创新，不会独立地、自信地完成工作。在这种情况下，员工不可能获得成长，不可能变得出色。因此，管理者应该从一开始，就放开拴住"小象"的"铁链"，即使你觉得员工能力不够，也要给他机会去尝试、去锻炼、去成长。这样员工才可能在某一天，成为独当一面的人物，去分担你管理上的压力，帮你实现无为而治。

6 管理最重要的不是权力，而是智慧

在企业中，有一种领导说出来的话“一言九鼎”，全体员工非常拥护，积极按照领导的意图去执行任务；有一种领导说出来的话却“一文不值”，全体成员不屑一顾，但“人在屋檐下，不得不低头”，只能被迫去服从。这两种领导的差别在于，前一种领导靠的是智慧、权威和个人魅力来领导员工，后一种领导是靠单纯的权力来管理员工。

领导者的权威留存于员工的内心，权力却是浮在表面上的。员工当面对你敬畏，背后对你异常钦佩，这是权威的作用；员工当面对你点头哈腰，背后却说你非常糟糕，这是权力的作用。作为一个领导者，你肯定希望用智慧和权威领导员工，而不是用权力“压迫”员工。因此，你必须认清领导智慧与权力在管理中各自发挥怎样的作用。

众所周知，一个领导者必须拥有权力，领导者本身的职位就赋予了他这样的权力，没有权力，便不能称其为领导。权力的力量能使别人服从，如果运用得当，权力可以产生巨大的影响力。但如果使用不当，权力就会成为“暴政”的工具，成为强制员工服从的外在力量。在这种情况下，员工会对你产生反感，他们很难发自内心地服从你、支持你、认同你。

不少领导者没有认识到这一点，认为自己是领导，就应该对员工呼来喝去，就有权“专制”——说一不二，一言九鼎，员工必须绝对服从。否则，就用权力来强迫员工、处罚员工。而真正有智慧的领导者不会这样做，他们深知：打动员工、赢得员工敬意的最好办法，是用自己的智慧和能力来带领团队。所谓“将帅无能，累死三军”、“兵怂怂一个，将怂怂一

窝”，足以证明领导者的能力对整个团队的重要性。有能力的领导者在团队里很容易产生巨大的号召力。

一个成功的领导者，在管理企业的过程中，往往会表现出超群的智慧，能赢得下属的敬佩和拥护。与此同时，他们还要有较好的内在品格和个性魅力，这样一来，他的威信就会逐步树立起来，在工作中他就会一呼百应，大家都会心悦诚服地听从他的安排和管理，这样就很容易将工作做好。

领导者的权力是职位赋予的，但领导者的影响力则产生于他本人的能力、素养和品质。权力的运用往往依靠高压，而影响力的发挥则表现为发自内心地赢得对方的认同、打动对方的真心。权力可以通过个人的资源、势力去影响他人的行为，而影响力则能促使他人态度、信念、价值观和行为的改变。

在《葛底士堡》这部电影中，讲述了美国内战时期一个重要的战役——葛底士堡战役。影片中有一个片段描写了张伯伦上校如何处理一批逃兵。当时一批逃兵被抓之后，逃兵的一个代表向张伯伦抱怨："我们在战争中做了很大的贡献，但是却受到了很多虐待，我们厌恶战争，我们想回家……"

张伯伦是怎样处理的呢？他没有动用手中的权力，严惩甚至枪毙这些动摇军心的逃兵，而是对逃兵说了一番情真意切的话："这场战争非常重要，如果北方军失败了，那么我们就将失去最宝贵的自由。既然你们不想战斗下去，那你们就走吧，我不会处罚你们。在你们走之前，我只想告诉你们：我们都渴望回家，但是如果战争失败了，即使我们回家也将失去意义。"

最终，这些逃兵改变了主意，他们重返战场，全军团结一心，取得了葛底士堡战役的胜利。

在这个故事中，张伯伦上校作为一个领导者，他拥有处罚士兵甚至枪毙士兵的权力。但是他没有用权力镇压逃兵，而是选择用自己的智慧——

通过以情动人、以理服人的办法，说服逃兵重返战场，最后他成功了。也许他的成功不在于他的说理多么有说服力，而在于他这种行为本身所产生的感染力。

要知道，很多军官在战争中，往往动不动就向不服从命令的士兵大吼大叫，甚至用枪口对准他们，毫不犹豫地扣动扳机。如果张伯伦也这么做了，也许逃兵会屈服，但这往往是口服心不服，结果人在曹营心在汉，又谈何战斗力？这种服从是暂时的，一旦有机会，士兵就可能再次哗变，甚至“临阵倒戈”，这种结果是非常可怕的。而张伯伦通过个人影响力打动了下属，所产生的影响力是内在的、长久的。

事实上，战场上的将军领导士兵，与企业中的领导者管理下属，道理是一样的。看看今天的中国商界，华为的任正非、联想的柳传志、海尔的张瑞敏，他们都在用自己的智慧影响着企业员工，用自己的能力带领企业迎着世界趋势锐意进取，使企业在激烈的竞争中，依然能取得骄人的战绩，这也使他们在员工心目中的影响力进一步提升。

领导者的智慧表现在很多方面，既表现为制定长远的战略规划上，还表现为按制度办事，公平公正地对待员工上，也表现在日常管理中，与员工和谐相处上，等等。如果你想树立自己的影响力，那么不妨动用聪明才智，想方设法让员工“服你”。在这方面，英特尔公司总裁的做法非常值得借鉴：

曾经有段时间，英特尔公司的员工经常迟到。公司领导者对迟到者处以批评、扣工资等处罚，但是问题依然没有解决。最后，总裁想了一个办法，他每天第一个到公司，并站在门口迎接员工。迟到的员工见总裁在门口迎接自己，内心产生了强烈的自责感，他们发誓不再迟到。那些没有迟到的员工见总裁来得比自己早，便提醒自己：明天我要来得更早一点。渐渐地，员工迟到的现象得到了根本的改变

毫无疑问，总裁先生的做法是充满智慧的，他通过以身作则的方式，给员工树立了一个标杆，让员工自觉地向他看齐。这样一来，不用发火动怒、不用扣钱惩罚，员工迟到的现象就得以解决。试问，这难道不是高明

的管理智慧吗？所以，如果你的员工上班也经常迟到，那么请先反省一下自己：是不是我经常迟到？是不是我不重视员工迟到问题？同时了解员工迟到的原因，而不是用权力来处罚员工。

员工迟到问题只是管理者的问题之一，在管理中，你还会碰到很多问题，但无论碰到怎样的问题，不到万不得已，不要轻易动用你的权力去“镇压”你的员工，而要试着用感情、劝说、说理等软性的办法，用你的个人品行和人格魅力去影响员工。当然，对于明确的制度规定，如果员工违反了，该罚还得罚。当然，要记住：罚不是目的，不能罚完了事，而要用你的影响力，引导员工走向你所期望的方向。

7 小公司的战略就是挣钱，活下来

“今天很残酷，明天更残酷，后天很美好，但是绝大多数人死在明天晚上，见不到后天的太阳。”阿里巴巴集团创始人马云用这样的话形容竞争的残酷，他说：“小公司的战略就是两个词：挣钱，活下来。”

马云和无数企业家用亲身经历告诉我们：“企业生存永远是第一位的，至少在创业阶段，最重要的是先挣到钱，保证企业活下来，然后再考虑进一步发展壮大的问题。”

在《士兵突击》中，有一句经典的台词：“什么是有意义？有意义就是好好活。什么是好好活？好好活就是做很多很多有意义的事。”世界上，每天都有很多家公司破产，半途夭折的公司不计其数。据统计，日本 90% 以上的公司在 3 年之内消亡。所以，老板先让公司活下来显得尤为重要。

作为公司的老板，当务之急是思考怎么让企业活下来，怎么稳步地赚钱，而不是急功近利地想要一夜暴富。俗话说："心急吃不了热豆腐。"作为老板，如果总是想着暴富，总是嫌弃赚钱的速度慢了，往往会栽大跟头。

张先生是一位做百货生意的创业者，在同行激烈的竞争趋势之下，他感到了不小的压力。虽然百货公司每年能给自己带来几十万的利润，但是他觉得赚得不够多。所以，他还想创办一个网络公司。

下属听他说要搞网站，就劝说道："现在网络行业已经人满为患了，一些实力很强的公司都难以生存，我们没有经验，资金又不是很雄厚，贸然投资，很难成功的。"

张先生一听，说："没经验怕什么，我们几年前做百货生意时，也没有经验，还不是照样做成了？"他执意创办网络公司，结果因竞争太过激烈，不到一年，公司就破产了，原来的百货公司赚的钱也赔了进去。

张先生所犯的错误就是危机意识淡薄，不懂得先活下来，自然不可能做有意义的事。日本"经营之神"松下幸之助曾经说过："企业家的使命就是赚钱，如果不赚钱那就是犯罪。"英特尔公司的首席执行官格鲁夫也是这么说的："一个企业家赚钱叫道德，企业家不赚钱就是缺德。"因为当企业不赚钱时，当企业存活不下来时，势必会给社会、给员工、给老板自己带来严重的伤害。

其实，小公司要想活下来，要想挣到钱，也不是难于登天的事情。只要老板心中牢记活下来的理念，再运用适合自己的战略，就能把企业盘活。总而言之，小企业活下来有这样4种战略：叫做"猛、狠、奇、绝"。下面我们分别来看一下。

战略1：猛

所谓猛，就是极端化战略，把一个正常的事物，狠狠地推到一个极端上去，从而形成一种不对称的优势。比如，有些领域完全是空白，这个时候你可以快速抓住这个领域的商机。正所谓"好钢要用在刀刃上"，这样你才能实现创富之梦。

田忌赛马的故事，相信很多企业老板都听说过。比赛的时候，田忌用自己的上等马对齐威王的上等马，用自己的中等马对齐威王的中等马，用自己的下等马对齐威王的下等马，结果，三局下来都败了。后来在孙膑的建议下，田忌用上等马对齐威王的中等马，用自己的中等马对齐威王的下等马，用自己的下等马对齐威王的上等马，结果以2:1的大比分取胜。

在这里，田忌采用的是对称的竞争模式，结果节节败退。试想一下，如果你的企业资源不如别人，和别人对称竞争，你能赢吗？而孙膑的建议提倡的是不对称竞争，舍弃自己的软肋，用自己的优势去战胜对方的弱点。这样，才更容易在残酷的竞争中取胜。

战略2：狠

所谓狠，就是速度化战略，也就是恶狠狠地对一个貌似正常的战略进行操作，从而获得一个高速度带来的惊人效益，就像小鸟也能撞坏飞机一样，高效之下必然有利润。

小老板们应该明白，小公司资源少，有时候必须敢于孤注一掷，用极端化的战略开辟发展之道。简单地说，在大公司一点点壮大、按部就班地做积累时，小公司可以凭借体量小、身段灵、负累少、胆子大、脑子活、速度快等特点，抄近路、走捷径跑到大公司前面，占领市场的先机。可以说，这是小企业发展的必然选择，是一种加速发展的模式。

举个例子，目前市场上流行的山寨机，不管是山寨电脑，还是山寨手机，这类产品在中国已经非常普遍。“山寨”也是一种活法，甚至成为了一种哲学，它们的特点就是为流行而流行，用速度抢占利润。做山寨机的老板们，并不期望他们的产品能畅销多年，他们要的就是风光一时，只要样式足够新颖，功能足够炫酷，铺货足够快速，就能获得巨大的赢利。

战略3：奇

所谓奇，就是出奇制胜，就是不走寻常路。如果说正版货是好学生，那么山寨机就是“坏孩子”。虽然每个孩子都应该心存高远，心无旁骛地实现自己的理想，但是在残酷的现实面前，“坏孩子”往往头脑灵活，有胆有识，他们往往能生存下来。当然，这里的“坏孩子”是指不走寻常路，有创新，敢想敢为的勇气和魄力。在这方面，有这样一个活生生的例子：

有个孩子本应该像其他很多孩子一样，认真读书，考取大学，然后再找一份体面的工作，但是他却没有走这样的寻常路。他的父亲见他在打台球方面有天赋，居然做出了一个大胆而偏激的决定——让他放弃工作，专心练习打台球。后来这个孩子成功了，他就是丁俊晖，今天几乎所有的中国人都知道他。

丁俊晖的成功对每个老板都有启示。小企业没有那么长的寿命，有太多不确定性因素，所以，不走寻常路，看似偏激，实则是一种经营的智慧，或者说是一种生存哲学。只要能让企业挣到钱，能活下来，就是经营上的一种成功。

战略4：绝

所谓“绝”，就是指拼碎片战略，把别人看不上的、分布得过散的东西集中起来，变成自己的生意。在《温州一家人》这部电视剧中，周万顺的老婆赵银花把钮扣厂废弃的纽扣收集起来，然后卖给服装厂家，这一做法就叫“绝”。

8　企业一定是先做精，再做强，后做大

在经营企业的过程中，为了能让企业健康迅速地发展壮大，每个老板都必须考虑一个问题：是先把企业做大、再做精、后做强，还是先把企业做精、再做强、后做大？

对于这个问题，可谓众说纷纭，各抒己见，什么样的理解都有。但有两种相对集中的答案，相当一部分老板认为：应该先把企业做精、再做

强、再做大，理由是把企业做精是基础，有了坚实的基础，企业才能图谋发展，才能做强、做大。还有一部分人认为，应该先把企业做大、再做精、再做强，理由是市场竞争太残酷，只有迅速做大，抢占市场的份额，才能占据足够的资金，才有机会做强、做精。

不可否认的是，这两种理解都有道理，但选择哪种发展模式，更有利于企业发展呢？答案是先把企业做精，再做强，后做大。而先做大，再做强、做精企业，这种发展模式适合资金充足的老板。因为只有资金充足，才能迅速做大，快速抢占市场。对于大多数创业者来说，投资的每一分钱，几乎都是自己的血汗钱，金钱有限、资源有限，只有选择卧薪尝胆式的修炼，等到产品做精了，才有出头之日。

世界沐浴产品行业，品牌林立、鱼龙混杂。不过，有一家企业特别引人注目，那就是德立精工，尤其是它那句“求精做细，就是德立”的口号，更是让人耳熟能详。

德立精工从一家生产沐浴配件的小企业，发展成行业第一家自主研发全套沐浴产品的公司实属不易，其产品远销欧洲、美洲、亚洲的众多国家，它坚持从客户的淋浴感受出发，专注于每个细节，求精做细，这使它多年以来稳步发展成为行业里的领军企业。

从2003年下半年开始，德立开始走上自主研发的新道路，率先推出了多种创新产品，在行业内引起了很大的反响。可以说，不经意间，德立精工在业内的知名度、产销量、市场占有率等方面，都在行业内遥遥领先。那么，它的发展秘诀是什么呢？那就是：先做精，再做强，后做大。

德立公司对产品的质量要求特别完美，每一环节都要严格控制。很多低端的沐浴房产品把玻璃、拉手、滑轮、胶条等半成品买回来，经过简单组装就对外出售。而且在组装过程中，不注重产品质量，但德立公司不会这么做，他们独立研发、设计、生产密封胶条和磁胶条、滑轮、拉手等部件，并对组装质量进行严格控制。正是这种精益求精的企业精神让德立公司不断发展壮大，在众多沐浴产品企业中脱颖而出。

德立公司表示，他们会继续坚持先做精后做强的理念，不盲目求大，而是重点考虑产品质量的稳定性、供应能力、代理商的生存质量等等，稳固地提高公司的实力。

把企业做大做强，是很多老板的梦想，他们都在试图通过产业整合，或融资手段实现企业的快速扩张。但是著名经济学家郎咸平认为，企业盲目做大做强会导致其偏离主业投资，甚至加速企业的灭亡。正确的出路是先把企业做精，再做强，后做大。

在自然界中，一颗树苗能否长成参天大树，能否堪当大用，要具备两个条件：一是树的质地要好，可以抵抗风雨寒暑；二是要有较快的生长速度和长大的潜力。如果一颗树苗生长速度很快，但是质地不好，就算长得再大，也无法成为栋梁之才。如果树的质地很好，但是生长速度很慢，或者没有长大的潜质，也难以堪当大用。

其实，一家企业也是这样。只有同时具备了内在的素质和生长能力、生长潜质，经过几十年甚至上百年的持续稳定发展，才能在国内甚至国际市场上占有一席之地。毫无疑问，企业先做精，再做强，最后做大，是企业健康发展、稳步壮大的必由之路。只有做精了，企业才能健康，只有做强了，企业才能持续，只有做大了，企业才能稳定。

有一家公司，在十几年中，只做音乐播放器和手机，而且只做了五个型号的音乐播放器和两种款式的手机，你觉得这家公司有希望吗？在这个山寨机猖獗的时代——看看深圳数码产品的小作坊，一天就可以制造出几十种产品，再看看诺基亚和摩托罗拉公司，一年少说也会推出几十种型号的手机……

尽管现实如此残酷，但是这家公司依然能强大到无法撼动，它的名字让人们为之疯狂，它早已是时代的代名词，它就是美国的苹果公司。提起苹果公司，相信大家都不陌生，虽然它推出的产品只有屈指可数的几款，但是其市值一度超过了Google。这不得不令人佩服。

乔布斯经营苹果的思路就是专注，就是求精。他把所有的研发、市场和推广都专注于一个产品上，甚至只有一种型号、一种颜色，不留任何后路。正是因为苹果公司坚持做精，苹果的产品才能以质取胜，风靡全球。乔布斯坚信：只有专注，才能把每件事情做到极致。这就是苹果公司每款产品横扫全球市场，缔造王者之气的原因所在。

把企业做精，就是企业要有自己的核心业务，要对核心业务投入100%的技术、心血和精力，把它做到极致。有人说，市场经济就像地上撒了很多钱，你一定要先捡离自己最近的钱，因为你比较有优势。同样的道理，你要做自己最有优势的产业，并用心做好，这样你永远不可能空手而归。只有把企业做精了，你才有希望把企业做强、做大。

第二章 Di Er Zhang

小公司如何留住骨干

人才是企业发展的根本。在当今社会，谁能得到优秀人才的辅佐，谁就能在激烈的竞争中杀出一条血路，打下一片江山。留住骨干人才，抓住这最为关键的20%，企业才有未来，才有希望。重金或许可以吸引人才，也可以在一段时间内留住人才，但是如果你想让人才长期辅佐你，你就必须在高薪的前提下，注重培养与人才的感情，以情感人，以情留人。金钱留人和感情留人相结合，才是网罗人才最靠谱的策略。

1 留住人最重要的是留住人的心

华人首富李嘉诚曾说过，“在知识经济时代，企业竞争的核心是人才竞争，人力资本将成为知识经济最重要的资源。”在现代企业管理之中，人是管理的核心要素，只要把人管好，所有的事情都可以迎刃而解。

从发展趋势来看，企业管理的中心正在由“以物为中心”逐步转移到“以人为中心”上来，管理方式也由原来的“刚性管理”逐步朝着“柔性管理”迈进。得人心者得天下，管心才是管人的根本，企业要想尽早实现人本管理，就必须要重视人才，善于招贤纳士，并坚定不移地贯彻“人，是我们最重要的资产”的管理理念。

韩国的三星集团创办于1938年，成立之初是一家从事进出口贸易的小公司，进入20世纪50年代以来，企业发展不断加速，时至今日已成为全球知名品牌。是什么让三星从一个不知名的小企业成为今日的行业巨霸？在谈到成功经验时，三星集团董事长曾直言不讳地指出：我们奉行“人才第一”的原则。

三星集团在人力资源的开发和运用上堪称管理界的经典范例。只要是被录用的员工，不管是基层还是管理层，三星都会对其投入大量金钱、时间以及资源对其进行培养和训练，企业用于吸引和培训人才的时间甚至长期高达4/5，这在企业当中是十分少见的。为了更好地培训员工，三星集团斥巨资专门设立了培训中心。

作为韩国第一家设有培训中心的企业，三星集团有着完善的培训体制，每年每位员工都要到该中心接受3次以上的进修，学习新技能，探讨新技术。管理高层对员工的进修也十分重视，三星董事长曾在亲临培训班的讲话上明确表示："三星的人都是精英，要集合所有精英的力量，才能发挥最大的作用。"

管人最重要的就是凝聚人心，为此，三星毫不吝啬地对有干劲有才智的人进行奖励提拔。对员工的工作评定每半年进行一次，表现优异者，业绩显著者都会得到各种奖励以及晋升机遇，有些特殊人才还会破格提升。这种始终把人放在管理首位的做法，正是三星集团迅猛发展的不竭动力。

企业管理的重中之重是管人，管人的重中之重是管心，只有上上下下相互尊重，情感融洽，才能在合作中充分调动每个人的工作积极性，并发挥出人才的最大潜能。

领导者要想搞好管理工作，必须要赢得人心，唯有在员工为企业做出贡献的同时，给予其相应回报，并为其提供更大的舞台和发展空间，才能让大家拧成一股绳，劲往一处使，从而拉动企业的快速发展。

一流的管理者懂得管人先关心，也懂得留人要从留人心开始。如何才能留住人心呢？答案是：从小事做起，对员工表达关爱之情。

一天，日本桑得利公司的总裁岛井信治郎无意中听到员工抱怨："房间里有臭虫，害得我们睡不好。"于是，晚上他便点着蜡烛来到员工的房间，帮员工抓臭虫。这一微小的举动，把员工感动得差点流泪。

还有一次，新员工佐田的父亲去世了，岛井信治郎得知这个消息之后，立即带领全体员工来到殡仪馆，帮佐田料理父亲的丧事。丧礼结束后，岛井信治郎叫了一辆出租车，亲自护送佐田和他的母亲回家，他的行为深深感动了佐田。

在那段时间，佐田不断地思考一个问题："怎样做才不会辜负总裁的一片爱心？"最后他决定：只要公司不辞退他，他就会尽最大努力做好自己的工作，哪怕牺牲生命也在所不惜。

在后来的工作中，佐田奋发努力，全力以赴，把工作做得非常出色，还被公司晋升为公司主管，为公司的发展做出了很大的贡献。

在员工流动率居高不下的今天，管理者要想办法经营人心、留住人心。其实，要做到这点并不难，只要你敏锐地捕捉员工的微妙变化，并在合适的时机引导员工说出内心的想法，然后采取有效的行动帮助员工，就能达到感动员工的目的。

当员工出现以下几种情况时，管理者可以抓住机会对员工表达关爱：

（1）员工生病时。即使身体再强健的人，一旦生病了，也渴望得到别人的关心和爱护。所以，当员工生病时，如果你及时给予关心，即便是一句问候，也能让员工对你产生好感。

（2）员工为家人担忧时。比如，员工的家人生病了，员工为孩子的教育苦恼时，管理者若能真诚地关心，员工就很容易产生感激之情。

（3）员工工作不顺心时。当员工因工作失误、工作任务无法完成、与客户发生矛盾、被领导者批评时，心情往往会变得低落。这个时候，如果管理者给予适当的关心，必会换来员工的信任。

2 用人不疑，疑人不用

几乎每个管理者都听说过这样一句话："用人不疑，疑人不用。"所谓用人不疑，首先是指对所用之人的能力、人品不存疑虑，敢于把工作交付于他，并坚信他能做好。在被授权者完成这项工作的过程中，无论外界如何质疑，授权者一直要对被授权者保持信任。

其次，由于各种各样的原因，被授权者工作出现失误，授权者对他依然要保持信任。领导与员工之间并没有血缘关系，维系双方的纯粹是利害关系，唯有双方利益都得到满足，合作才能友好地进行下去。反之，一旦平衡状态被打破，上下级之间的矛盾便会随之凸显出来，从而阻碍企业的长远发展。

秦武王想攻打韩国时，任命甘茂为主将，甘茂在出发前，对秦武王说："韩国宜阳是一座大城，加上途中有很多艰难险阻，与秦国相差千里，攻打起来恐怕不容易。我真的很担心，我出征之后，会不会有人借此机会诽谤我。"

秦武王说："不会的，你放心地去吧！"

甘茂说："从前，有个与孔子弟子曾参同名的人杀了人，听者以讹传讹，最后传到了曾参母亲的耳朵里。曾母绝不相信儿子杀了人，但是接二连三有人来报告同一件事，她就开始担心起来，于是劝儿子出逃。"

说完这个故事，甘茂接着说："我的人品不如曾参，大王对我的信任也不如曾母对儿子的信任。而且，怀疑我的人不止三个，所以，我很担心，一旦我没有顺利攻下宜阳，就有人进谗言陷害我。"

秦武王听了甘茂的话之后，斩钉截铁地说："你放心，我绝对不会听信谗言，我愿意发誓。"于是，甘茂率军进攻宜阳去了。开战之后，一晃就是5个月，甘茂用了5个月的时间也没有攻下宜阳，这时候有人开始进谗伤害他。秦武王把甘茂之前对他说的话忘得一干二净，也把自己的誓言忘掉了，他把甘茂召回来。甘茂非常生气，严厉地质问秦武王："大王难道忘了你的承诺吗？"

这时秦武王才想起之前的承诺，马上改变态度，动员全军支援甘茂。最后，甘茂不负众望，攻下了宜阳。

在这个故事中，秦武王所犯的错误，也是很多管理者常犯的错误。在一开始授权时，信誓旦旦，表示信任下属，一旦下属执行遇到困难，就开始质疑下属的能力。值得庆幸的是，秦武王及时醒悟过来了，但现实中，又有多少管理者迷途知返呢？

信任是管理者与下属之间一种最可贵的感情，管理者用人的前提是信任下属，因为只有信任下属，管理者才放心把工作交给下属。只有信任下属，才能激发下属发挥积极性、主动性、创造性，这样下属才能把工作做好。

不少领导者在分权授权的过程中，不信任下属，尽管权力下放了，但常常出手干涉，下属被束缚住手脚，自然无法放手去干，久而久之，上下级之间不可避免地产生嫌隙。实事求是地说，这种做法对于企业的发展是非常不利的。所谓“疑人不用，用人不疑”，领导者在用人以及授权时，要敢于信任下属，大胆放心地让他们去干，去负责，只有这样才能在调动他们工作积极性的同时，赢得员工们的真心拥戴。

著名台湾企业家郭台铭在这一点上便十分值得我们学习。2004 年，位于墨西哥的一家摩托罗拉工厂被并购，郭台铭打算借此在墨西哥打造属于自己的生产制造基地，此时，摆在他面前的首要问题便是用人，是任用墨西哥人还是派出自己的亲信去管理？经过深思熟虑，他选择了前者。

古人云“将在外君命有所不受”，墨西哥这家工厂可谓“山高皇帝远”，一旦用人失误，很可能会形成割据小王国。郭台铭并非没有意识到这一点，但既然任用墨西哥人，就要本着用人不疑，疑人不用的原则，总是怀疑下属只会把事情搞砸。

从生产技术上看，墨西哥的自动化工作还远远不到位，“不良率 1%”是鸿海的基本要求，但到了墨西哥人眼中便成了最佳生产状况。为了帮助他们走上正轨，郭台铭派下属过去指导，指导人员与墨西哥方面负责人详细沟通，耐心对话，组织墨西哥方面的人员到台湾参观高标准的生产流水线，并亲身感受鸿海的企业文化和工作氛围。

事实证明，郭台铭这种用人不疑的做法是十分明智的，对墨西哥人的信任，不仅让他把生产基地搬到了墨西哥，还把管理制度以及企业文化等无形资源也复制了过去。更为重要的是，在此过程中，他赢得了该厂一大批管理者的忠诚和拥戴。

但信任也要有一个限度，过于宠信下属很容易形成“诸侯林立”的局面，一旦失去控制，领导人很容易被架空，所以，管理者在使用人才、信任下属的基础上，还要保持一定的怀疑。在信任对方的同时时刻保持警惕，随时做好对下属的监控管理工作。

3 对自己有用的人要舍得下血本

人才，是企业腾飞的有力翅膀。在当今社会，谁能得到优秀人才的辅佐，谁就能在激烈的竞争中杀出一条血路，打下一片江山。那么，怎样才能吸引优秀的人才，怎样才能留住优秀的人才呢？如果企业老板舍不得下血本，那结果便是“舍不得孩子套不住狼”，正所谓不舍不得，人才肯定会离开企业。

蒋先生医学硕士毕业，曾在一家知名的三甲医院工作过 3 年。后来，他辞去医生的工作，改行做起了医药代表。他从公司的地区主管，做到了地区经理，然后又成为公司集团下属一家医药公司的常务副总，全盘主管公司的日常事务。蒋先生能力有目共睹，而且他品德优秀，心胸开阔，在工作期间也十分自律，因此深得下属和客户的尊敬和信任。

当年蒋先生担任公司地区主管时，公司正濒临倒闭，他凭借出色的组织能力和娴熟的业务技巧力挽狂澜，又通过自己出色的人际交往能力加强了管理层与员工之间的情感交流，拉近了双方的心理距离，融洽了团队氛围。可以说，蒋先生对公司的贡献非常大，因此，他不但在下属面前有很好的威信，在公司管理层也有强大的魅力，深受集团老总的厚爱。老总曾对他口头承诺，一定会在年终的股东大会上彻底解决蒋先生的年薪问题，蒋先生对此深信不疑。

然而，年终的股东大会结束之后，公司并未满足蒋先生的年薪要求。这让蒋先生非常气愤，当他找老总理论时，老总却说："我向股东提议增加你的年薪，但是股东们不同意。"蒋先生很明白并非股东不同意，因为集团老总作为公司最大的股东对这样的事情完全有自主决定权，他所说的"股东们不同意"，不过是个借口。

三思之后，蒋先生愤然辞职。辞职报告递到董事会，董事会才猛然意识到问题的严重性，可是这时想采取补救措施，已经晚了。因为同行的一家医药公司对蒋先生早已"垂涎三尺"，他们爽快地满足了蒋先生的年薪要求，得到了蒋先生的加盟。

蒋先生辞职后，公司所有的地区经理都非常愤怒，他们联名上书，要求集体辞职，追随蒋先生而去。为人正直的蒋先生出于对前公司的感情，一个个打电话给这些地区经理，让他们安下心来工作，最终他没有带走一个下属。尽管如此，蒋先生在前公司签下的大客户却不断地流失，前公司业务也因此受到了严重影响。

从这个案例中可以看出，待遇问题是蒋先生离去的主要原因。作为公司的一个高级管理人员，作为公司的一个优秀人才，待遇问题伤了陈先生的感情，最终导致公司损失惨重。站在集团老总的角度，他舍不得下血本留住人才，最后因小失大，可谓"一叶障目，不见森林"。

相反，美国人哈罗德·杰尼——美国国际电报电话公司的总裁，却十分懂得吸引和留住人才。他吸引人才、留住人才的办法很简单，也非常有效，那就是重金聘用，委以重任。他给优秀人才的薪水通常比同行高 10% 以上。当哈罗德·杰尼发现一位三四十岁、聪明干练、富有激情的优秀人才时，他甚至会给对方 15 年后才能达到的薪资标准。哈罗德·杰尼认为，一家公司的老板最愚蠢的行为，莫过于舍不得给员工高薪，导致员工愤然离去。

哈罗德·杰尼罗吸引人才的思想，值得每一位企业老板深思。很多老板舍得为一个美女一掷千金，舍得为一顿晚餐花掉上千元，舍得为一套西装花掉上万元，却舍不得给优秀员工更高的薪水，结果“逼走”了员工，这难道不是老板的悲哀，不是企业的悲哀吗？

老板一定要明白一点：优秀的员工为你工作，最大的愿望就是赚到更多的钱。如果员工认为自己的付出远高于公司给他的回报，他肯定会另谋高就。所以，如果你发现有用的人才，一定要舍得下血本。在优秀员工身上下血本是永远不会赔本的买卖，因为员工会更加忠于你、忠于企业，为企业的发展鞠躬尽瘁，为企业的腾飞带来滚滚财源。

4 用最高的位置，把最高本事的人留下来

留住人才是企业一大难题，除了金钱留人，我们还不得不提到“职位留人”。因为优秀的人才为公司效力不仅仅为了赚钱，他们还想获得与能力相匹配的职位，以更好地施展自己的才华，获得大家的认可。

很多人的骨子里都有根深蒂固的“官本位”思想，随着业绩的不断高升，他们也希望职务高升。举个很简单的例子，随着业绩的高升，销售人员希望当主管；当上主管之后，他们希望当经理。因此，如果你了解人才的这种心理，不妨对能力出众、业绩突出的员工“封爵”，给他们荣誉和表扬。比如，企业可以设置杰出员工奖、销售精英奖等称号，鼓励大家向先进者学习。在这方面，我们不妨借鉴一些知名的公司。

美国微软公司为了留住人才，公司的人力资源部制定了“职业阶梯”文件，把员工从进入公司之后，一级一级向上发展的所有可能的职位都列出来。每个职位要具备什么样的工作能力、经验和业绩，相对应的薪金待遇是怎样的，都有清楚的设定。

员工看到这个职位阶梯之后，对自己今后的职业发展就有数了。在明确的晋升目标面前，他们往往会一步一个脚印地去行动，就像打仗一样，攻克一座城池之后，继续去攻克下一个城池。这样他们会越来越有成就感，越来越有价值感。

当然，对于优秀的人才，管理者如果想把他留下来，仅仅按照“职位阶梯”所规定的来赋予他职位是不够的，必要的时候，要勇于打破常规，破格晋升。这样可以让人才看到企业留他的诚意，对优秀人才是一种无上的荣耀，是一种强大的激励。

物质对下属的激励并不是百分之百有效，随着人们生活条件的改善，以及对金钱需求的弱化，管理者哪怕是涨工资也很难把员工们的积极性调动起来。工作能够养活自己，但永远不是为了养活自己，而是为了实现自身价值，所以管理不妨给员工一个响亮的头衔，尽管只是一个虚名，却能很好地满足他们的心理需求，从而激发出前所未有的工作激情。

对于企业管理者来说，合理的运用职位并不是一件坏事，反而迎合了下属“归属感”“荣誉感”以及“存在感”的心理需求，人是群体性动物，需要周遭社会的接纳和认可，这种认可度越高就越能激发其自信和责任感。所以，管理者要学会给员工带上耀眼的光环。

杰克是美国一家大型工厂的经理，最近这段时间以来，每当他上下班进出工厂大门时，总是会听到门卫的抱怨。

“经理，什么时候能涨点工资？你看，我每天要管如此多的人，还有很多车辆，忙忙碌碌，结果到月底才那么点薪水，实在是太低了，昨天旁边工厂的哥们还在向我炫耀他的高工资呢……”杰克几乎每天都能听到门卫的抱怨，迫于门卫准备辞职的压力，他不得不批准了该名员工的加薪要求。

本以为加薪能够让下属闭上抱怨的嘴巴，从此安心认真地工作，谁知道才仅仅过去两个月，他又动起来辞职的打算。面对不尽如人意的加薪激励效果，作为经理，杰克不得不另寻办法来稳住门卫的工作情绪。

一周后，杰克给门卫安上了一个响亮的新头衔——防卫工程师，这出乎意料地激发了门卫的工作热情，其工作态度更是发生了翻天覆地的变化，从一开始的抱怨不满，到后来的一丝不苟，一个不需要增加任何成本的漂亮头衔，所起到的激励效果，远远要比加薪更为显著。

管理者在激发下属工作积极性时，绝不能只盯着“金钱”。激励的方式有很多种，单纯的物质奖励所起到的效果是不持久的，而且还会增加企业人力成本，不管是从企业员工的心理需求而言，还是出于降低企业成本的目的，给员工一个响亮的头衔都是最佳的激励方案。

无论下属的工作对整个企业是否重要，他们都希望得到足够多的重视，相关数据表明“虚名”对员工的激励作用显而易见，其效果等同于增加了10%的薪水。所以，管理者要学会恰当地使用职位，来提高下属的工作积极性。

5 给员工一个激动人心的目标

有个农夫有一匹马和一头驴。一次外出，他让驴驮的货物多一些，让马驮的货物少一些。在途中，驴累得筋疲力尽，就对马说：“老马，你能帮我分担点货物吗？我累得受不了啦！”马说：“凭什么帮你驮，我不帮。”没过多久，驴因为超负荷累到了，主人见状，只好把驴身上的货物全部放在马背上。这一下，轮到马受尽苦头了，当马累倒时才后悔之前没帮驴分担货物。

这个故事充分说明一点：团队成员不能自私自利、各自为阵，而应该为了达到共同的目标，为了共同的利益，紧密团结在一起，互相协助，互相支援。只有这样，团队才是一个有效的整体，才能攻克难关，赢得更大的胜利。

看看草原上的蚂蚁，当野火燃烧时，众多蚂蚁会迅速聚拢起来，努力抱成一团，然后像皮球一样滚动，以逃离火海。尽管在这个过程中，蚁球外部的蚂蚁被烧得劈里啪啦，但是他们用自己的身体保护了蚁球内部的蚂蚁，为整个集体留下了生机。再看看竹篓中的螃蟹，一只螃蟹爬上竹篓壁，想逃出去时，其他螃蟹就会攀附在它身上，结果把它拉下去了，最后一只螃蟹都逃不出竹篓。

对比蚂蚁和螃蟹，我们就会发现：没有目标的团队是无法真正团结起来的，最后也无法赢得团队利益。尽管人性是自私的，但是在企业里，老板必须强调共同目标，强调团队利益，要让员工明白：如果一个团队无法实现共同的目标，无法获得整体的利益，员工的利益就没法保障。

杰克·韦尔奇曾说过："鉴别一个团队是平凡还是一流，就看他有没有一个明确的目标，而且这个目标还要让大家都兴奋。"关于这一点，知名足球教练希丁克已经用实际行动证实了。

距离2002年韩日世界杯只剩500天时，希丁克被韩国聘请为国家足球队的主教练。当时韩国足球队的情况非常糟糕，虽然他们是以东道主的身份进入世界杯的，但是国外同行都嘲笑韩国队，说它只会在最底线竞争，说它第一轮就会出局。这是韩国自1954年之后，第一次参加世界杯，世界杯上的表现关乎国家尊严，关乎韩国足球队的荣誉。

希丁克临危受命，他决心把韩国足球队从危机中拯救出来。他知道韩国足球队的实力和韩国人民的主观期望有一定的差距，要缩短这个差距，就必须充分激发每个球员的潜能，制定一个令大家兴奋的目标。同时，还要对常规的足球战术进行大胆的改革。

希丁克给韩国足球队定下的目标是进入16强，为此，他引进了"全攻全守"的足球观念，并强调必须这样做。他果断地说，过去韩国队球员打不起精神，是因为没有明确的团队目标，没有把球队利益与个人利益结合起来，才导致球员激情不够。因此，他要求全体球员振作起来，为进入16强而努力。

希丁克知道，要想带领韩国足球队走出困境，仅仅设定远大的目标是不够的，还必须在这个过程中付出艰辛的努力。因此，在训练中希丁克不断采用目标激励的策略，充分调动了球员的比赛激情和自信。

在那届世界杯上，韩国队不仅进入了16强，更是进入了4强。世界杯结束后，希丁克表示，韩国队之所以能进4强，是因为树立了具有挑战性的目标。他说："领导者应该是一个把自己目标变成整个团队目标的人，同时又是一个把团队目标转化成个人目标的人。"

目标对团队的团结作用、对团队成员的激励作用是不可估量的，充满挑战性的目标可以激励人去努力。这一点在韩国足球队身上得到了充分的证明。作为企业的老板，也应该成为希丁克那样的领导者，把自己的目标转化成企业的目标、团队的目标。当团队实现这一目标时，意味着团队的利益得到了满足，这样大家的利益也得到了保障，团队荣誉也会被很好地激发出来。

1980年，零售业巨头沃尔玛制定的销售额目标是10亿美元，10年之后，它的销售额目标达到了千亿美元。为了达到这个目标，沃尔玛通过"Beat Yesterday（超过昨天）"图表，把今天的成果与一个星期之前、一年之前的成果相比较，从而不断提升预期的水平，激发员工为达成最终的目标而努力，最终实现了艰巨的目标。

本田公司也十分注重团队目标，当年雅马哈在摩托车市场对本田公司形成了巨大的威胁，于是本田公司提出"打倒雅马哈"这一目标，不出几年，本田公司就主宰了摩托车市场。本田宗一郎表示，利用目标，可以把团队人员的集体力量集合起来，形成了一个巨大的魔力。同时，还可以有效地协调不同个人的行为，使大家保持密切的合作。如果团队没有目标来协调大家，就必须通过无数次会议、指示、命令来协调大家，这样就会导致办事速度大减、企业花销增多。

企业老板们，你的团队目标是什么呢？明确清晰吗？期限具体吗？计划细化吗？如果你能做到目标明确清晰，规定实现的期限，制定具体的计划，就能很好地把大家团结起来，为了实现那个共同的目标去努力，这样一来，成功就离你不远了。

6 良好的培训机制，使得员工看到更大的希望

一个合格的管理者必须清楚员工为什么工作，尽管我们周围不乏“不差钱”的富二代，但绝大多数人不过是普通人，努力工作只是为了养家糊口，所以要想有人跟着你混饭吃，就必须解决他们的基本生存问题。只有免除了他们的后顾之忧，才能让他们真心跟随，从而建立起一个紧密团结、唯领导马首是瞻的队伍。

每个企业的领导者都想干几件惊天动地的大事，但光靠领导的一己之力是远远不够的，还需要得力下属出力、卖命，那么他们又凭什么竭尽全力地为领导者打天下呢？很简单，是“利益”，领导者要想驱使员工，就必须在物质上毫不吝啬，给予员工相应的回报。然而人是极其复杂的动物，单靠金钱物质是收买不了人心的，更换不来下属的忠诚，明智的领导者懂得与大家同甘共苦，这正是他们深受员工拥戴的根本原因。

在现实社会中，很多企业家能和员工共苦，却不能同甘，实际上这种做法是极其愚蠢的，作为在商界颇有名气的管理者，苏宁老总张近东对“财散则人聚，财聚则人散”的道理有着十分深刻的切身体会。

张近东深知能和员工同甘的领导才是一个老领导，随着苏宁的发展壮大，他的身价也是不断攀升，但他并没有忘了那些和自己一起打江山的

“功臣”。张近东毫不吝啬地拿出一部分股权用于奖励那些有突出贡献的员工。他曾先后将股权分配给南京总部的数名高管，为了稳定各地分公司的管理团队，他还制定了十分具有诱惑力的特别奖励制度，只要分公司的高管表现突出，就有机会获得一定比例的分公司股份。

这种奖励措施把遍布全国各地的苏宁分公司管理层紧密地团结在张近东周边，和员工共享企业发展成果的做法，不仅打消了管理者担心被“辞退”的后顾之忧，还有效地减少了人才“跳槽”现象的发生。

张近东对待员工的这种慷慨举动，大大强化了各地高管对苏宁的归属感和主人翁意识，“同甘”的政策将众多的“职业经理人”一举变成了“事业经理人”，他们的工作积极性也得到了前所未有的调动。

对于管理者来说，与员工共患难并不是一件困难事，因为当企业面临内交外困之际，共渡难关是唯一的出路。危难过后苦尽甘来，千万不要忘记那些为你打江山的功臣。为了蝇头小利而“卸磨杀驴”“过河拆桥”是极其愚蠢的行为，不仅会丢掉大批人才，还会让员工凉了心，没了得力下属的拥戴与支持，职位再高也只能成为光杆司令。

众所周知，在马斯洛需求层级理论中，人的需求是分层次的，只有满足了低层次的需求之后，才会考虑高层次的需求。对于工资低的公司，即便企业文化搞得再好，也难以激励人心，留住人才。对于工资较高的公司，员工也不会拒绝薪酬激励。因此，管理者一定要认识到薪酬在激励中的作用。为了能让薪酬发挥最大的激励作用，管理者应采取灵活多变的薪酬方式。

一般来说，灵活多变的薪酬方式包括以下几个方面：

（1）基于岗位的技能工资

什么岗位对应什么样的技能和素质，什么样的技能和素质对应什么幅度的工资。通俗地说，这相当于很多企业所说的基本工资，基本工资是对一个员工基本能力的认可，也是对员工生活的基本保障，能给员工一定的安全感。

（2）按劳取酬的工资制

在基本工资的基础上，结合按劳取酬的工资制，这种薪酬方式对勤劳肯干的员工，对知识水平高、能力强的员工是最好的认可，对他们最有激励性、最有吸引力。同时，对偷奸耍滑、不思进取的员工有很大的约束。举个例子，如果公司主要实行按劳取酬的薪酬方式，那么得过且过、混日子的员工由于不踏实工作，没有多少业绩，肯定无法获得理想的收入。在这种情况下，他们要么说服自己认真工作，要么选择离开。

（3）灵活的奖金制度

奖金作为薪酬的一部分，相对于基本工资，主要是对员工为公司所做的贡献的一种奖励。在国内，很多企业的奖金在相当程度上失去了激励的意义，变成了固定的附加工资。美国通用电气针对奖金制度发放中的利与弊进行了研究，建立了一套灵活的奖金发放制度，对员工起到了很好的激励作用。

首先，通用公司割断了奖金与权利之间的“脐带”，也就是员工的奖金多少，与其职位高低没有联系，这样一来，高职位者再也不能高枕无忧地拿高额的奖金，而低职位者也不需要担心自己的付出得不到公司的认可。换言之，全体员工的奖金都依据员工的业绩来设定，使奖金起到了真正激励先进的作用，也有利于防止高层领导放松工作、不劳而获。

其次，通用公司的奖金是可逆性的，即不把奖金固定化，每个员工、每个月的奖金都是起伏不定的。这样避免员工把奖金看作一种理所当然的收益，无形中让奖金沦为一种“额外工资”。通用电气根据员工的表现随时调整奖金的数额，让员工既有成就感，也有危机感，从而很好地鞭策了他们做好本职工作。

7 与员工同甘共苦，最能激励员工

有这样一个故事：

很久以前，有两个国家经常发生战争，他们都想灭掉对方，而取胜的基本条件是兵强马壮。但是千军易得，良马难求。于是，两个国家都贴出告示，悬赏献出千里马的人。

有一个人见到告示后，就把自己的马牵来见这个国家的国王。他对国王说："我这匹马不是千里马，但是它有成为千里马的潜质，我有信心将它调教成千里马。"国王大怒，将这个人赶了出去，并赐他一顿棍棒。

这个人非常沮丧，于是又牵着马来到另一个国家，对国王说了同样的话。但这次不同的是，这个国王高兴地款待了他，国王对他说："你有调教千里马的本领，你是难得的人才，只要你好好为我效力，我绝不亏待你。"

结果，在这个人的精心调教下，这个国家发现和培养了很多千里马、800 里马、500 里马。后来这个国家把另一个国家消灭了。

这个故事告诉我们：企业要发展，人才是关键。但人才不只是靠招聘才能得到的，更应该重视对企业内部的人才发掘和培养，只有这样，才能不断提高团队的素质，壮大团队的竞争力。

在如今这个信息化时代，产品更新换代的速度快得让人咋舌，知识、技术必须不断升级，才能跟上时代的脚步。因此，定期或不定期地对员工进行培训，帮员工提升知识和技能，努力打造一支学习型的队伍，对企业发展具有重要的意义。

保洁公司的前任董事长理查德曾说："如果把保洁公司的人才带走，把保洁公司的资金、厂房以及品牌留下，那么保洁公司会垮掉；相反，如果把保洁公司的人才留下，把保洁公司的资金、厂房以及品牌拿走，10年之内，保洁公司将会复兴。"为此，保洁公司制定了完善的培训制度，为人才提供了良好的学习平台，以此增加员工的归属感，从而达到留住人才的目的。

每一年，保洁公司都会拿出一笔巨大的资金用于人才的培训。培训的方式多种多样，比如，请专家名师来企业授课，或接受保洁的管理者一对一的指导，甚至会组织优秀的人才去海外进修。这种做法为保洁公司凝聚人才、营造归属感打下了重要的基础，也是保洁公司成功的重要因素。

俗话说："工欲善其事，必先利其器。"企业想借用员工的聪明才智和专业技能为公司的发展服务，就必须先投入成本，或在员工效力于企业的过程中，不断地投入成本，用于培训员工，提升员工。世界华人首富李嘉诚在这一点上做得很好。

在李嘉诚的创业史中，在长实集团的壮大过程中，我们不得不提起一个人，他叫周年茂。他的父亲叫周千和，是长实集团的功勋元老。周年茂在学生时代，就显露出过人的才华，于是李嘉诚将他作为长实集团未来的专业人才进行培养，花血本将其送到国外学习法律专业。1981年，周年茂回到香港，进入长实集团，被李嘉诚指定为公司的发言人。两年后，他被选为长实集团的董事。

俗话说得好："没有梧桐树，引不来金凤凰。"如果说周年茂是金凤凰，那么他在读书时，最多是个雏凤凰。在李嘉诚的大力栽培下，才成为后来长实集团的风云人物。由此可见，李嘉诚对待人才，真的是非常用心。

与李嘉诚相比，很多企业管理者也知道人才是企业的财富，但只知道"榨取"人才自身的价值，却忽视对人才进行"价值再造"。在这种情况下，员工在企业工作了一段时间后，由于知识、技能没有得到提升，他的综合素质就跟不上企业发展的需要了。而在这种情况下，企业一般不会辞退老员工，尤其是对企业有过重要贡献的老员工，于是，这些以前优秀的员工，无形中就阻碍了企业的发展，而企业管理者们却浑然不知。

管理者一定要认识到，对于一个可持续发展的企业，建立一个良好的培训机制是不可或缺的。在麦当劳，有超过 7.5 成的餐厅经理、5 成以上的中高级主管以及 3 成以上的加盟经营者，都是从计时员开始培训，最后才成为公司的中坚人才的。在通用公司，仅杰克·韦尔奇执政的 20 年内，接受过他培训的中高级管理人员就多达 2.7 万人。通过培训，这些人员为通用公司的发展做出了巨大的贡献。

企业应该成为人才的培训场，而不只是产品的生产厂。就像松下幸之助曾说过的一句话："松下电器公司是制造人才的地方，兼而制造电器产品。"在松下先生看来，事业的发展考的是人才，人才培训更是当务之急。如果企业只知道用人，却不重视培育、培训人才，是不可能成就霸业的。

8 领导者要有大胸怀，敢于起用比自己强的人

有人曾专门做了一项研究，大意是：如果领导者的个人能力是 90 分，但带的"将"的能力大都只有 60 分，那么这个团队的战斗力大概只有 60 分。如果主管的能力是 80 分，但带的"将"的能力大都在 90 分以上，那么这个团队的战斗力可以达到 90 分以上。

这项研究告诉我们，领导者的价值不在于他个人能力有多强，而在与他能够带领更多有能力的下属来完成团队目标。因此，领导者不应该只关注个人的"成绩单"，而应该更关注团队的"成绩单"。怎样才能让团队的

成绩单更优异呢？最有效的一个办法就是任用比自己更优秀的人。在这方面，美国历史上的第2位总统约翰·亚当斯就做得非常好。

美国华盛顿总统卸任后，亚当斯成为美国的总统。当时美国正面临着与法国关系破裂的危机，到了1797年底，两国的关系已经到了剑拔弩张、一触即发的危险边缘。亚当斯意识到，与法国开战是不可避免的，而要想打胜仗，就必须要有一位得力的统帅。

谁能堪当此任呢？当时很多人劝亚当斯亲自统帅军队，但亚当斯知道，自己的军事才能一般。思来想去之后，他认为华盛顿才是唯一能够激起美军士气、团结美国人民的统帅。于是，他决定请华盛顿出山。

亚当斯的亲信们得知这一情况后，一致表示反对。他们认为，如果华盛顿复出，很可能再次唤起人民对他的崇敬，进而威胁到亚当斯的总统位置。但是亚当斯却认为，国家的利益和命运高于一切。于是，他授权汉尼尔顿写了一封信给华盛顿，请求他出山担任大陆军总司令，指挥美军迎战法国入侵者。

与此同时，亚当斯亲自给华盛顿写信，在信中他的态度十分诚恳："当我想到万不得已而要组织一支军队时，我就把握不准到底是该起用老一辈将领，还是起用一批新人，为此我不得不随时要向你求教。如果你允许，我们必须借用你的大名去动员民众，因为你的名字要胜过一支军队。"

华盛顿看到这封信之后，被深深感动了，他表示愿意立即出山，担负重任……

这件事被美国人传为佳话，亚当斯的正直与豁达赢得了人民的赞扬。有一位著名的记者采访亚当斯时问道："您请求华盛顿出山，不怕他唤起人民对他的留恋和崇敬吗？不担心他会威胁你的地位和威望吗？你为什么敢用比你更优秀的人呢？"

对于这些问题，亚当斯的回答是："真正出色的领导者，绝非事必躬亲，而是知人善任，特别是敢于起用比自己更优秀的人才。如果高层领导者事无巨细，一律包揽，那只能成为费力不讨好的勤杂工式的领导者。"

正是因为亚当斯知人善任，才能凭借众多的优秀人才，特别是凭借那些比自己更优秀的人才，他才能一步一步地攀登上人生的巅峰。然而，并不是每个领导者都如亚当斯那样心胸豁达，敢于任用比自己更优秀的人。很多领导用人时都会存有私心，害怕比自己优秀的人才抢了自己的饭碗，抢了自己的风头，担心下属把自己比下去，其实这是小人之心在作怪。

马云曾经说过："领导比员工多什么？领导永远不要跟下属比技能，下属肯定比你强；如果不比你强，说明你请错人了。要比眼光，你要比他看得远；要比胸怀，你要能容人所不容；要比实力，你抗失败的能力比他强。一个优秀的领导人的素质就是眼光、胸怀和实力。"因此，不要害怕员工比你更优秀，让优秀的人才为你所用，才是领导者真正的本事。

敢于任用比自己优秀的人才，公司才会越办越好，越做越大；只重用比自己差的员工，公司就会越办越萎靡，越办越糟糕。古往今来，高明的领导者无不深谙此理。

刘邦治军打仗不如韩信，但是他敢用韩信；运筹帷幄不如张良，但是他愿意起用张良；安抚百姓，供给饷馈，他不如萧何，但是他愿意重用萧何。通过重用这 3 个人，刘邦在楚汉之争中才得以获胜，开创了大汉的百年江山。反观项羽，虽然他"力拔山兮气盖世"，可他用的人没有一个比自己高的，范增足智多谋，但是最后被他撵走了。最后，项羽落得四面楚歌、众叛亲离、自刎于乌江的下场。

领导者有必要认识到，如果团队里你是最强的，你不知不觉就会成为"锅盖"，把团队成员"盖"住了，使员工很难有展现自己的机会。这个时候，领导者就会成为团队进步的障碍。只有敢于任用比自己更优秀的人，才能揭开"锅盖"，让团队成员看到更广阔的天地，拥有更大的发展空间。

第三章 Di San Zhang

关于涨工资、分红与年终奖

对员工而言，什么是核心利益？答案只有两个字：薪水。对于一个刚刚毕业不久或家境贫困的员工来说，打拼的目的就是赚钱，这也是不争的事实。作为老板，一定要体恤员工的辛苦，善于利用薪酬制度来留住人才、用好人才。这样，员工才会心甘情愿为你卖命。

1 在很多时候，薪酬比什么激励都管用

俗话说："打江山容易，守江山难。"同样，招聘人才容易，留住人才难。很多企业老板为公司人才流失抓耳挠腮，却不知道原因何在，这真是一种悲哀的事情。作为人才，他们最希望从企业得到什么呢？答案只有两个字：利益。

作为一个成功的管理者，一定要善于利用薪酬制度来留住人才，用好人才。也许你会说，员工来企业只是为了金钱吗？不完全是，但赚钱是第一要素。特别是对于一个刚刚毕业不久或家境贫困的员工来说，他们打拼的目的就是赚钱，这是不争的事实。员工也不是慈善人士，如果为企业拼死工作，却得不到自己预期的利益，那么员工终有一天要离去。

联想集团从诞生之初，经过短短20多年的发展，已经成为国内电脑行业的领头羊。这固然离不开柳传志的苦心经营，但更为重要的是，柳传志用自己特有的一套薪酬制度，吸引了一大批优秀人才，并把他们牢牢稳住。

倪光南是联想早在20世纪80年代聘请的重要专家之一，正是有了他的加盟，"联想汉卡"和"联想微机"才得出研发成功，尽管由于某种原因，倪光南最终离开了联想，但这更使柳传志十分清醒地认识到：必须要吸引人才，还要留住人才，这才是企业发展不可动摇的根基所在。

不久后，柳传志南下香港，并在商人吕谭平的帮助下，设计了一套适合联想长远发展的制度框架，其中最为重要的就是薪资制度。这项制度表明：每季度业绩前十的员工，可获得10%的薪金奖励；每季度业绩前二十

的员工，可获得5%的薪金奖励；每季度业绩前三十的员工，可获得3%的薪金奖励。之后，联想高层又对薪资制度做了进一步的完善，在这些制度的助推下，联想很快就进入了快速发展期。

随着企业的发展，如今的联想早已经抛弃了该制度，但毫不夸张地说，正是这一系列详实的薪资制度，才开启了联想发展的快车道。

著名实业家田家炳说过：“我不是一个聪明的人，我对我的员工只提两个简单的条件：一是给他们相当满意的薪金分红，二是你要想到他将来要有能力养育他的儿女。所以我们的员工到退休的前一天还在为公司工作，他们会设身处地为公司着想，因为公司真心为我们的员工着想。”

薪酬是直接联系管理者与员工的牢固纽带，能用好这条纽带，则能将那些优秀员工紧密的与企业捆绑在一起，反之，纽带一旦断裂，管理者则必然会陷入人才流失的窘境。那么，怎样的薪酬制度才算是合理，才能稳住最好的员工呢？所谓“合理的报酬”主要有两方面的含义：一是给予员工的报酬不能低于市场价格，而应略高于市场行情；二是不能采取一刀切的固定报酬形式，而应采取绩效浮动工资制，此方法有利于员工潜能的激发。此外，管理者在确定报酬水平时，还要参考员工对薪资的期望值等相关因素。

事实上，最“老土”的办法往往是最实用的，很多时候，薪酬比什么激励都管用。毫无疑问，现代企业的竞争，归根结底是人才的竞争。现如今，人力资源已经成为决定企业核心竞争力的关键因素，能否借助有竞争力的薪酬吸引人才，能否以合理的报酬稳住最好的员工，已经成为衡量管理者能力的重要指标。

从目前的薪资市场上看，“固定薪酬＋动态奖金”已经成为一种主流。具体到不同企业，其薪酬体系又存在不少差异，但基本上都是由基本工资、奖励薪资、附加薪资和福利四部分组成。要想留住表现优秀的员工，管理者在浮动薪酬制度的制定上一定要多下工夫，既要做到公平，还要注重效率，只有这样才能用最恰当的报酬稳住那些表现最出色的员工。

2 拖欠工资要不得

很多时候，我们用“奸商”这个词来形容那些善于投机、压榨员工的老板。这些违背商业道德的老板们，自己已是家财万贯，却舍不得让利于人。他们与人合作时，总想着自己拿大头，让别人拿小头。更有甚者，盘剥劳动力，拖欠工资，完全置员工的利益于不顾。

员工出来工作目的很简单，就是赚钱，让自己在社会中能够立足。因此，在员工的心里，钱是他们工作动机的重要动力。通过工资，可以购买日常生活必须的物品，可以实现自己的想法，满足自己其他的需求。因此，任何一个员工在辛苦工作后，领取薪资是理所当然的事情。但是，总是有那么些公司，找各种各样的借口，拖欠员工的工资，导致员工愤怒之极。

钱是员工工作的主要动机。作为交换的中介，它是员工购买生活必需品的手段。金钱还有计分卡的作用，通过它，员工可以评估组织对自己服务价值的看法，还可以把自己的价值与别人进行比较。可见，金钱在所有因素当中所占的权重最高。

在员工的心目中，薪酬不仅仅是一定数目的钞票，它还代表了身份、地位、个人能力的高低和成就的大小。合理而有效的薪酬制度不但能有效地激发员工的积极性与主动性，促进员工努力实现组织的目标，提高组织的效益，而且能在竞争日益激烈的人才市场上吸引和保留住一支素质良好的员工队伍。相反，不合理的薪酬制度则是一种负激励因素，它会引发各种各样的组织矛盾，降低员工的积极性。

日本的著名实业家稻盛和夫，曾被誉为“经营之圣”，创建了两家世界五百强企业——京瓷集团和日本第二电信电报公司（DDI）。在78岁的高龄时，他接受了日本政府和产业界的邀请，出任即将破产的日本航空公司CEO，仅用一年多时间，就使日航转危为安，成为全球赢利最高的航空公司。

一个出色的拳击大师在课堂上，往往不急于教学员如何击倒对手，而是先教学员如何不被对手击倒。若想不被对手击倒，最好的办法只有一个字——“让”。同样，在经商、经营企业过程中，要想获利更多，最好的办法也是“让”，让什么？答案是“让利”。作为一个老板，不要“让利”于客户，但一定要“让利”于你的员工。这其中最重要的原则就是：不可拖欠员工的工资，坚守诚信。

1961年，创办不久的京瓷遇到了前所未有的挑战。一天，11名员工突然闯进稻盛和夫的办公室，递给他一封“请辞书”，辞职的原因很简单：拖欠工资。稻盛和夫知道，对于一个初入职场的人来说，仓促地辞职是多么危险的事情，所以，他很耐心地听完了员工们的想法。原来，这些员工跟随稻盛和夫创业，夜以继日地工作，每天加班好几个小时，有时候要放弃周末或假期。但公司不但不体恤他们的辛劳，反而拖欠他们的工资。

在随后的三天里，稻盛和夫与每个员工促膝长谈，一个个说服他们，并保证一旦公司效益转好，就满足他们的要求，绝不会辜负他们的付出。经过这次谈判，稻盛和夫深刻意识到自己肩膀上的责任，从此，他把“追求全体员工的幸福”作为公司的经营理念。1970年，世界石油危机爆发，京瓷将外派员工召回总部休息，照常发给他们工资。这在那个年代，可以算得上是一种创举。

在商业上，稻盛和夫的“利他经营”获得了巨大的成功。相比之下，很多公司在危机中不顾员工利益，为了节省成本而拖欠员工的工资，这种现象我们早已见怪不怪。俗话说：诚信是金，黄金有价，而诚信无价。可见，诚信比黄金更贵重，诚信作为一种高尚的品格，不仅能为人们带来财富，更能广结善缘，扩展人脉。一家小公司，要想真正笼络人才，保证员工收入其实是最低的要求。

作为老板，如果失去诚信，就等于与成功擦肩而过。事实也确实如此，离开了诚信，所经营的一切其实都是无根之花，无本之木。谁也不愿意与一个拖欠工资的老板共事。因此，做人要坦诚，做生意要厚道，诚信一定不能丢。这个社会需要诚信，面对生意场上日趋激烈的竞争，商家们都使出了浑身解数，但能一直走到最后的，都是把诚信作为资本的人。

对于刚入商场的小老板来说，要实现自己的财富梦，必不可少的成本就是诚信，当然作为一项基本的商业原则，薪酬不拖欠、奖励及时，最不应该被忽略。

3 关于股份制、分红与年终奖

20 世纪 50 年代，凯尔索公司首次提出了利益捆绑的“员工股份制”。很快，这样的商业模式就风靡整个美国。很多人对此十分疑惑：员工享有股份，真的能解决公司效率的问题吗?

事实上，股份制是一种极为有效的保障措施。凯尔索公司首次将这一与员工分享发展成果的计划付诸实施，并成功地将公司 72% 的股权，分量分批地发给那些愿意为公司努力工作的员工。经过长达 8 年的时间，凯尔索终于完成了股权从管理层向普通职工转移的过程，这一举动在美国的企业管理界引起轩然大波，并赢得了很多人的赞扬和支持。

截止 1975 年，从民意测验专家哈特的调查数据可以发现：有超过 66% 的美国人对“员工拥有公司大部分股份”表示支持和赞成。1978 年，哈里斯的民意测验也得出了类似的结果：有64%的美国职员认为，如果公司能让自己分享企业发展利润，那么自己的工作效率肯定会有所提高。

如今员工股份制已经从最初的诞生地美国，逐渐被全球各地的管理者们所借鉴运用。实事求是的说，这种制度在企业的最大限度内给予员工最为可靠的保障，再加上具有竞争力的高工资，没有哪个员工不会充满工作干劲。

除了股份制这一科学合理的模式，分红和年终奖也成为许多中小公司竞相效仿的激励方式。上世纪90年代，上海的一家纺织厂为了调动员工们的工作积极性，提高整体的工作效益，制定了一个具体的奖励办法：超额完成正常工作任务20%的员工将在年终获得奖金1万元；超额40%及以上则可获得奖金2万元；为企业做出重大贡献的员工，经过董事会集体商议，可获得3%～10%的原始股份；员工对所持股份有自主支配权，更可以凭此分到部分的红利。很快，该厂就摆脱了巨大的经济压力，在未来几年里迎来了发展的高峰。

古语说："天下熙熙，皆为利来；天下攘攘，皆为利往。"千百年来，商人们的形象就是"无利不起早"，老板们要赚钱，员工们也要赚钱。作为公司的经营者，一定要明白这一点：懂得通过与人分享利益来激励别人，使别人心甘情愿为其效劳、与其合作。

李嘉诚曾将自己的用人之道，总结成这样几个字："以诚感人者，人亦以诚应之。"李嘉诚认为：只有真诚地善待下属，将股份制、分红的好处让渡于员工，与下属分享利益，才能赢得他们的忠心辅佐。在他的企业内，人才济济，新人辈出，而且跳槽率很低。说到李嘉诚欣赏人才、真诚待人，就不得不提到马世民。当年，英国人马世民的才能深得李嘉诚的赏识，为了让马世民心甘情愿地辅佐自己，李嘉诚不惜买下马世民的整个公司，只给了马世民10%的股份。为了增强马世民及其公司下属对集团的归属感，李嘉诚又给他们最低的优惠价格，让他们购买长江实业集团的股票。结果，马世民在和黄的年薪及分红有1000万港元。这个数额相当于港督彭定康年薪的4倍多。此外，马世民还有非经常性的收入，这是难以计算的。

虽然后来马世民离开了和记黄埔，但李嘉诚给他低价购买长实股票的机会，让他获得丰厚的利润。李嘉诚曾经不无欣慰地说："在我的公司，职员都能忠诚地为公司服务，我自己也经常会考虑他们的处境，并利用薪资激励的方式帮助他们。"可见李嘉诚多么体恤下属，多么愿意与下属分享利益，这自然也极大地增强了集团的凝聚力。

在任何一家公司，员工都是企业利润的真正创造者，领导纵然可以用威胁、施压的手段迫使下属服从命令，但这很容易引起下属的反抗，他们可能消极怠工，进而降低工作效率，影响整个组织的利益。最高明的办法就是，引入股份制、分红和年终奖的利益驱动机制，通过与员工分享利益，让员工心甘情愿地加班、奋斗，为企业创造更多的利润。

作为老板，一定要明白：与员工分享利益，才是保证企业终极利益的根本。许多著名的企业都有与员工分享利益的具体措施，1908年，福特公司推出了T型汽车，一时间非常受美国人欢迎，真正成为普通人的汽车。后来，福特汽车的销售形势一片大好，但福特公司并没有趁机上涨车子的售价，而是坚守"薄利多销"的商业宗旨，与内部的员工分享成功的果实。亨利·福特主动提出：如果年底整体效益翻倍，在保证工资不变的前提下，每人可领到年薪酬总额的30%，外加2%到5%不等的红利。凭借这一利益分享措施，福特公司的员工受到了极大的鼓舞，他们的工作激情高涨，工作效率极高，从而推动了企业的发展。

在中国，华为集团也是一家重视与员工利益分享的企业。多年以来，华为公司取得了非凡的成绩，都与他们注重与员工分享利益分不开。华为公司的管理者认为，随着员工为公司创造的利润增加，公司应该增加他们的报酬，并以年终奖的形式留住最核心的人才。如果管理者只注重企业短期利润，忽视员工利益，认为企业应该净得9000元，那么，很可能有一天，企业只得900元，因为这种奖励模式无法调动员工的积极性。华为公司的管理者正是认识到这一点，才在保证员工利益的基础上，调动了员工的积极性，最终保证了企业利润。

企业的效益与员工的收益是相互依存的，企业的利益依靠员工实现，如果企业只把眼光停留在眼前，看不到企业的长远发展，不愿意通过股份制、分红、年终奖的形式与员工分享利益，那么，员工的积极性就难以被调动起来。领导者只有认识到员工的价值，和员工分享利益，才能与员工保持和谐的关系，从而推动企业的持续发展。

在当今的商业环境下，仅仅靠高工资，是很难达到效益共赢的。只有高工资和高保障双管齐下，才能把员工的干劲逼出来，达到效益的最大化。管理者可以依据自身企业的状况，选择适合自己的保障方式和奖励机制，让高保障与高工资并行，下属们自然会充满干劲，为公司的长远发展贡献一份力。

4 涨工资也不能一步到位

在很多企业家看来，升值和涨薪是留住人才的主要形式。诚然，人才是企业发展的最根本动力，因而不少管理者都是求贤若渴，为了笼络各路英才，不惜以“一步到位”的方式，完全满足了优秀人才的薪资要求。

经验告诉我们：这样做，无异于在企业内部埋下了一颗定时炸弹。很多公司都有“破格提升”、“成倍加薪”的个性化制度，这些条款看上去无可厚非，可实质上错不在人才，而在老板，他们完全忽视了“一步到位”所带来的弊端和隐患。企业毕竟是一个团队，对某个员工或某些员工的激励过头，让他们捧上“铁饭碗”，往往会令其他员工不满，从而影响企业整体的工作效率，所以，管理者在涨工资这件事上一定要把握好“度”。不管是从企业的角度，还是从用人的角度来看，“一步到位”都不是一件好事。

田经理就职于一家中型食品厂，作为销售部的领导，他十分希望能够组建一支极具战斗力的销售队伍，但考虑到部门中绝大多数都是老员工，缺乏闯劲和拼搏精神，于是他打算为部门注入一些新鲜血液。

尽管几名新员工入职不满3个月，但其中一个小伙子却令田经理刮目相看，他刚来就拿下了一个百万大单，要知道自从他担任经理一职以来，公司还从没人签过这么大的单，因此他对这名新员工也十分看重，并打算将他作为重点培养对象，试用期刚过，他便按照自己的标准上调了该员工的工资，可令他始料不及的是，此举如推倒了的多米诺骨牌，竟然产生了一系列的连锁反应。

公司销售人员的薪酬是由固定底薪、学历补贴、销售提成、话费差旅补四部分构成的，老员工们的学历多以大专为主，而新来的员工则一律是本科学历，按照公司的薪酬制度，本科的学历补贴每月要比大专学历高出200元，田经理不按常规办事，竟然给了这名新员工“封顶的薪水”。这样一来，老员工们不干了，他们感到极度不公，为了发泄心中不满，甚至集体排挤新人，结果硬是把这名销售人才挤走了。

俗话说得好，枪打出头鸟，在一个团队中尤其如此。一旦有人拿了顶薪，必然会引起“众愤难平”的局面，原本的协作关系马上会被打破，演变成了一种互相拆台的局面。到头来，不仅破坏了团结，还会严重影响企业的整体效益。所以，管理者在为下属涨薪时，一定不能一步到位，最好按规矩办事，同时也要考虑到全体员工的心理承受能力。

从某种角度来说，涨薪能起到留住人才的作用，但凡事过犹不及，“一步到位”在任何时候都是失当的。既不利于人才在企业立足，也不利于整个公司的团结。所以，管理者要尽量不要冒这个险，如果迫于某种原因必须要破格提升，也要提前做好预防“内讧”的准备。

一个出色的老板，往往能够很好的把员工个人报酬与其贡献率紧密联系在一起。事实上，这种管理方式是非常值得我们学习和借鉴的。美国管理之父彼得·杜拉克曾坦言，“你不能衡量它，就不能管理它”，要想打破“手捧铁饭碗”的绝对主义局面，就必须有一个公平的评价衡量体系。

事实证明，一步到位的涨薪是企业管理的大忌，铁饭碗雷打不动的原则会使得公司效率低下，因为干多干少都是一样的工资，不会再涨，也不会降，久而久之斗志丧失，工作懒散，当一天和尚撞一天钟，根本没有任何工作积极性可言。

一家国有企业在向市场转型的过程中，打破了原有的铁饭碗制度，实行按劳分配，多劳多得，尽管打破了平均主义，但不仅没能提高大家的工作积极性，反倒引起了内部混乱，这着实令管理层十分意外。其实在此之前，一位高层的领导就曾下令，在薪酬制度上采取高提成的奖励措施，将销售部主任老王的工资涨了六倍，殊不知，这正是造成内乱的导火线。

眼看着王主任月月都拿着巨额的薪水，那些常年待在生产一线的员工们纷纷开始抱怨了。车间工作很辛苦，可是不管他们怎么努力也没多少奖金，尽管有奖励措施，但那点奖金和销售部相比，简直就是九牛一毛，所以大家情绪不满，工作也就越来越糊弄，结果企业产品质量得不到保证，反倒因此得罪了几家大客户，该企业也很快走向了衰落。

这个案例充分说明了一个道理：作为企业的决策者，一定要权衡各方面的利益得失，既要注重效率，还要考虑到公平性。一旦分配制度有失偏颇，不仅不能起到激发员工干劲的作用，反倒会引起内讧，对企业的发展造成不利的影响。

反过来，从人才自身的角度来看，“一步到位”的奖励办法也是不妥的。管理学者史蒂格曾经说过，“不能搞绝对主义，没有压力，就没有动力；没有诱惑，就不会有进步。”人人都端铁饭碗的计划经济时代已经过去了，在如今这个外部竞争如此激烈的年代，企业要想生存下去，就必须打破传统的奖罚方式，能者上，庸者下，这样整个团队的竞争力才能有所保证。

5 年薪制的好处

年薪制是一种有效的激励措施，对提升绩效有很大的作用。具体来讲，就是以年度为单位，依据企业的生产规模和经营业绩，给员工支付年薪的分配方式。相比月薪制，年薪制对员工的诱惑更大，一般由基本年薪和风险年薪两部分组成。但因为薪酬中的很大一部分是和本人的努力及企业经营好坏情况相挂钩的，因此年薪制也具有较大的风险和不确定性。

对于刚出校门、没有经验的新人，老板们一定要慎用“年薪留用”的策略。因为你还未发现他的才能，你不妨多观察一些时日，在这段时间内，多给新人一些具有挑战性的任务，以考验其才能。如果发现他是有用之人，也不必拘泥于他年轻、经验不足的缺点，大胆放手，让其发挥潜力才是明智之举。

王力原本是一个默默无闻的银行职员，为了更好地发挥自己的才能，他辞去了银行职员一职，进入到老胡的公司。在工作半年之后，王力想知道公司老板老胡如何评价自己的工作，于是他给老胡写了一封信，并在信的最后问道：“我是否可以享有更高的待遇?”

老胡看了这封信之后，在上面做了批示：“现在任命你负责监督新厂机器的安装工作，为了让你不再为生活的压力所扰，我还会给你提供一份丰厚的年薪!”然后，老胡把施工图纸和薪资签单一并交给了王力。面对这巨大的“恩赐”，王力一时间激动地说不出话来，他将年薪签单缓缓地收入口袋，然后佯装镇定着拿起图纸看了看，然后微笑着走出了办公室。

王力从未接触过这方面的工作，也没有接受过任何培训，但是他接到任务后，认真研究了图纸。遇到不懂的问题时，他会向相关的人员请教，很快，他就把这项工作弄明白了。最后，提前一周完成了老胡交给他的任务。当王力来到老胡的办公室汇报工作时，他发现老胡办公室旁边的一间办公室的门上，写着自己的名字。这是怎么回事呢?原来，这是老胡给王力的专门办公室，他已经决定提拔王力担任公司的要职，而且年薪是原来的3倍。

老胡为什么要这么做呢?他对王力是这么说的：“我给你那些图纸时，我知道你看不懂，我只是想看看你如何处理。我发现，你是个人才，你有巨大的潜质。所以我才想方设法以丰厚的待遇留住你。”

老胡对待王力的这个案例，给所有的老板们上了一堂深刻的“留人课”。他告诉我们，当你发现某个员工是个人才时，应该立即给予他较高的待遇，满足他的大致需求，比如以合理的年薪将其留住。我们可以设想一下，假如老胡不接受王力的加薪请求，还让他在基层工作，假以时日，王力必须会选择离开公司。

著名的红顶商人胡雪岩，在聘请得力助手周一鸣时，也是采取年薪的手法。周一鸣原本在同行的一家钱庄工作，胡雪岩去过这家钱庄几次，发现他做事认真，讲究章法。于是胡雪岩判定周一鸣是人才，决心将他收为己用。但是胡雪岩知道，周一鸣所在的钱庄给他的待遇相当不错，如果想把周一鸣吸引过来，就必须给周一鸣更高的待遇。

一开始，胡雪岩找周一鸣只是闲谈，然后问他职业生涯的规划。周一鸣说，希望今后每年挣200两银子，两三年后，把妻子和父母接到杭州城一起住。这时胡雪岩心里有底了，就把自己想让他来杭州阜康钱庄任职的想法说了出来。

胡雪岩开出怎样的条件呢？他没有按常规出牌给周一鸣发月银，而且一次性给了他 600 两银子，作为一年的薪酬。这远远超过周一鸣每年挣 200 两银子的目标。而且，胡雪岩表示，每年年终会根据钱庄的效益，给周一鸣分红。在周一鸣身上，胡雪岩可谓是下足了本钱，当然，这也深深打动了周一鸣。因此，周一鸣答应来阜康钱庄任职。后来，周一鸣在阜康钱庄表现相当出色，为胡雪岩效力了几十年。

胡雪岩是聪明、有远见的，他深知企业得到一个优秀的人才，是一本万利的买卖。所以，他不惜以高额的年薪聘请周一鸣，后来，周一鸣果然为阜康钱庄带来了滚滚的财源。在这一点上，胡雪岩真是下了狠心，如果他不这样做，周一鸣又怎么可能甘心给他效力几十年呢？

最后，老板们要注意一点，年薪制的激励方式或许可以吸引人才，也可以在一段时间内留住人才，但是如果想让人才长期辅佐自己，就必须在高薪留人的前提下，注重培养与人才的感情，以情感人，以情留人。只有将“金钱留人”和“感情留人”相结合，才是网罗人才最靠谱的策略。

6 激励员工的五项原则

众所周知，假如一个企业人心涣散，其发展必不会长久。对此，作为老板往往负有一定的责任。他们往往认为：人才之所以流失、人心之所以不齐的重要原因是技术落后、发展不利。其实，问题的根源在于激励不当，或者激励缺失。

有人这样评价沃尔玛强大的向心力：“沃尔玛公司的迅速崛起，主要取决于沃尔玛内部的团结与和睦。沃尔玛的员工聚在一起，就像喷发的火山一样，气势非常凶猛。”毋庸置疑，有效的激励是保证员工工作热情和工作态度的核心要素。那么作为企业的老板，又该如何激励自己的员工、增强团队向心力呢？归纳起来，大致有以下五项原则：

第一，薪酬激励，以“薪”换“心”。一家公司若想留住人才，必须摸清员工的想法，知道员工最需要什么。在这个物质生活成本居高不下的时代，员工最大的渴望莫过于多赚一些钱，让自己和家人过上好的生活。因此，企业最应该做的，就是想方设法地满足员工的薪水要求。

2011年，从东部沿海地区到中西部地区，“用工荒”的现象愈演愈烈，许多企业陷入招工难的困境。然而，红豆集团得益于独特的文化战略和运营战略，以不变应万变，成功绕过了“用工荒”的障碍，继续保持着效益高速增长的发展势头。2010年，红豆集团两次上调员工的工资。在同年12月20日，红豆员工又收到公司“涨工资”的信息。在这一年里，红豆集团的员工工资平均涨幅高达49.6%，最高达到64%。在涨薪的同时，红豆集团还给员工股权，这是让员工分享企业发展成果的又一举措。目前，公司有600多名员工拥有集团的股权，这在全国民营企业中实属罕见，这一举措进一步激发了员工的干劲。

第二，营造归属感，收服人心。毫无疑问，任何时候薪水都是员工奋斗的基础，当企业给予员工的薪水能够保障员工生活之后，再在公司内部积极地为员工营造一种归属感，让他们感受到集体的温暖。试问：在如此有诚意的感化下，员工又怎么会不卖力地工作呢？

有很多企业，薪酬与同类型企业相比并不具有竞争力。但是较高的薪酬仅仅只是企业留住人才的必要条件之一，而愉快的工作氛围、强烈的归属感，才是让员工紧紧围绕在企业周围的真正原因。一旦员工缺乏职业愿景，没有长远的职业规划，而且没有把心思和精力用在工作上，表现出懒散、敷衍的不良习气，就说明企业内部的问题已经很严重了。

这时候，通过内部联欢、轻松对话的方式，来增强员工的认同感，则变得十分重要。一个优秀的企业，往往能营造出一种健康的人文环境，在员工和企业之间建立起一种互动相依的关系。员工们只有对企业产生认同感和归属感，才能对企业和生产工作担负起一定的责任。而当个人利益与企业利益相冲突时，他们才能顾全大局，坚定不移地和企业站在同一条战壕里。

第三，福利到位，解决员工的后顾之忧。影响人才流动的因素有很多，生活保障是最为重要的因素之一。住房、医疗、子女教育方面的保障，不仅能使员工感受到企业给予的温暖，还能增强员工对企业的依赖性。可见，仅仅提高员工对福利待遇的满意度还不够，还要保证福利分配的公正性、合理性和激励性。

第四，注重企业文化建设，让员工与企业同呼吸。作为老板，如果能够从“以人为本”的角度出发进行管理，又怎么会失信于员工呢？只有发自内心地尊重、信任和关心每个员工，才能让员工们更有责任感、主动地做好本职工作。首先，可以为员工提供一个发表意见、交流心声的园地。例如办一个内刊，或是多开交流会议，让领导和员工共聚一堂，总结过去的经验，规划未来的发展。最好让所有的员工集体参加，让他们将自己真实的想法坦诚地表达出来，使老板能真实地把握员工的心理动向，从而寻找管理上的差距，加强对员工的人性化管理。

此外，老板应该对员工的生活动向了如指掌。在员工过生日或恰逢喜事的时候，一束鲜花或一份祝福，都会让员工深切感受到家一般的温暖；在员工遇到困难的时候，让大家一起帮忙，既让受难的员工记住这份恩情，也增强了员工之间的团结力，这往往比空洞的说教更有说服力。

第五，升职激励，给员工提供广阔的个人发展空间。许多员工都希望能有一个充分施展自己才能的机会，让他们发挥自己的主动性和创造性，获得老板和同事的认可。如果公司愿意给员工搭梯子，在适当的时候提升他们的职位，使员工的个人能力和素质随着公司的发展而成长，那么公司与员工的相互认同感就会越来越强。

曹操是个善于识人才的领导者，最典型的一个例子就是对待荀彧。曹操见荀彧来投，十分高兴，他把荀彧比作张良，并任命荀彧为司马。别看司马一职不是很高，但要知道，曹操当时也才是奋武将军，司马的位置基本相当于是“参谋长”的职务。一时间，荀彧得了张良的美誉，身居“参谋长”的职位。这不禁让荀彧钦佩曹操的风范和智慧，他能不感激涕零，对曹操忠心耿耿吗?

后来，随着曹操势力的壮大、地位的不断提高，荀彧官拜汉侍中、授尚书令。尽管后来荀彧失去了曹操的信任，但他依然对曹操不离不弃。由此可见，曹操在留人才方面多么成功。在对待荀彧这样的人才上，曹操表达出留人的极大诚意。至于荀攸、贾诩、程昱、刘晔，曹仁、曹洪、夏侯惇、许褚等人才，曹操也给他们相应的官爵，为他们提供建功立业的机会，给予他们好听的封号，回馈他们丰厚的利禄，并且恩泽其后世。

其实，很多人的心中，都有根深蒂固的官本位思想，很多优秀的人才都渴望获得升迁。比如，业务员想当主管，当了主管想当经理。所以，对待优秀的人才，给他们加官晋爵、给他们荣誉和表彰是很有必要的。

总而言之，不同的企业，员工的“生命周期”也会有所差异。企业管理者要善于从本行业出发，结合本公司的具体制度以及现存的激励机制，制定出有针对性的调整对策，只有这样才能真正做好全员的激励工作，把新老员工紧密地团结在一起，真正实现做大做强的目标。

7 让3个人做5个人的事，领4个人的薪水

在计划经济的时代，人们往往习惯于“人多好办事”、“人多热情高”、“人多力量大”的思维原则，但现代化公司往往需要从事跨区域、跨国界

生产，这就需要成百上千甚至上万人进行分工协作，这不仅仅涉及到个体效率因素，同时更关系到个体组织起来的系统。

在企业管理中常常会出现效率提高逆反心理效应，人们彼此之间为了维护自尊，会不自觉地表现出逆反态度或言行。在一些员工中常表现为“对领导对着干”、“顶撞上司”。面对这种情况，作为企业管理者不妨用最少的人办最多的事。毕竟多一个人就会多一分成本，此外，那些多出的人还会干扰踏踏实实干事的员工。所以，出于降低企业经营成本的需求，管理者一定要因事设人。

众所周知，德国大众汽车是一个闻名国际企业，因为前任老板缺乏现代公司的经营管理能力，结果就致使该公司的亏损创下了近10亿马克的纪录，这个数字远远大于9亿马克的股金，大众汽车也一度因此而走到了濒临破产的边缘。

就在这种背景下，施米克当上了老板，为了扭转亏损困境，他开始大刀阔斧地进行改革，第一项措施就是整顿老板班子以及相关人员，在亏损的情况下他居然冒险借债3亿马克作为补偿金，态度坚决地把公司人员由原来的11.2万减少到9.3万人，一举清除了那些因循守旧，暗中进行争权夺利，不干实事，并且提不出建议的管理人员，从而为公司的崛起开辟了一条崭新的道路。现在，大众公司的事业如日中天，这正是得益于施米克精简机构和人员的改革。

当然，在企业内部裁员并不是一个简单的工作，管理者在裁员的时候需要注意两方面的问题。一方面精简人员的最终目是要实现公司整体优化。因为只有整体优化，才能最终形成富有活力以及创造力的新的命运共同体，这样才会促使公司结构的合理和公司效能的最大发挥，才能获得公司的一个最佳效益；另一方面一定要妥善安排好相关的各类人员。精简人员要态度坚决，最终变“3个人的活5个人来干，3个人的饭5个人来吃”为“4个人的饭3个人吃，5个人的活3个人干”，只有这样才能真正提高公司效率。

近几年，谷歌的员工频繁跳槽。据新闻报道，google 的员工中，有80%的人在跳槽之前都与 facebook 接触过，而且其中大部分员工跳槽至 facebook。原因何在？相当一部分人认为，在谷歌无法获得公司的期权，但是在 facebook 可以获得期权。当然，还有人认为，facebook 的工作环境更有利于发挥自己的才能。由此可见，掌控好薪水的升降，是解决员工跳槽、提高工作效率的最有效办法。

美国著名的软件分析公司 Sas 公司，就特别注重在员工的薪水上下工夫。这一举措使得公司的人才流失率保持在4%的水平。要知道，这在软件市场劳动力紧缺的情况下，在同行企业人才平均流动率高达20%的行业背景下，4%的人才流动率称得上是个奇迹。

有人问 Sas 公司的员工："为什么公司的人员流动率那么低?"员工是这样回答的："我们在这里享受到了独特的奖金，拿我个人的情况来说，虽然我做了3个人的事，辛苦一点累一点，但公司体恤我的劳动，发给我双份的工资，我真的很知足。工作中，公司为我们提供了先进的设备；在承担的项目中，我们可以享受很多有吸引力的奖金政策；在与同事共事时，大家相互配合，相处愉快……"

靠着物质奖励和精神奖励，Sas 公司在人才的积极付出下，保持高速发展。Sas 公司的总裁表示："公司的薪资制度十分灵活，充分保证了员工们的收入。工作积极性高了，自主的工作意识也就形成了。很多员工还有忘我的工作精神，这让我十分欣慰。"

让3个人做5个人的事，领4个人的薪水，一方面在于强调效率，另一方面则在于激励。在马斯洛需求层次理论中，物质需求处在最底层。因此，留人首先要满足员工的薪水要求，其次，才是用心留人，用企业文化留人。如果企业无法满足员工物质方面的要求，即使公司文化再优秀、体制再完善、环境再和谐，也无法留住员工们那颗迫于现实需要、不得不追求物欲的心。

中国有句俗话说"有钱能使鬼推磨"，尽管这句话有些俏皮，但它却能从某种程度上反映出钱对人们生活的重要性。所以，要想员工帮你创造效益、赚取利润，企业必须拿出真正的诚意。生活需要成本，大到买房、买车、结婚、生子、赡养父母等，小到柴米油盐酱醋茶，日用生活品等，哪一样不需要钱？每个员工上班的首要目的就是赚钱，这种心理相信每个老板都能理解。如果企业无法满足员工较为合理的薪水要求，那么越是优秀的员工离开得越快。

可见，企业效益与员工薪资在某种程度上是一致的，如果将这两者放在天平上，那么人才就成了左右其平衡的主要砝码。随着现代企业的发展壮大，人才队伍的规模也是越来越大，市场竞争的加剧使得绝大部分企业都无力支撑庞大的人力开支，过多的员工不仅不能给企业带来效益，反而会令企业背上沉重的负担。所以，作为管理者，除了满足高端人才的薪资要求，还要下定决心精简人员，敢于淘汰那些效率低下的员工，只有这样，才能真正提升企业的核心竞争力和生产效率。

8 奖励不当，就成了变相的惩罚

众所周知，奖励是对人的一种肯定与表扬，但事实上，并不是所有的奖励都能令人感到愉快，从而保持员工积极的工作状态。心理学中有一个著名的“德西效应”，即当一个人进行一项愉快的活动时，如果给他提供奖励，同时奖励又呈现分配不均或递减时，不仅不能起到奖励的效果，反而会演变成一种变相惩罚。

“德西效应”往往能够在人们不知不觉中改变其行为的动机，员工们原本是为了获得领导赏识而努力工作，老板施以奖励后，便会悄然改变动机，演变成为了奖励而努力工作，这时候一旦奖励减少，员工们必然会心生不满，工作的兴趣也会慢慢降低，并逐渐滋生出埋怨情绪，从而导致工作效率低下。

众所周知，薪酬是企业管人的一个有效武器，可以直接影响到员工的工作情绪，可是每一个公司都不敢轻易使用这件精确制导武器。这是因为使用不好，可能就会带来“德西效应”，那样不仅不能激励员工，而且还可能造成负面影响。在国际上著名的IBM有一句拗口的话：加薪非必然！要知道，IBM的工资水平在外企中并不是最高的，也不是最低的，可是IBM有一个让所有员工都坚信不疑的游戏规则，那就是干得好加薪是必然的。

IBM在1996年初推出了个人业绩评估计划（PBC）。PBC可以划分为三个方面win（制胜）、executive（执行）、team（团队精神），IBM通过这三方面来考察员工。IBM薪酬政策的精神主旨是通过制定有竞争力的策略，从而吸引和激励业绩表现优秀的员工继续在自己的岗位上保持高水平。IBM自我独特而有效的薪金管理方式可以达到奖励先进、督促平庸。IBM将外在报酬和内在报酬相互进行挂钩，从而有效地避免了“德西效应”的产生，这种管理已经逐渐发展成为了一种高效绩的企业文化。

在现代的企业管理中，一些单位表彰活动过多，但根本没有起到肯定和激励的作用，反而成为一种干部职工眼中理所当然的举动。不管是物质奖励还是精神奖励，都不能为了照顾部分人的情绪，而把表彰、荣誉当人情，否则原本的奖励政策反而会在德西效应的作用下“变味”，成为一种变相的惩罚。

不管哪种形式的奖励都是为了激发员工的工作积极性，起到树立典型，弘扬先进的作用，所以，管理者一定要警惕“德西效应”，在制定奖励措施时，尽可能规避这些误区，以免错把奖励搞成了惩罚，好心办坏事反而挫伤了员工的工作热情。

美国著名心理学家威廉·詹姆斯曾经说过："人类本性中最深的企图之一是期望被认可、被尊重。"作为企业管理者，除了注重物质奖励，还需要注重精神激励。从人性角度来说，哪怕只是一句简单的赞美，也能给人带来温馨与振奋的情感体验。当然精神激励也要讲究技巧与方法，如果褒奖下属的方式不对，那么往往就会好心办坏事，不仅没能起到褒奖的作用，反而会给对方留下虚伪的印象，如此一来就得不偿失了。

杰克·韦尔奇曾就任于一家大型公司，当时他的职位是一个有前途的工作小组的主管。在他的办公室里，有一部专用电话，方便直属的采购人员随时与他交流工作事物。在与这些采购人员谈话的过程中，韦尔奇从来都不吝啬对下属的激励，哪怕他们在工作上的进步是极其微小的，他也会当即给予褒奖，而不会将这种褒奖留到第二天。

只要采购人员能让卖主降低价格，哪怕降低的幅度再小，也可以给韦尔奇打电话。对于采购人员打来的电话，韦尔奇是相当重视的，不管当时是在谈生意还是和秘书交谈，他都会停下手头的工作，亲自接电话，并毫不吝啬地对下属取得的成绩给予赞美，"你真是能干，居然让每吨钢铁的价格又降低了5分钱。"随即，他会命令秘书，将这个月的奖金提前汇到该员工的账上。

韦尔奇褒奖员工的行动，从来都不走什么程序，过程也显得含糊而紊乱。但事实证明，这种及时奖励、物质与精神相结合的效果是显而易见的，员工不仅工作热情高涨，而且体会到了自我价值实现的成就感，因而工作主动性也会大为提高。

俗话说，重赏之下必有勇夫。聪明的管理者往往能够借助"重赏"取得自己所期望的效果。但实质上，恩威并施，才能驾驭和利用好员工，发挥他们的才能。有功就赏，有罪就罚，下级的行为才会得到控制。对于那些优秀的人才，企业管理者要敢于重赏，只有这样才能留住优秀人才，给企业的长远发展注入强劲的动力。

谈到激励与管理的艺术，日本管理大师松下幸之助曾经说过："一味地奖励很难达到激励目的，要想让员工安心做事，必须赏罚结合。当然，最主要地一点是，以温和、商讨的方式引导员工自动自发地做事。”言外之意是，奖励不当，就成了变相的惩罚。

作为企业管理者，过严或过松的管理方式都是不妥当的，那么，怎样才能达到统御下属的最高境界呢？一方面要心怀宽洪，另一方面要严厉、果断，绝不不手软，左手“严惩重罚”，右手“法外施恩”，只有赏罚结合，才能让下属在预定的轨道内不断前进，才能避免“盲目涨薪”而引起的一系列弊端。

第四章 Di Si Zhang

员工就是员工，不要奢望在公司交到真心朋友

俗话说得好：距离产生美。有了距离，才有威严；有了距离，政令才能畅通。和下属打成一片，和下属称兄道弟，并不利于公司的发展。作为老板，既要有亲和力，又不能和下属走得太近；既要不失人性关怀，又不能顾及个人私情。这样，你才能成为令人信服的、受人膜拜的领导者。

1 不要和自己的下属称兄道弟

有些管理者认为，越平易近人，越能和下属打成一片，于是，他们选择和下属称兄道弟，无所不谈。其实，这种做法是不明智的，因为尽管我们提倡和下属打成一片，但并不等于和下属亲密无间，彼此之间没有任何距离。

要知道，管理者毕竟是领导，毕竟是众人瞩目的人物，如果总是和下属出入同一社交场合，和下属称兄道弟、无话不谈，那么管理者就会失去应有的威严，到最后，下属可能不把管理者的话当回事，比如，违命不遵、有错不接受惩罚等。

中国人非常讲究人情味，讲究哥们儿感情，不少老板喜欢把人情味、友谊带入工作，管理方式稍有不慎就可能把公司搅得不得安宁，最后朋友撕破脸，搞得大家都不愉快。这种情况在很多中小企业很常见，企业管理者习惯于人情化管理，大家在一起称兄道弟，有时候甚至连起码的规矩都忘了。

在《三国》中，刘备和关羽、张飞是桃园结义的兄弟，后来刘备成了君王之后，关羽和张飞仗着刘备的地位，表现得比较嚣张，对诸葛亮多有不服。幸亏诸葛亮治军有方、智慧过人，才得以征服他们。但是在关羽镇守华容道时，面对落荒而逃的敌人曹操曾经对关羽有恩，结果关羽在私心的作祟下放走了曹操。

关羽为什么敢这么做呢？其实，很大程度上在于他有刘备的庇护，他知道放走曹操是不可为的事情，回到军中会受到军法处置，但他还是这么干了，因为他知道刘备不可能眼睁睁地看着他被斩。结果，诸葛亮顾及刘备的情面，只能从轻发落，让关羽戴罪立功。试想一下，如果关羽和刘备不是“好哥们儿”，他绝对不敢拿自己的脑袋开玩笑。由此可见，与下属称兄道弟并不是管理者英明的作为。

柳传志有个朋友兼同事，他们的关系非常要好。早年，他们经常蹬着自行车，一起上下班，一起谈论国家大事，嬉笑怒骂，无话不说。后来，他们一起创业，私底下他们的关系很好，但是在经营企业的过程中，柳传志发现他没有以企业利益为重，于是降了他的职，再后来，他离开了联想。虽然这件事让柳传志比较难过，但是他知道为了企业的发展，必须坚持原则，而不能把友谊掺入到工作中来。

朋友归朋友，工作归工作，两者绝不能混为一谈。试想一下，身为老板的你和关系很好的员工一起喝酒，他搂着你的腰、拍着你的肩，这没有关系，但若第二天他上班迟到了，你就应该指出他的错；今天你孩子满月，和你关系很好的下属来送礼，但是明天回到公司，他多报了500元的开支，你就必须指出来。因为公司的规矩和风气，绝不能被友谊破坏了。在这方面，杰克·韦尔奇为我们做出了榜样。

美国通用电器公司前CEO杰克·韦尔奇在回忆录中提到一个故事：韦尔奇的副总跟别人说，一天晚上，韦尔奇请他吃饭，并且非常热心地替他夹菜，还替他斟酒，走的时候还跟他热情地拥抱，但是三天之后，韦尔奇下达人事命令，撤销了他的副总职务——原因是他违反了公司的制度。杰克·韦尔奇的案例说明，管理者就要像管理者，必须把工作关系和朋友关系分清楚，绝不能把私人感情混入工作中……管理者可以请员工吃饭，可以替员工夹菜、倒酒，但是如果员工影响了公司发展，他就必须离开。

在企业管理中，如果领导者与员工距离太远，就无法施加影响力；如果领导者与员工距离太近、称兄道弟，又容易丧失原则，不利于树立威信，不利于企业管理。因此，一个成功的领导者一定要善于与员工保持适当的距离。

法国总统戴高乐就是一位善于与下属保持距离的领导者，他与下属相处的原则是：“保持一定的距离！”这种相处之道深刻影响了他与顾问、智囊和参谋们的关系。在他10多年的总统岁月里，与他一起共事的秘书处、办公厅和私人参谋部等顾问和智囊机构，没有一个人的工作年限超过了两年以上。

戴高乐总是对新上任的办公厅主任说："我使用你两年，正如人们不能以参谋部的工作作为自己的职业，你也不能以办公厅主任作为自己的职业。"这就是戴高乐与下属保持距离的一种体现。在戴高乐看来，只有调动，才能与下属保持一定的距离，唯有保持一定的距离，才能使顾问和参谋的思维和决断保持朝气，还可以杜绝工作年限太久之后，顾问和参谋们利用总统和政府的名义徇私舞弊。

俗话说得好：距离产生美。与下属保持适度的距离，对管理企业是有好处的。有了距离，管理者才有威严；有了距离，管理者才能更加公正地处理问题；有了距离，管理者才有领导的样子。所以，千万不要和下属称兄道弟。

从这个意义上讲，老板在员工面前适当地摆一摆"架子"，并没有什么不妥，相反还有一些好处。有意识地与下属保持距离，让下属意识到公司权力等级的存在，从而感受到领导的威严。这样做对巩固地位、推行政策是非常有必要的。老板如果过分随和，下属很可能不以为然，拖延完成老板下达的任务，甚至根本不把老板的话放在眼里，肆意违背公司制度和老板命令。

管理者与下属是有职位、等级差别的，所扮演的角色也截然不同。作为一名管理者，应该表现出管理者的风范，既要有亲和力，又不能和下属走得太近；既要不失人性化关怀，又不能顾及太多个人私心。这样才能成为令人信服的公正的管理者。

2 办公室绯闻可能会毁掉整个公司

作为企业老板，与员工打交道是在所难免的。但是在与员工打交道的时候，应该注意方法，尤其是在处理与女员工的关系上。一旦"办公室的绯闻”不胫而走，马上会让你名誉受损，直接影响你在公司的地位，要知道，地位对于一个领导来说，是非常重要的。

与异性交往是一种艺术，其中有许多应该多加注意和小心的地方。一个企业的领导，更应该处理好与女下属的关系，划清界限，只有这样才能“绯闻”，才能树立起领导的威信，否则后果不堪设想。

某公司就有一个这样的事情发生。最开始的时候，是这位男领导介绍这位女下属来公司工作的，恰好两个人又是同一部门，两人的家离的也非常近。为了上班方便，男领导经常顺便接女下属去上班，下班还把她送回来。他经常去这位女下属的家里谈工作上的事情，丝毫不避讳。时间一长，公司里就有人在背后议论纷纷，但是两个人坚信身子不怕影子斜，所以对这些议论也没在意。

但是，毕竟人言可畏，男领导的夫人开始怀疑他们两个的关系，夫妻两个的关系闹得非常僵。后来，女下属的丈夫虽然相信他们两个是清白的，但是迫于压力，也劝告妻子与男领导保持适当距离。女下属一到公司就受到同事异样目光的瞩目，弄得她非常尴尬，最后，只好辞职去找了别的工作。而这位男领导，因为这件事情使他的形象大为受损，威严尽失，工作难以顺利进行。

诚然，女性是相对男性而言，是公司的弱势群体，对于那些重体力活，比如，搬办公桌、搬大件的办公器材等，女员工无法胜任，这个可以理解，不必强求女员工去做。但女员工搬不动办公桌，可以帮忙搬几把椅子，搬不动大件的办公器材，可以搬小件的东西。管理者有必要妥善分配任务，尽可能做到服众。

某公司的老板在这方面则做得有些过分，之所以这么说，是因为他特别偏袒女员工。女员工上班迟到了，他说：“女孩子爱睡懒觉，上班迟到几分钟没关系。”女员工下班早退，他说：“女员工要回家照顾孩子，迟到几分钟关系不大，只要工作完成了就可以。”女员工上班吃零食，影响周围同事工作，他却说：“女人天生爱吃零食，上班吃零食没什么大不了的。”

别看这些是小事，但带来的影响却很坏。因为女员工破坏了公司的公平，破坏了公司的办公制度。这引起了男同事的极大不满，而且给自己惹上了很多“绯闻”。更让男员工们不能接受的是，公司竟然规定：女员工不用打扫卫生，公司的卫生工作由男员工负责。男员工非常不满，打扫卫生又不是什么重体力活，女员工同样可以做，凭什么他们可以不打扫卫生？但是老板对此并未给出合理的解释。

很多的老板总认为女人是弱势群体，关照她们是应该的。但凡事都得有个分寸，要看在什么事情上关照她们。老板的出发点应该是把公司氛围搞得更融洽，而不是搞得男同胞们不愉快、女同胞们乱猜想。尤其是涉及公司制度时，一定要坚持“制度面前，人人平等”，这一点绝不允许动摇，否则，制度的约束力何在？企业公平感何在？

“男女搭配，干活不累。”这话一点都不假，因为在男女搭配干活中，还可能擦出“绯闻”的火花，这可不是什么好事。身为老板，也许你无法防止员工之间发生恋情，但你可以不让办公室恋情发生在自己身上。

公司是紧张有序的工作场所，而非卿卿我我、花前月下的公园。如果你轻率地与女下属搞办公室恋情，即便你们出身于中情局，保密工作做得再好，有一天也会被其他人发现。到那时，你的领导威严和公信力恐怕都会受到质疑，大家会认为：你以职权之便来“诱骗”女下属，试问，你又该如何解释、如何面对所有人呢？

很多老板都喜欢找女下属作为自己的工作搭档，甚至会有意识地聘用女性员工。当男老板打着小算盘时，女性下属也会打自己的小算盘。如果他们有所企图，比如，想借助老板的庇护往上爬，那么她们就可能利用女色来吸引老板，引得老板在不知不觉中偏爱她们。殊不知，对于老板们来说，这等于跨入了“雷区”。

职场应该是一个追求公平的场所，老板应该是一个维持正义的角色。如果你自以为女下属刻意吸引你，是你的魅力使然，然后顺着女下属的意愿迁就她、顺从她，做出有违公平的事情，那么势必会引起众怒。

所以，对于那些有意吸引你注意的女性下属，老板们千万要保持警惕，她们粘着你往往并不是你真的有魅力，而是你的位置有魅力。也许当你沾沾自喜于自己对女下属的吸引力时，有些下属却在背后戳你的脊梁骨、传你的“绯闻”。因此，请与女下属保持距离，尤其要与那些性感、露骨的女员工保持距离，以免引起不必要的流言蜚语，对你的名声造成影响。

由此可见，处理不好与女下属的关系，划不清界限，后果是十分严重的，不仅败坏了自己的名声，而且在公司也失去了地位，严重的会搞得自己身败名裂，妻离子散。作为企业的领导，要严格划清与女下属的关系，如果女下属表现出对你有非分之心，就应该趁早采取措施，把这些除了工作之处的感情扼杀在摇篮里。如果有可能，尽量不要安排女下属为你服务，这样会从根本上阻断不良关系的发生。

还有一点非常重要，千万不要主动和女下属有亲密的举动。如果一定要与女下属打交道，一定要公开，大方，最好是在有人监督的情况下。这样，可以杜绝有不怀好意者利用这个来实现他的不良企图。总之，奉劝我们的老板们：请时刻注意与女下属的关系，千万不要超过雇佣关系那条底线，否则倒霉的肯定会是自己。

3 老板尽量唱红脸

在京剧里，演员的面部都要化妆，这样才能表现出各种不同的人物特征。红色的脸谱，往往代表了正直、坚毅、忠奸分明的含义。在一个企业里，老板们往往需要扮演这样的角色，对于那些屡教不改、不拿制度当回事的员工，老板坚决不能手软。

康佳公司曾有这样一条规定：在工作场合不准吸烟！然而，这个看似简单的事情，并非每个员工都做得到。公司里有一个20多岁的年轻技术员，非常受老板器重。可是，他有一个不好的习惯——抽烟，而且烟瘾极重。由于公司明文规定不准在工作场合吸烟，因此，他只好每天上班之前猛吸几口烟，到了中午吃完饭，再猛吸几口烟，然后强忍着烟瘾熬到下班。

一天，年轻人发现楼梯的拐角处比较隐蔽，就抱着侥幸的心理，在上班的间隙来这个地方抽烟。不幸的事情发生了，正当他享受吞云吐雾的快感时，老板恰好路过此处，看到了这一切。很快，公司的人力资源部很快就做出了处理决定：第一，免除其车间技术员的工作，调离一线；第二，罚款；第三，全厂通报批评。

这事件被公之于众后，在康佳公司的整个生产车间引起了巨大的反响。很多员工认为公司的管理方式太苛刻，惩罚力度太大。但是自从这件事之后，再也没有人在工作场合吸烟了。年轻的技术员觉得自己很冤：不就是违反了公司的规章制度嘛！下次改了不就得了，撤我的职，全厂通报批评吗？这不是让我难堪吗？然而，如果每个员工都这么想，老板都这般从轻发落，公司的良好形象很快就会毁于一旦。

要知道，公司越大，管理起来的难度也越大，如果每个人都在犯错之后要求领导者对他法外开恩，信誓旦旦地说："我下不为例……"试问，老板的权威、公司的形象经得起几次这样的糟蹋？

除了在制度执行和惩戒员工上唱"红脸"，一个成功的老板，还应该在员工面前扮演雷厉风行、说一不二的"硬汉"印象。在做决定时，要么不要透露自己的想法，要么鲜明地表达立场和决策，这个时候最忌讳的是优柔寡断，因为那表明你心中无底或内心恐惧。

在关键时刻，老板一定要挺身而出，做一个英明的决断。这样才能增加你的感召力和影响力。倘若你平时派头十足，到了关键时刻却缩手缩脚，这个反差只会让你成为大家眼中的笑柄。当然，仅仅是果断决策是不够的，因为这不足以打造出你精明强干的气质，你还需在工作的一点一滴中包装自己。对于这样的老板，下属往往会产生钦佩之情，因为跟着他们干事，能感受到一种高昂的斗志、激情和力量。

与下属交谈时，即使下属处于主动，你处于被动，你也不用担心被对方左右。当下属的意见与你相左，但你认为下属的意见对公司有利时，也不用急着表态，你可以从容地说："让我思考一下。"这样一方面有时间从容思考和取舍，避免草率定案，另一方面也能增加你的权威。

人是有血有肉、有情感的动物，在为人处事中，难免会受到个人情感的左右。但是，身为企业管理者，在做出事关企业命运的决策时，一定要坚定不移地唱"红脸"。如果被个人的情感所左右，那么很可能做出"灭亡"企业的决定。

和田一夫和弟弟将一家乡下蔬菜店，经营成在全球拥有400多家分店，企业员工总数近3万人，鼎盛期年销售总额突破5000亿日元的国际流通集团。公司旗下的股票在日本、新加坡、马来西亚等地上市。

随着企业发展势头越来越好，和田一夫和弟弟在决策和处理问题的思路和方法上产生了很多分歧。1995年，和田一夫想把弟弟逐出公司，但是考虑到弟弟在公司发展中付出了很多，于是他感到很矛盾。在面临"正确地管理企业未来"与"对弟弟的情感"两难问题时，和田一夫最终选择了退出，这样做只是为了不伤害兄弟感情。

然而，和田一夫退出之后，他的弟弟并未把公司经营好。弟弟怕和田一夫得知公司经营真相后不高兴，于是经常给和田一夫一些作假的报表，让和田一夫误以为公司经营得很好。到1997年，公司一夜之间倒闭了，和田一夫才如梦初醒。

后来，和田一夫深刻地进行了自我反省，如果他能像《三国》中的诸葛亮斩马稷一样，也许公司不会有倒闭的命运。和田一夫是一位优秀的企业家，但是他在进行决策时，也会被个人的感情所左右，最后葬送了拥有45年历史的公司的前程。由此可见，在决策时，控制好个人的情感，擦亮眼睛，依据客观事实做决策是多么重要。

马基雅维利在他的著作《君主论》中说，一个称职的君主，必须具有狮子般的威严、狐狸般的狡诈。这说明统御能力的体现，表现在两个方面，一是敢于出手的魄力，二是善于出手的智慧。没有魄力，会优柔寡断；缺少智力，会独断专行，二者缺一不可，必须两手都要抓，两手都要硬。

领导与员工所肩负的使命不一样：在公司中，领导者肩负的是公司生死存亡的重责，所以他跟下属的工作完全不一样。作为一个领导者，必须想人所不能想，看人所不能看。下属由于处于的地位的原因是不能看到这些问题的，作为领导者又每天日理万机，没时间也没有必要去向下属解释自己行为的意义。江湖上有一招“狮子吼”，就是用一种狮子一般的威严，让员工被自己的气势慑服，使自己的命令得以顺利实施。

一个真正有智慧的老板，要以超越世俗的眼光来审视局势，最好“红脸”的姿态出现在员工面前，让员工心悦诚服地做事，这样才能达到利益最大化。此外，也不妨露出自己“老狐狸”的一面，给耍心眼的人予以震慑。这种震慑与“唱红脸”不同，体现的是一种威胁，是向周围人宣布：你们的小手段都是我玩剩下的。如此一来，那些捣乱的员工才会俯首称臣，听从你的命令。

4 不淘汰平庸的员工，是对奋斗者的不负责任

不想当将军的士兵不是好士兵，同理，不想当领导的员工也只是永远平庸。好的下属是完全具有可塑性的，但要想将这些员工培养成卓越人才却并不容易。企业要想做大做强，必须要培养一批精兵强将，因此，管理者在培养员工的过程中，必须毫不留情的淘汰那些平庸者，这既是对企业

的未来负责，更是对奋斗者的肯定。

不少管理者经常面临这样一个问题：到底该如何解雇那些“鸡肋人物”？一般来说，这些人工作还算努力，懂礼貌，善解人意，甚至在公司里面还有着不错的口碑，然而他们在工作中却经常犯错，哪怕是多次提醒依然不见什么起色。对于这样的人，解雇起来需要很大的勇气，但为了企业的发展，却不得不淘汰。

阿丽是某科贸公司的经理，最近公司新来了一位女员工，人长得漂亮，性格活泼可爱，但却令她头疼不已。该员工在通过单位两个月的试用期后，看起来似乎工作十分努力，但在业绩上却平平庸庸，每次都是打着最低考核标准的擦边球。起初，阿丽认为该员工可能是由于还未融入企业的环境，所以才会业绩平平，毫无起色。

为了帮助她提高业绩水平，作为经理的阿丽专门给她安排了一位经验丰富的老员工，但转眼 3 个月过去了，该员工的工作状态丝毫没有改变，还是老样子，更令阿丽头疼的是，她完全是在被动机械的工作，根本毫无工作积极性，这样又怎能把工作做好呢？为了帮助这位员工提升业绩，阿丽专门找她谈话，并给予其精神上的支持与鼓励，并许诺，只要她能够超额完成工作任务，一定会给予其丰厚的物质的奖励。

然而，阿丽的办法似乎没有一点作用，该员工还是老样子，甚至工作业绩还有下滑的趋势，总是这样通融一个平庸者，难免会让那些业绩优秀的员工感到不公，出于这个层面的考虑，阿丽毫不留情地开除了这名能力平庸的员工。

实际上，每个企业都有工作能力平庸者，他们整天不思进取，上班就是“磨洋工”，拿工资混日子，如果不淘汰这类员工，那些优秀员工难免会产生“不干活也这样，干这么多活也这样，那我为什么非要这样拼命努力呢?”一旦员工们有了这种想法，那么企业的整体工作效率必然会降低。

通常来说，企业都会有一套完整的人事体系，对于什么情形下可以与员工解除雇佣合同都有着比较明确的要求，作为公司的管理者，要善于借助这些制度来清除那些平庸的员工。此外，在人员招聘时，要尽量避开那些没有培养价值的人，只有这样才能从根源上减少平庸者的数量。

身为企业管理者，由于平时的日常管理工作纷繁复杂，所以即便是有三头六臂也很难做到面面俱到，产生或多或少的遗憾也是在所难免。一个明智的领导者不会对无关紧要的小遗憾而患得患失、耿耿于怀，只要所做之事对企业来说利大于弊，那么他们便会坚决执行，绝不会因为小小的损失而忧虑。

疏而不漏，危急关头绝不手软这正是企业界成功管理人的共同之处，人的精力是有限的，要想管好一个偌大的企业，就必须要抓住重点，抓住关键点。俗话说，做大事者不拘小节，如果凡事斤斤计较，过于在乎那些细枝末节，那么，势必会丢掉大局，从而给企业造成更大的损失。

人们常说，“铁打的营盘，流水的兵”，一个企业从小到大，既有不断加盟的优秀人才，也会有人陆续离开，这是十分正常的事情。号称“中国企业教父”的柳传志，在用人这件事情上看得开，时刻牢牢把握着大局，对于那些不正常的现象，他从来不会过分忧虑，这也正是他获得成功的一个重要原因。

在联想有不少元老级别的员工当初跟随柳传志一起创业，在大家的共同努力下，联想从一个几百万年销售收入的普通企业，迅速成长为年销售额超过百亿的知名品牌。然而，天下没有不散的宴席，从倪光南、吕谭平、孙宏斌到杨元庆、郭为，一个个重量级人物的离开并没有让柳传志有任何忧虑。

在他看来，企业发展需要新陈代谢，这种新陈代谢的规律注定会有元老人物退出，只要把握住了这一大局，那么便不会因为新老员工的交替而忧虑，尽管陆陆续续有人离开，但柳传志始终都是气定神闲，一步步筹划着企业的发展，一步步引领着大家把联想发展壮大。

好不容易培养起来的骨干离职了，与自己一起并肩作战熬过困难时期的老伙伴离开了，原本重点培养的下属突然跟不上团队的发展了……在具体的管理工作中，总是会出现这样或那样的遗憾，即便是再优秀的管理者也很难做到尽善尽美。

在现实生活中，绝大部分管理者在骨干离开公司后都会陷入患得患失之中，实际上，不淘汰平庸的员工，完全是对奋斗者的不负责任。人才掉队并不是什么遗憾事，而是一种常态，企业对人才的需求本身就是“喜新厌旧”的，所以有人离开很正常。作为企业管理者，不必为此而担忧，越是这种危急关头越是不能手软，学会处理“掉队者”才是正确的应对之策。

5 “一朝天子一朝臣”的体制，万万要不得

国有国法，家有家规。企业也如此，应该有自己的一套规矩。个人的智慧、水平是有限的，而且很多老板对别人的能力往往不太认同，一心想建立自己的“亲信部队”，却造成“一朝天子一朝臣”的局面的出现。

在处理内部矛盾时，老板一定要当好“裁判”的角色，绝不可偏袒一方，伤害另一方。强行改变原本公正的判决结果，只会让你威信扫地。那么，作为一个合格的管理者，在争议面前又该怎样做呢？

老丁是一家中型企业的部门经理，这天眼看就要下班了，结果办公室走进来了两个怒气冲冲，相互喷火的下属。这两名下属是老丁的得力干将，现在居然脸红脖子粗的对吵。原来二人在组建分公司的对外发展战略上存在严重分歧，结果说着说着便吵了起来，谁都不是轻易认输的人，所以来找上司老丁评理。作为裁判，老丁心里十分纠结，张某跟了自己这么多年，绝对算得上自己的“亲信”，但他在平时的工作中异常骄傲，所以树敌颇多；陈某向来做事稳妥，但这么长时间过去了，却始终得不到重用。

如何安排组建分公司的带头人，在老丁看来真是一件令人头疼的事

情。但是当断不断，反受其乱，老丁也深知这一点：如今内部关系紧张，如果偏袒张某，大搞“一朝天子一朝臣”，陈某肯定不服。为了不让两人的争论再次升级，老丁果断出面，制止了张某：“你的意见我都听到了，一直这样大声叫嚷下去，也不怕同事看笑话。”就这样，老丁巧妙地平衡了内部的关系，让内斗的风波就此平息。

作为老板，做任何决定都不能有偏有向，一旦失了公正，则必定会令某一方不满，从而埋下不稳定因素。出于公正，老丁最终做出了一个公正的决定，将组建分公司的对外战略交给了陈某。其实，越是在争议面前，老板越要大公无私，只有敢于板起脸面做“包青天”，对事不对人，才能避免因不公正裁决伤了下属的心，引起上下级之间不必要的隔阂。

此外，在人事调动上，老板也绝不能对自己人“特殊照顾”，一定要从全局出发，任用最合适的人。每位员工都有自己擅长的工作领域，也都有职业上的劣势，所以，老板在进行人员调动时，一定要充分考虑到个体差异性。否则一旦调动不合理，让“庸才”上了位，不仅不能提高工作效率，反而会伤害其他员工的感情和工作积极性。

一家大型销售公司的老板，将自己年轻的小舅子提拔为经理，并把 12 个人的销售团队交给他管理。最初的一年里，老板的小舅子干得还算不错，但慢慢地，便开始经常迟到，销售业绩也开始大规模下滑，底下的 12 名员工对他的意见很大。这时候，老板才意识到自己犯了一个多么严重的错误，升任他为销售经理根本就是不合理的。后来，老板提拔了一位勤勤恳恳、任劳任怨的老员工，让他担任经理一职。老板得知他需要经常约见客户，就毫不犹豫地分给他一间大的办公室，还给他配了专车。自此，“一朝天子一朝臣”的局面彻底被扭转了，所有人都有了干劲，因为他们真正感受到了公平，得到了合理的待遇。

为了落实公平、彻底杜绝“一朝天子一朝臣”的局面出现，最行之有效的措施就是：严格推行公司的规章制度，让每个员工按照制度去行事，避免造成管理的无序，对员工的积极性造成消极的影响。在这一点上，红楼梦中的王熙凤就做得很好，她虽手握权势，但却从不滥用，更不会拉拢关系，结党营私。

宁国府贾蓉的媳妇秦可卿死了，宁国府内要办理丧事，每天前来吊唁的人络绎不绝，里里外外的事情非常杂乱，非常琐碎，因此需要一位有管理才能的人来做总管。贾蓉的父亲贾珍觉得荣国府的王熙凤可以堪当此任，就把他请来料理宁国府的丧事。王熙凤接受了这一邀请，他来到宁国府之后，做的第一件事就是建立人事管理制度。他让每个人都有具体的事情可做，各司其职，互不推诿，谁去执行，谁去监督，都有明确的分工。如果没有干好，怎样处理，制度上都写得清清楚楚。

接着，王熙凤又建立了考察制度和物品管理制度，他规定：什么时候点名，什么时候吃早饭，什么时候领物品，什么时候请示，都非常清楚。由于建立了人事、考勤、物资等制度，避免了办理丧事过程中无头绪、忙乱、推诿、偷懒等弊端。就这样，一两百人的工作群体，在这些规章制度的管理下，一切都变得井然有序。

在现代企业管理中，一旦公司制度杂乱无章，那么员工必然会对老板的威严产生质疑，不仅会认为“老板说话不算数”，还会把上下级之间仅有的那点信任消磨殆尽。所以，老板要想维持团队的安定团结，一定保证制度的权威，弱化个人的专断行为。

6 避免员工建立自己的小圈子

随着企业做大做强，员工自然也越来越多，这个时候每个领导就会不得不面对一个问题：小圈子。圈子是人们为了抵御风险和危机，保证利益的存续而存在的一种松散组织。这种组织方式没有确定的纲领和组织原则，属于利益的攻守同盟。

有小圈子不能说完全是一种坏事，毕竟每个人的风格和节奏不一样，为了让自己有更高的效率而组合起来是一种有益的事情。但是当这种圈子以利益为目的结合的时候，就会与组织的整体利益产生冲突，即形成了所谓的“内部帮派”。

巨人集团总裁史玉柱曾把企业内部拉帮结派视为企业的 13 种死法之一。在企业发展过程中，员工拉帮结派是非常忌讳的事情，会导致管理者无法掌整个企业的局面。拉帮结派的一大危害就是人才排挤，使真正有才能、想踏实干事的员工被打压而无法专心工作，难以给企业创造高效益。

现代公司是以商业利益为目标的组织，内部成员按照一定的契约进行合作，这就要求一个企业必须有一个大方向。但是不得不承认个人利益和整体利益实践中是存在不一致的，这种利益差异势必引起不同的诉求，这是不可避免的当产生利益冲突时，一些人为了获取私利而勾结外患就不可避免。

在不少公司内部，都有不同的派系、不同的团体，这些派系和团体之间互相倾轧、尔虞我诈。比如，在一家工厂里，来自同一个地方的人经常聚在一起，形成“同乡派”，一旦有了摩擦，帮派之间就会起冲突，弄得鸡飞狗跳，严重影响团结，降低员工的工作效率。

小华刚进入一家企业，就敏锐地察觉到公司人事上的刀光剑影，各个部门都分别以学校、地域划分派系，工作中充满了磕磕绊绊。这个派系的人说东，那个派系的人偏说西，意见分歧之大，并不是出于对企业发展的考虑，而是为了维护自己帮派的立场，即纯粹地为了反对而反对。老总为了维持企业的运营，只好忙碌在各个派系之间，玩好平衡。小华来到公司后，只求把自己本职的工作做好，拒绝加入任何一个派系，因此，成为各派系都不欢迎的人。

针对这种现象，他曾找老总谈了一次，老总也感觉头疼。但由于各派系的“老大”都是公司的骨干，他也不好惩处。小华在公司无法施展自己的才能，过得不顺心，半年之后他就离开了，进入一家私营企业，发现这里几乎没有帮派。老板根本不允许任何人建立自己的小帮派，发现一个，严惩一个。任何事情都是对事不对人，公司业务蒸蒸日上，员工之间相处愉快。

不少公司里，都有各类小集团，比如，市场部是一帮，人事部是一帮，销售部是一帮，生产部又是一帮。除此之外，有些资历较老、能力较强的员工也喜欢自立门户，把一些推崇他的员工聚集在一起，形成一个小圈子。当他圈子里的人和其他员工发生矛盾时，他们就会集体排挤、打压别人。所以，老板必须旗帜鲜明地告诉全体员工：拉帮结派就是团队祸害，企业绝不允许、绝不迁就。

对于领导人和整个组织，一个优秀的下属都是一笔财富。才能出众的下属，是每一位领导人渴望得到的。但是下属能力过强，就会危及领导的地位，就像战国士大夫架空诸侯一般，形成尾大不掉的局面，这对于整个企业的运作是不利的。下属之间勾结在一起，以少数人的利益为目标，势必会动摇组织的整体利益。所以说，对于现代企业管理，一定不能对小圈子放松警惕。

对于这种小圈子，一个合格的领导既不能听之任之，同时也不能畏之如洪水猛兽。一个成功的老板，既需要有容纳小圈子的胸襟，又需要有利用小圈子的智慧。要正确对待这种小圈子，原则上一定要打散，但是可以采取一些其他手段。

首先，可以无害的支持。对于这种圈子，如果对于工作有利而对整个组织没有影响，不妨让他们继续存在。这种没有共同利益的诉求与其说是小圈子，不如说是工作组。

再次，要加以疏导和利用。要调解好各方面的利益，使集体的利益尽量和小圈子的利益结合起来，这样一来危害，危害集体利益的小集团自然就不复存在了。

最后，如果确实存在威胁了大多数人利益的小圈子，就必须采取雷霆手段加以打击。可以用调离，明升暗降，打散分组等方式来对小圈子进行疏导与分化，从而达到拆散小圈子的目的。

江苏某企业的老板在经营和管理企业中，非常重视团队建设，极力反对员工拉帮结派。公司制定了经费制度，每个部门每个月完成任务后，都可以从公司申请集体活动经费。如果部门负责人自己掏腰包请部门的下属吃饭，将会受到严厉的处罚，从不手软。这样做就是防止部门负责人建立自己的小团队。

作为老板，对于公司内部拉帮结派的现象，不能只在心里不满，而应该当众表态：我鼓励你们团结合作，但是反对你们拉帮结派、建立自己的小圈子，如果你们明知故犯，不要怪我不客气。当你发现企业内部拉帮结派产生了不良后果，比如，优秀人才被冤枉、被排挤走了，你必须立即铁腕铲除罪魁祸首的幕后主谋，绝不可感情用事。

在企业管理中，老板必须设立一个底线，这个底线就像高压线一样，谁敢触碰，就让谁出局。只有这样，企业拉帮结派的现象才会从根本上铲除。

7 斩断员工的“第三只手”

在企业中，有些员工不诚实，利用工作之便吃回扣、收黑钱、偷东西，既蒙骗了老板，又坑害了企业。员工这种手脚不干净的行为对企业的危害是无穷的。它会严重影响公司声誉，损害公司的利益。

俗话说：“先做人，后做事。”企业用人应该首先看员工的人品，在此前提下，再寻找有能力的人才。世界上很多知名公司，都将员工的人品放在首位。比如，摩托罗拉公司非常重视员工的品行和道德。如果一个应聘者的品行不符合摩托罗拉的要求，就算他的能力再强，也不会录用。

晓晨是一家大型电子厂的采购员，由于公司的产品产量较大，因此，晓晨这名小小的采购员也活得风生水起。她的业务能力不错，职业技能也很好，签下的供应商都是大客户，提供的原材料价格实惠，质量好。原本晓晨每个月有不错的收入，但是他不满足，在采购中居然暗示供应商提供回扣。

在合作了几个月后，与晓晨合作的供应商渐渐不满。因为虽然利润还可以，但是被晓晨抽取的部分多得让供应商心痛，所以，他们纷纷中止与晓晨合作。晓晨失去了供应商，短时间又找不到合适的供应商，导致公司原材料供应不足，严重了影响公司的正常生产，给公司造成了很大的损失。后来老板得知晓晨收黑钱的行为后，一气之下将晓晨开除。

一个品德败坏的员工，就像一粒老鼠屎，他的存在就是时刻准备毁灭企业的。因此，企业用人必须考察员工的人品，一经发现员工手脚不干净，应该毫不留情地清理出去，这样才能彻底消除祸患。有些老板认为，只要员工有能力、能给企业带来效益，不管他的人品好不好，都要大胆使用。殊不知，员工今天给你赚钱了，明天也可以让你破产。

微软公司前副总裁李开复曾说："我把人品排在人才所有素质的第一位，超过了智慧、创新、情商、激情等，我认为，一个人的人品如果有了问题，这个人就不值得一个公司去考虑雇用他。"因为能力差一点、人品好的员工虽然成事不足，但不至于坏事。而能力强、人品却差的员工虽然能成事，可一旦他坏了事，那么你的企业将面临毁灭性的打击。这绝非危言耸听。

有这样一个例子：某公司销售部的范经理和老板发生了意见分歧，双方一直未能达成共识。一气之下，他带着公司的机密文件跳槽到同行的一家公司。这家公司创立不久，公司的产品还没有完全打开市场，他非常需要范经理手里的机密文件，而且见范经理是一个经验丰富的销售高手，于是高薪留下了范经理。

范经理进入公司后，凭借自己以往的人脉，力挽狂澜，为公司打开了市场。公司的产品在两年时间里，市场占有率节节攀升。为公司立下了汗马功劳的范经理渐渐变得狂妄起来，对公司给他的薪水也不太满意，于是他要求加薪，可是公司开给他的薪水已经够高了，不可能给他加薪。范经理见加薪无望，丑陋的本性开始暴露出来。他像前一次跳槽一样，带着公司的机密文件离去。而且在离开时，还在公司散步谣言，说公司客户跑单，公司发不出工资，即将倒闭，这引发了公司很多业务上的纠纷，使公司陷入了一片混乱。

事实上，当范经理带着满意的“成果”跳槽时，接纳他的老板就应该想到：王经理这样对待“老东家”，以后会不会用同样的方法对待自己呢？公司有一个品德败坏的人，不就像在身边埋了一颗定时炸弹吗？既然如此，为什么还任用他呢？

除了吃回扣、收黑钱，很多员工还喜欢把公司的东西据为己有，那其实属于盗窃行为。在公司中，员工盗用公务时有发生。不论员工是窃取几只圆珠笔，还是挪用公司款项，都是盗窃行为，都将为公司带来损失。盗窃行为，不管情节大小，管理者都应该严肃处理。因为管理者的心慈手软实际上是对不正之风的提倡，盗窃之人会越来越多，情节也会越来越严重。所以，为了维护公司利益，管理者必须坚决斩断员工的“第三只手”。

许多盗窃行为也许只涉及到圆珠笔、记事簿等一些小东西。管理者会认为是小事一桩，为了显示自己的气度，就不予追究。其实，盗窃公物看上去是小事，却反映了一个人最基本的品德修养。今天员工为了一点小利盗窃公司文具，明天他就可能为了大利出卖公司机密或挪用公司资金。所以，小错不杜绝，必将酿成大祸。

2012 年 11 月，南昌警方破获一起重大入室盗窃案，涉案价值达 21 万元。某汽车品牌 4S 店一夜之间丢失数十万的巨款，对于小型商店来说，可谓是元气大伤。第二天上午，案件宣告侦破。出人意料的是，犯罪嫌疑人竟然是这家商店的工作人员。本公司的员工对公司各项事宜相对较为熟悉，一旦有偷盗之心更容易得手。倘若不是警方全力调查，这家小型商店将无法继续经营下去。所以，防止内鬼的最有效方法是通过批评教育杜绝员工的一切偷盗行为。

细节决定成败，小事管控不力，大事也必然管控不好。对企业来说，员工没有能力，企业可以花点钱、花点时间慢慢培养。通过培训和学习，员工可以从普通人才变成优秀人才，从优秀人才变成卓越者。但是员工的品德却无法培养，正所谓“禀性难移”。一棵树的根是烂的，你再怎么浇水施肥，也无法让他健康成长。所以，老板千万不要抱着侥幸的心理任用有才无德之人。发现员工吃回扣、手脚不干净，一定要斩草除根，这样才能不留后患。

此外，要想员工能够公私分明，管理者一定要以身作则，自觉遵守公司纪律，为员工树立有力的榜样。另外，管理者要注重对员工进行“以公司”为家的教育，如果员工已经把公司当作家，已经成为管理者的自己人，他就能下意识地以公司为家，打消谋私利的念头。

8 把表面的风光让给员工，把沉甸甸的利益留给自己

俗语说得好：人活一张脸，树活一张皮。人们活着，说到底就是为了面子。作为一个企业的领导，领导着无数的员工，理应更注意表面风光，但有时候，却不必过于追求表面的风光。适度示弱，把风光留给员工，反而可以为自己赢得沉甸甸的利益。

任何事情都不是完全绝对的，在一些原则性问题上当然不应该示弱，把风光留给别人，但是在一些特殊的场合，却可以有意地进行改变，承认自己的短处，这不是软弱的表现，是一种高超的为人处事之道。

X公司和Y公司都是某大城市著名的建筑商，有一次，该城市为了开

发某个地区，公开竞标，很快，其他小公司也纷纷被淘汰了，只剩下这两家实力相当的大公司。这两家公司也开始紧锣密鼓的动作，都希望能把这个项目拿到手。

在设计方案会议上，两家公司也各不相让，针锋相对，谁也不肯吃亏，总想表现出自己的优势，把对方压倒。一时间，上级领导也不知该把项目交给谁来做。就在这时候，Y 公司好像开始落下风，会议上的表现也收敛了许多，仿佛是没有底气似的，不光如此，这家公司还经常表现出自己的不足之处，说自己还需要进一步学习。就在大家都觉得这个项目非 X 公司莫属的时候，结果出来了：是 Y 公司最终得到了该项目的开发权。

大家对这个结果感到很诧异，但是 Y 公司的老板却告诉他们，原来他早打听好了，上级领导不喜欢太过强势的人，喜欢内敛一些的，因此，他后来就没有与 X 公司争夺表面风光。因此，顺理成章地，这个项目就落到 Y 公司手里。

在这个案例中，该公司老板就懂得取舍，把表面的风光留给了别人，但是，笑到最后的人则是自己。在竞争对手面前可以适当地示弱，对待下属一样也必须如此，不必要处处表现出作为领导的强势之处，不要处处以领导自居，一味地自大，自满，这样只会让下属对你产生反感之心，面服心不服。

如果，你时常注意言辞，平易近人，表明自己虽然有过人的地方，但仍然是一个平凡的人，现在取得的成绩是大家共同努力的结果，不是一人所为，公司的明天，仍然是需要大家的共同努力。此外，不妨照顾一下员工的情绪，偶尔满足一下他们的虚荣心，让下属感觉到自己的重要性。他们在公司找到了存在感，觉得很风光，才会乐意为你效劳，才愿意为公司创造巨大的利益。

美国达纳公司是一家专门生产诸如铜制螺旋桨叶片和齿轮箱等产品的公司。在 20 世纪 70 年代初，这家公司的人均营销额与整个行业的营销水平持平。但是到了 70 年代末，公司员工的人均营销额迅速增长了 3 倍。这对于一个普通企业来说，能取得这样的成绩，无异于创造了行业内的一个奇迹。那么，达纳公司到底是怎么取得如此卓越的成绩的呢？

原来，达纳公司的成功在于公司的总经理麦斐逊大力倡导激励策略。1973 年，麦斐逊接任公司的总经理，上任后他做的第一件事就是废除厚厚的政策指南，他陈述了公司的宗旨，宗旨的前三条就是：“与员工保持面对面交流；每次大型会议上给每个员工 3 分钟的发言时间；每逢重要场合，让员工与高层一同出现在媒体面前。”从此以后，员工表现地更加积极、更加出色，从而为公司创造了更多的价值。

马克·吐温曾经说过：“一句赞扬的话，可以让我多活上 3 个月。”赞美能给人一种精神力量。作为老板，如果懂得及时赞美员工的长处，那么员工的激情就很容易被激发出来，到了关键时刻，他们甚至可以用生命去捍卫公司的利益。

清洁工是公司最不起眼的角色，经常被人忽视，甚至被人看不起，但有一位清洁工却十分了不起。韩国某大型公司有一位清洁工，一天晚上在公司的保险箱被盗窃时，与小偷进行了殊死搏斗，虽身受重伤，却为公司挽回了巨大损失。事后，有人问他作为一名清洁工为什么冒着生命危险与小偷搏斗？他的回答出人意料。他说，因为公司的总经理每次经过他的身旁，总会赞美他：你扫的地真干净，你果然是我们最出色的员工。就是这么一句简单的认可，感动了这位清洁工，让他赚足了面子，使他能在关键时刻挺身而出。

把表面的风光让给员工，不是例行公事，不是敷衍员工，否则，就显示不出诚意，会让人生厌，无法产生应有的激励效果。真正的“让利”应该充满诚意，要带有赏识的感情，这样，员工才能深刻地感受到。所以说，一个好的领导，不会一味追求表面的风光的，而会把风光留给别人，这样，企业才会获得更多的利益。

第五章 Di Wu Zhang

不懂带人，你就自己累到死

正所谓“火车跑得快，全靠车头带”，企业管理的关键在于带人、带团队。真正高明的管理者，不会事无巨细地管，他们只是告诉员工，自己期望得到什么结果，而不会告诉员工应该怎样去做。当一个员工知道自己想要什么的时候，整个世界都会给他让路。

1 巧妙带人比费尽心思管人更重要

有一位非常负责的管理者，每次分派工作都会从开始到结束，事无巨细，指示得非常清楚。比如，安排下属布置会议室，他会对下属小张说：“摆 100 把椅子。”对下属小李说：“买 10 斤茶叶。”对下属小黄说：“买 10 箱水果，5 箱橘子。”对下属小邓说：“会标上的字要用毛笔写，找谁写，写多大……”

也许开始下属们尚能接受，但时间一长，大家肯定不会太情愿，因为他们会觉得上司就像一个喋喋不休的老太婆，什么事情都管，管得那么细，让他们没有一点自主权，干起活来挺没劲的。尤其是当上司的主意并不高明，他们提出意见上司又不采纳时，他们更不愿意按照领导的意思去办，但又迫于无奈，只好硬着头皮去执行。试问，在这种情况下，他们会迸发出强烈的积极性、责任感吗？会把任务执行到位吗？

管理者们要明白，反感被别人管是人的本性。生活中，我们经常听见小孩说：“你凭什么管我？”“我不要你管！”就连小孩都有排斥被管的情绪，更何况是成人呢？而且管人还有诸多危害，对下属的成长极为不利，对企业效益的提高也不利。

首先，过度管理会打击下属的积极性。原本解决问题的办法有 100 种，管理者让员工用某一种，而这种办法并非最好的，但员工只能照办。渐渐地，员工会懒得思考办法，只知道按照管理者给出的办法执行，这样员工的创造性就慢慢丧失了。

有一位心理学家曾说：“对创造者来说，唯一最好的刺激是自由——

有权决定做什么和怎么做。”管理者越俎代庖，无异于给下属的思维上锁，锁住了他们的积极性，也锁住了他们的创造性。

其次，过度管理会导致下属不自信，不利于锻炼下属的实际工作能力。许多管理者继承了为人父母者的品质，对待下属就像父母对小孩一样，生怕员工把事情办砸了，千叮咛、万嘱咐。这很容易影响下属的自信心，不利于下属提高工作能力。

员工的成长过程，就是一个犯错、摸索、尝试的过程，走一些弯路、摔一些跟斗有什么关系呢？反而会让下属变得更加坚强和成熟。如果处处呵护着下属，下属就会变成未经世面的“弱智儿”。

真正高明的管理者才不会事无巨细地管，他们往往只告诉员工期望得到什么结果，而不会告诉员工应该怎样去做。比如，让员工推销一批商品，他们只会告诉销售目标、产品的价格、相关的经济合同等，而不会告诉他们去哪儿推销，怎么向客户推销。这样下属就可以充分地发挥自己的主观能动性，开动脑筋想办法完成任务。所以说，巧妙带人比费尽心思地管人更重要。

通用集团前 CEO 杰克·韦尔奇曾经说过：“掐着他们（员工）的脖子，你是无法将工作热情和自信注入他们心中的。你必须松手放开他们，给他们赢得胜利的机会，让他们从自己所扮演的角色中获得自信。当一个员工知道自己想要什么的时候，整个世界都将给他让路。”

有个年轻人学做西装，师傅只简单地告诉他一遍怎么做，然后就让他自己做。当他遇到困难时，他就会请教师傅，但师傅只是提醒他、引导他、暗示他，而不会直接告诉他怎么做。师傅说：“你自己想半天甚至一天，实在想不出来我再教你，这样印象深刻，否则，你问我我就马上告诉你怎么做，你明天就会忘掉，到时候还是不会，还要问我。”

这位师傅不愧是一个教练型的领导，他懂得巧妙带徒弟，激发徒弟的思考意识，而不是原封不动地把方法告诉徒弟。如果你想成为优秀的管理者，那么你很有必要学习这位师傅的带人方法。

不可否认的是，“带人”也是“管人”，但它比管人更高级，涵盖面更宽。如果管理者只是单纯地管人，就算你费尽心思、绞尽脑汁，也不可能把人管好，而且你管得越严，越适得其反。只有懂得从管人上升到带人，才能把企业管好。要想带好人，不妨从下面几个方面努力：

（1）用“理人”代替“管人”

管理管理，重要的不是“管”，而是“理”。中国人经常说：“你为什么不理我？”“半天都没人来理我。”中国人对别人的不理睬、忽视很在意，因此，管理者要注意这个问题，少管下属，但要多理他。

理下属，表明你关心他、关注他、看得起他，这样下属也会理你。这就叫“敬人者人恒敬之”。而管就是看不起，表明我比你能力强，比你职位高，你要听我的，这会让下属没面子。总之，要想员工尊敬你、服从你，你就要多理他、少管他，让他知道你器重他。

（2）用“安人”代替“管人”

仅仅是“理”人还不够，要想下属努力工作，最高的境界是“安人”。你把下属安抚好了，即使你不理他，他也会好好工作。所谓安人，通俗的解释是把人安顿好，人一安顿好，就没事了。安顿好了下属，就容易打动下属的心。这表现为尊重并信任下属、敢于放权，不要一开口就说：“我看你也做不好。”这样下属真的会做不好。你要说的是：“你放心去做吧，我相信你能做好。”这是一种激励人的方法。

（3）用“传帮带”代替“管人”

“传帮带”是独具特色的带人方法，“传”是指传授、传承，“帮”是指帮助，“带”是指带动、带领。在传帮带中，管理者与教练的角色合二为一，然后运用自己的经验、智慧帮助下属成长，带领他们共同完成使命。

2 带出一群精兵强将是企业发展壮大的关键

很多管理者个人能力很强，在某一领域甚至称得上是专家，但是他们不一定能带领好一支团队。因为他们习惯了做执行中的主角，喜欢大小权力一把抓，喜欢让员工当他们的助手，最后他们取得了突出的业绩，而员工的表现却很一般，整个团队的战斗力也没有得到提升。

美国著名管理学家哈默有一个朋友，他在公司是领导者，每天除了要与客户进行电话联络外，还要处理公司的大小事情，桌子上的公文一大堆，每天他都忙得不可开交。

后来，这位朋友对哈默说："我做得事情太多了，我的员工却只做简单的工作，也不愿意动脑筋思考问题。"

哈默对他说："我不否认你的个人能力，但是作为领导者，你是不称职的，因为虽然你很优秀，但是你却没有让员工变得更优秀，你的团队依然停滞不前。这对公司发展是意义不大的，因为公司的壮大靠的不是一个或几个领导者，更多的应该靠广大员工，靠整个团队的付出。"

一个优秀的管理者，即使不吃不喝、不睡觉，一天也只有 24 小时可供使用。若不能充分调动员工的积极性，让员工变成精兵强将，那么单靠管理者个人的力量，是不可能推动企业发展的。因此，管理者的工作重点应该是建设团队，让团队成员变得更优秀，这才是企业发展壮大的关键。

怎样才能让团队成员变得更优秀，让团队力量壮大呢？毫无疑问，答案是选好人，用好人，用对人，并让每个人都有强烈的团队意识，相互间保持协作与支持。同时，作为公司的最高领导者，要在中层管理者心中树立这样一种管理理念：带出一群精兵强将才是你应该做的事，表现自我、突出自我，忽视对员工进行培养，是不值得提倡的。这样，中层管理者们才不会以个人的业绩为荣，而是以他们各自团队的业绩糟糕为耻。

刘先生和吴先生分别是一家公司两个营销团队的主管，两人水平不相上下。工作上，刘先生认真负责，工作之余，他有强烈的学习意识。一年下来，他的个人业绩在全公司名列前茅，而且拿了很多重量级的资质证书，他以为这样可以在不远的将来，为自己的职业晋升增加筹码。

然而，一年后总公司市场部经理一职空缺，公司打算从公司内部提拔人才担任市场部经理，刘先生信心满满，很多员工也认为市场部经理一职非刘先生莫属。可是当公司宣布市场经理的人选时，刘先生彻底傻眼了，这个人不是他，而是吴先生。

刘先生非常气愤，他找到公司老板，说："我的市场营销能力大家有目共睹，去年我的业绩全公司第一，我这么出色，为什么不让我，而是让吴先生做市场总监？"

老板平静地对刘先生说："我知道你的业务能力很强，而且你考了很多资质证书，这证明你个人水平、能力十分出色，但并不代表你带领团队的能力出色。你看看，去年你的业绩非常突出，可是你的团队总业绩却很糟糕。这一年你的团队业绩与前年相比，没有任何增长，而吴先生担任营销主管的一年里，让他团队的总业绩比往年翻了5倍，虽然他个人的业绩不如你，但是他给公司带来的效益却是你的5倍，这个你不得不承认。"

听到这里，刘先生无话可说了。这时，老板对刘先生说："也许你完全有能力培养出优秀的下属，也让你的营销团队变得更加有战斗力，希望你今后朝这方面去努力，而不是一味地追求个人的业绩。要知道，公司考核你的业绩主要是看你所带领的团队为公司创造了多少利润，而不只是根据你个人的业绩来考评你。”

刘先生说：“那么我该怎么做呢？我有时候担心下属的业绩会超过我，所以我总是抢着接单。”

老板说：“在这方面，你可以向吴先生学习，他花费了大量的精力和心血，为公司培养了5名非常优秀的业务骨干，他们在销售方面的技能非常出色，甚至都超过了吴先生，但是吴先生丝毫不担心他们超越了自己，因为他始终看的是团队的业绩。”

一个优秀的管理者不但要自己会打仗，更要让下属们都成为精兵强将，这样公司才会有希望。因此，管理者要努力把下属培养成人才，培养出一个有战斗力的团队，而不仅仅是追求个人业绩。在这方面，杰克·韦尔奇为广大管理者做出了一个榜样。

杰克·韦尔奇曾经说过：“我的主要工作是培养人才。我就像一个园丁，给公司750名高层管理人员浇水施肥。”管理者不仅要对企业和上级承担责任，还应该对下属负责，指导他们完成工作任务、帮助他们成长。当下属的能力不断提高，当他们变得越来越优秀时，团队的战斗力自然会提高，企业才会茁壮成长。

3 想把庸才变成干将，自己先要做个干将

一家企业生存和发展的关键在于员工的执行力，有执行力，企业的战略规划才能落实到行动，才有可能变为现实。ABB公司的董事长巴巴维克曾表示：“成功靠的是5%的正确决策加上95%的高效执行。”微软总裁比

尔·盖茨也坦言：“微软在未来10年内所面临的挑战就是执行力。”

执行力不仅是决定企业生存和发展的关键，还是评判一个人能否成为干将的关键要素。不少管理者都想把下属变成有执行力的干将，但他们自己却光说不练，说起战略规划一套一套的，但就是没有行动力。这种“语言上的巨人、行动上的矮子”很难把庸才变成干将。

我们不否定“光说不练”型管理者的能力，但问题是能力不代表执行力，如果他们有能力，却不解决实际问题，那能力再强也没有意义。而有些管理者不但个人能力强，而且执行力也强，他们在把庸才变成干将之前，自己就是一个优秀的干将。在这方面，电视剧《亮剑》中的主角李云龙就是一个典型。

李云龙身上有一名优秀领导者具备的三种重要能力，分别是思考力、判断力、执行力。这三种特质是一个干将必须具备的素质。在《亮剑》中，有这样一个故事：

李云龙为了带领战士们战胜装备精良的日本鬼子，他采用了近乎实战的训练方法。他说：“宁可让战士们在训练中受伤，也不让他们在战场上送命。”接着，他灵光一现，提出了一个创造性的想法，他决定成立一个特种技能突击队。

什么意思呢？那就是让有武术刺杀技能的战士组成一个专门的刺杀格斗突击队；让擅长投手榴弹的战士组成一个专门的掷弹队；让枪法准的战士成立一个狙击手突击队。通过这种方式，让战士更加专业化，使战士们能够发挥自己的优势，做自己擅长的事。

这个案例充分体现了李云龙的思考力。李云龙的这种用人思路，对现代企业用人特别有借鉴意义。因为尺有所短、寸有所长，让人才在自己擅长的岗位上做事，他们才会最大化地释放能量，这也有利于他们提高执行的积极性。

在惯性思维下，要想成立一个特种技能突击队，一般的做法是让各连队以班为单位逐级上报战士的特殊技能，但这会延长时间周期。李云龙是怎么做的呢？他的做法是请人煮一锅猪肉，然后把全体战士都召集过来，向大家宣布：我们要成立特种技能突击队，你们谁有特殊技能，马上上报，只要符合特殊技能要求的，都可以吃到猪肉。

要知道，在当时的革命年代，吃一锅香喷喷的猪肉，是一件非常难得的事情，对战士们具有非常大的吸引力。因此，战士们纷纷自告奋勇踊跃报名，李云龙当场将符合要求的员工安排到各个技能突击队，并奖赏他们猪肉。

从这个故事中，我们可以看到李云龙在把想法变成现实方面的执行力。他想好了就干，毫不犹豫，而且采用的办法直截了当，见效明显，没有任何拖泥带水。如果把李云龙视为现代企业的管理者，毫无疑问他是一位优秀的管理者，是一位充满执行力的干将。下属们在他的带领下，一定会成为冲锋陷阵、披荆斩棘的勇士。

身为企业领导者，只有你积极去行动，去解决问题，用高效的执行力证明自己是一个干将，你才有可能影响你的下属，带动你的下属提高执行力，让他们完成从“庸才”到“干将”的转变。

莱特原本是底特律一家汽车公司的一名普通销售员，但由于他做事积极主动，经常迎难而上攻克高难度的销售目标，最后他被公司提拔为销售部的经理。下面，我们就来看一下莱特是如何获得提拔的。

受经济危机的影响，美国汽车业受到了重创，汽车市场疲软，公司为了度过危机，经过详细地核算之后，提出了年度600万美元的销售额。如果完不成这个销售额，公司将会出现亏损。

销售部经理认为这个目标根本不可能实现，私下里开始怨天尤人，下属们也充满抱怨。为了使公司降低年度销售指标，他经常找各种理由与上级交涉，强调完成这个销售指标的困难。公司拒绝降低销售指标，销售经理这才不得不将600万美元的销售指标平均分配给各个销售员。

莱特作为一名普通的销售员，没有任何抱怨，他想如果拖延下去，肯定完不成指标，如果现在立即去执行，还有可能完成指标，就算最后真的完不成，也可能会接近那个目标。于是，他开始拼命地推销。

离年终一个月时，销售部经理和其他员工只完成各自目标的一半，但莱特已经圆满完成了自己的销售目标。由于销售业绩不好，销售部经理提出了辞职，莱特由于表现出众，被公司任命为新的销售部经理。

上任后，莱特更加忘我地工作，他的行为影响了其他销售员。与此同时，他积极指导和帮助下属们，就这样，在元旦的前一天，大家竟然完成了剩下的50%销售额。

在这个案例中，原销售部经理由于拖延、抱怨、没信心，致使最后没有完成销售目标，而莱特一接到任务就立即行动，没有半点拖延，从而高效地完成了销售额。在他得到老板赏识的同时，他也影响了其他销售员。尤其是当他成为销售部的经理之后，在他的带领下，公司的销售团队呈现出一片欣欣向荣的气象，销售员们一个个精神饱满，士气高涨，公司的销售业绩持续提升。由此可见，把庸才变成干将，管理者自己首先要做个干将。

4　将帅无能，累死三军

在曾经红极一时的电视剧《亮剑》中，李云龙说过这样一句话：“兵怂怂一个，将怂怂一窝。”将帅无能，累死三军。带兵打仗，最怕将领是个窝囊废。所谓的“怂”，指的是没胆识，没魄力，没智慧，没勇气，没果断抉择的能力。这样士兵的才能得不到发挥，大家的气势会被打压，积极性会受到影响，整支部队都将变成窝囊废，怎么能打胜仗呢？

在这一点上，三国时期十八路诸侯联合讨伐董卓就是一个最典型的案例。诸侯方有袁绍、孙坚、曹操、刘备、马腾等，董卓方有吕布、华雄等，而吕布有勇无谋。无论是从双方的力量对比上来看，还是从得人心方面来看，诸侯方都占尽优势，应该说灭掉董卓不在话下。可是，由于当时各路诸侯推荐袁绍为盟主，而袁绍就是一个无能的将帅，优柔寡断、疑心很重，加之不会用人，不但没有剿灭董卓，反而搞得联盟中纷争迭起、人心离异，最终讨伐董卓一战不了了之。

袁绍的无能折射出企业管理中一个老板对企业发展的重要性。从袁绍身上，我们可以看到四大不足：

第一，价值不明，策略呆板。十八路诸侯就像一个多样化的团队，各路人马之间没有足够的信任，没有统一的思想，而且各怀企图。然而，袁绍没有考虑到这一点，只是草草地开了个盟会，然后就匆匆上阵与董卓叫板。却不知，匡扶汉室，讨伐逆贼董卓是一个正义行为，应该以此为理念，宣扬一项崇高的事业，向各路诸侯描绘美好的蓝图，从而统一大家的作战思想，并告诉大家：事成之后，封官论赏。这样十八路诸侯的作战积极性就会被激发出来，就不会发生临阵退缩的现象。

第二，联盟紊乱，没有分工。讨伐董卓是一个巨大的战役，对一个组织来说，应该有明确分工。比如，给孙坚、曹操、刘备等人一个“副总”头衔，给他们明确的任务，然后研究一个作战策略。这样就可以很好地凝聚大家的力量，有序地展开讨伐董卓的行动。但是袁绍不愿意放权，自己在那儿瞎指挥，结果讨逆以失败告终。

第三，没有纪律，赏罚无方。董卓方的华雄将诸侯方的多位将领斩于马下，气势极为嚣张，对盟军产生了很大的震撼力。之后关羽主动请缨，温酒斩华雄，美谈从此传开，威震全军。这样的功劳应该给予重奖，但是袁绍没有奖赏关羽；鲍信、鲍忠不听指挥，一味抢功，造成重大失误，应该受到责罚，但是袁绍没有责罚。袁术私心甚重，后勤供应不足，致使孙坚战前失利，造成讨董局面的被动，袁绍也没有责罚他。袁绍的做法，很容易打消盟军的积极性，尤其对刘关张的信心打击更大。

第四，没有远见，不识人才。用人先识人，只有先识别人才，才能把人才安排在合适的位置上，让他做最适合的事情。关羽自荐迎战华雄，袁绍却因关羽的出身卑微而担心被人嘲笑，这是严重的狭隘和不识才。大敌当前，袁术却以出身取人，以级别论人，甚至害怕被人笑话，严重不懂识人。

现在看来，袁绍带领十八路诸侯讨伐董卓之所以失败，也没有什么奇怪的。不过，袁绍的无能形象对企业管理者一定有深刻的启示。那就是，要想让企业获得长足的发展，老板就必须成为一个铁腕将领，要有魄力，有胆识，有远见，有识人用人的能力，绝不能目光短浅、畏畏缩缩、犹豫不决、前怕狼后怕虎。

陈先生是某食品企业的老板，他花重金聘请了一位销售总监，并给他提出了年销售额比头一年提高50%的目标。销售总监上岗之后，第一个月忙着市场调查，制定企业的年销售计划；第二个月忙着组建销售团队，建立管理和考核制度；第三个月，当销售业绩有所起色时，陈先生坐不住了，他说销售总监三个月都没有给企业带来利润，于是把他辞退了。

老板们经常说的一句话是："我用人，是帮我创造利润的。"这句话当然不错，但是任何一个新人，都需要一段时间来适应企业，特别是高层管理者，更需要时间理解企业的组织结构、战略决策、产品特性、竞争对手等等。因此，老板应该对新人多一点耐心，要善于看到新人的潜质，而不是想当然地解雇员工。否则，就是不懂用人，没有远见。

拿破仑曾经说过："不想当将军的士兵，不是好士兵。"同样的道理，不想成就一番事业的老板，也不是一个好老板。然而，仅有成就一番事业的愿望是不够的。老板必须具有智慧，必须善于用人。因为一个人的能力是有限的，只有结合大家的智慧和才能，才能成就大业。在这一点上，我们可以对比楚汉两大英雄人物项羽和刘邦。

项羽和刘邦都想成就一番霸业，可是项羽勇气可嘉，但智谋不足，他只知道冲锋陷阵，和别人硬拼硬打。纵然他武艺高强，以一敌十、敌百，纵使他能率领几千人马打败别人几万人马，但最后依然逃脱不了灭亡的命运。而刘邦则不同，他非常自知，明白自己的能力有限，于是他最大限度地运用有能之人。通过对萧何、韩信、张良的大胆放权，最后消灭了项羽，建立了汉王朝。

在现代商战中，联想总裁柳传志就像刘邦那样善于用人。作为联想集团的领军人物，他能充分发掘人才，大胆放权。他还善于学习和总结，懂得审时度势，能在复杂的事情中理出头绪。柳传志认为，领军人物必须具备几点素质，那就是“做人要正”、“有大志”、“善于学习和善于总结”和“审时度势”。当一个老板具备了这些特质，企业才能更好地谋求长远的发展。

5 要让所有的员工知道，他们来就是要把公司做大

很多企业管理者在选择人才时，认为人品、能力等是最重要的。然而，人品、能力虽重要，但如果员工的价值观与企业不符，他们也不能给企业带来效益。举个例子，某些员工来公司，就是想来“打酱油”、“混日子”、“滥竽充数”的，他们人品挺好、不害人，他们能力出众，但却不积极发挥，试问，这样的员工你要吗？

再举个例子，某些员工来到企业，就是想来赚钱的，而你的企业正处于创业阶段，无法给他们满意的薪水，你对他说："你是一个有才华的人，我们企业可以为你提供一个展示才华的舞台，在这里你会有美好的前景，将来公司实力增强了，那时你就是公司的元老，公司一定给你股份。"在你诚恳的劝说下，员工留下来了。但每个月员工拿着可怜的薪水，他会甘于现状吗？恐怕他很难留下来与你同舟共济。

每个企业都有自己的价值观，对于风险性大的企业，比如投资公司，很多时候领导者本人的价值观就代表着公司的价值观。如果领导是保守、谨慎的人，那么公司的价值观就偏向谨慎，这个时候如果你所选择的人才是一个崇尚冒险的人，显然与你公司的价值观不符；如果你公司的价值观是实干，而人才的价值观是得过且过，显然两者也不相符。因此，在选择人才时，一定要重视人才的价值观、人生态度等因素。当员工的价值观与公司的价值观一致时，企业团队才能展现出强大的战斗力。

阿里巴巴的总裁马云曾说："我们要让所有的员工都知道，他们来就是要把公司做大，把分公司的办公室从小单元房搬到当地最高级的写字楼。"从马云的话中我们可以看出，阿里巴巴的价值观是朴实不炫耀、节约不铺张、真实不浮夸、崇尚实干。关于这段话的由来，马云说过这样一番话，原话内容如下：

很多企业刚开张，人还没几个，就在一个高档写字楼租下了一个很大的办公室。这样，新招的员工看到这环境，就会觉得这家公司肯定不错，好好在这里发展，会出人头地的。这就是让新员工对公司有过高的心理期望值。其实，刚办的企业要发展，本身肯定有许多的困难，而新来的人却是冲着你的好，你的规模来的，对面临的困难总是估计不足。于是，久而久之，这家公司的人会变得越来越少，最后撑不下去。

我们在宁波招聘员工时，有一个女孩子，找到当地一个很偏僻、又黑又破的居民区单元房的5楼时，不相信大名鼎鼎的分公司会在这上面的7

楼，于是，又跑下楼打电话给她的男朋友，吩咐说“要是半小时后我没打电话给你的话，你就到这来找我”。

就目前来说，可以说我们并不缺钱，而我们大多数分公司的办公地点，却都是在居民点的单元房里。不要说是福州，就是东京、纽约，我们都有能力租当地最贵的办公地点，而我们没有。为什么？我们要让所有的员工知道，他们来就是要把公司做大，这是眼下的目标，也是终极的目标。

马云的思维与众不同，创业多年以来，他一直坚持在居民楼办公，这种节约精神是当年留存下来的。在他看来，员工的价值观与企业的价值观不匹配是一种巨大的不幸。看看现实中，“为什么公司给员工加薪，员工还会离去?”这种不对称的离职，让很多管理者困惑，这个困惑背后所折射出来的问题大多是员工不喜欢这个企业，或者这个企业对员工没有吸引力。

对企业而言，如果价值观含糊不清，那么要想吸引优秀的人才，也是一件非常困难的事情。员工价值观与企业价值观的匹配，就像婚姻中的两个人是否志同道合一样，只有当员工认同你的企业文化、认同你的价值观时，大家在一起合作才会有默契，甚至他们愿意为了这份事业而牺牲小我的需求。这就是价值观的力量。

很多欧美企业的管理者在实践中发现，当企业有明确的价值观时，可以大大提高企业的效率，减少企业内耗。因为通过企业价值观所形成的员工行为模式，可以在短时间内让员工做出判断：哪些事情是企业允许做的，哪些事情是企业不允许做的。那些优秀的企业价值观告诉我们：当员工的价值观与企业的价值观匹配时，制度的约束机制就会变成员工自觉的行为，员工的行为体现就会成为企业的形象标签。这一点在沃尔玛体现得特别明显。

沃尔玛的老板每次坐飞机，都是坐经济舱，住酒店，也是住常规的酒店。公司的复印纸，更是两面都使用。每一分钱，都要去节俭，这种近乎苛刻的节俭，通过老板的率先垂范，达到了上行下效。这种看上去很“抠”的老板，正是源于他的价值观：为顾客节省每一分钱。在相同利润率的前提下，这样可以使沃尔玛为顾客提供更多的优惠。因为如果企业不崇尚节俭，企业成本就会增加，这个成本必然会通过提高产品售价来弥补，如此一来，最终受损的是顾客。显然，正是全体员工对沃尔玛价值观的认同，才有了沃尔玛的长青基业。

那么，怎样判断员工的价值观是否与企业价值观匹配呢？马云说：“员工是否喜欢这个公司一下就能看出来。如果员工对公司信心特别强，那么每一件小事他都会努力想办法，他会想着怎样为公司省钱。”因此，看一个员工是否喜欢企业，管理者完全可以根据员工日常的言行来判断。这样可以避免招来不合适的人才，也便于及时发现与公司价值观不匹配的员工，免得赔了夫人又折兵。

6　引入“鲶鱼”，让团队慌起来

在开篇之前，我们先来看一个企业案例：

有一家企业发展了将近15年，团队成员大部分是当年和老板创业的老员工。由于企业前期获得了高速发展，这些老员工都躺在功劳簿上，安于现状，缺少开拓创新精神。老板意识到这种情况需要改变，于是引进新的人才，但是没过多久，这些新人就被这个氛围影响了，也变得懒散。上班盼着下班，出门跑客户也是走过场，蜻蜓点水，难以取得实效。跑不到客户，拉不到订单，就抱怨市场竞争激烈，抱怨产品质量缺少竞争力等等，而不是考虑自身的原因。

老板急了，为了激发团队的活力，提高员工的工作积极性。他想尽了办法，绞尽了脑汁。他先是提高员工的薪资待遇，提高销售团队的提成比例，之后又实行末位淘汰制。这就是所谓的“一手拿着胡萝卜，一手拿着大棒”，可是效果并不理想。因为很多员工都有功勋元老做后台，想淘汰也淘汰不掉……

很多企业发展到一定程度，都会碰到该案例中所揭示的问题：元老级的员工自恃功高，开始变得安于现状，缺少开拓精神；团队成员稳定，缺少活力和激情。对于这种现状，企业老板该怎么去改变呢？其实，企业只需要几条“鲶鱼”，有了鲶鱼，大家就会产生危机感，就会跟着动起来，团队就会增加活力。再加上“末位淘汰”和“胡萝卜加大棒的策略”，企业就很容易盘活。

什么是“鲶鱼”呢？这里有一个关于鲶鱼的故事，先来看一下：挪威人喜欢吃沙丁鱼，市场上的活沙丁鱼非常抢手，而且价格比死沙丁鱼高很多。可是，渔民捕到沙丁鱼之后，很难将它们活着带回来。因为在途中，大部分沙丁鱼都会因窒息而死亡，但是有一个渔民总能把大部分的沙丁鱼活着带回渔港。他是怎么做的呢？

原来，他在装满沙丁鱼的鱼槽里放进了几条鲶鱼。鲶鱼是食肉鱼，进入鱼槽后，由于环境陌生，它们便四处游动。沙丁鱼见了鲶鱼十分紧张，左冲右突，四处躲避，加速游动。这样一来，沙丁鱼就能活蹦乱跳地回到渔港。这就是著名的“鲶鱼效应”。

鲶鱼效应告诉我们，运用鲶鱼作为激励手段，可以促使沙丁鱼不断游动，以保证沙丁鱼活着。在企业管理中，管理者也可以引进“鲶鱼型人才”，以此改变企业内部，改变企业相对一潭死水、死气沉沉的状况。

无论是传统型的团队，还是自我管理型的团队，一旦时间久了，团队内部成员相互熟悉了，团队就容易缺少活力和新鲜感，于是大家就容易产生厌倦、惰性、倚老卖老。这个时候，如果企业能从外部引入“鲶鱼”，制造一些变动的、不安定的气氛，引起大家紧张，那么团队就会在这种刺激下爆发新的战斗力。在这一方面，日本的本田公司就做得非常出色，值得我们借鉴。

有一次，本田公司的创始人本田宗一郎先生对欧美企业进行考察，发现很多企业都有三种类型的人才组成：一是干才，对企业来说，不可缺少，大概占了两成；二是勤劳的人才，这种人约占六成；三是终日东游西荡，拖公司后腿的蠢材，占两成。

本田先生对照一下自己的公司，觉得自己公司第三种人更多一些。他想让前两种人才增多，让大家更具有敬业精神，想让第三种人才减少。但是怎么做呢？如果将他们完全淘汰，一方面会受到工会的制裁，另一方面又会使企业蒙受损失。而且这些人也有能力，只不过他们的工作态度不好，或能力与公司的要求有些差距。因此，完全淘汰他们，显然行不通。

后来，本田先生从鲶鱼效应中受到启发，于是实行了人事改革。首先，他从销售部入手，因为销售部经理的观念与公司的理念差距太远，而且他的思想守旧，严重影响了工作的部署。必须引入一条“鲶鱼”，打破销售部气氛沉闷的现状。

经过周密的计划和不断地努力，本田先生选定了松和公司年仅35岁的销售部副经理武太郎。武太郎担任本田公司销售部经理之后，凭借丰富的市场营销经验、过人的学识，还有惊人的毅力和工作热情，很好地带动了整个团队成员。大家的情绪被带动起来，团队活力大增。很快，公司的销售额直线上升，本田公司的产品在欧美市场的知名度也不断提高。

从此，本田公司每年都会从外部引入一些30岁左右、精干的、思维敏捷的人才，有时候还会聘请常务董事一级的“大鲶鱼”。这样一来，公司上下的“沙丁鱼”都会有触电般的感觉，大家都会“慌”起来，于是积极地对待工作，使得本田公司的效益蒸蒸日上。

值得注意的是，企业从外部引进鲶鱼，其职位一般不会太低。这种人才就是我们常说的“空降兵”，他们一到公司，就被委以重任，负责某一块具体的业务。尽管他们的到来能让团队紧张起来，但是他们的到来也会在一定程度上阻碍了原成员晋升的机会，有可能扼杀原本就非常努力的员工的激情。因为这些人努力工作、表现突出，也是为了获得晋升，为了更高的职位，为了更大的发展空间，但是当“空降兵”到来时，就容易打击他们的积极性，甚至有可能把他们直接逼走。为了避免这种现象发生，企业领导者最好把眼光从企业外部转移到企业内部，从内部发现鲶鱼型人才，这样所产生的激励性更大。

7 传递正能量，激励团队创造奇迹

什么是正能量呢？英国著名心理学家理查德·怀斯曼将人体比喻成一个能量场，通过激发内在潜能，可以使人表现出一个新的自我，从而更加自信、更加充满活力。积极的、健康的、催人奋进的、给人力量的人和事，都能给人带去正能量。

正能量是团队创造奇迹的保证，一个正能量的团队，在工作中遇到困难时，会拥有毫不动摇的决心。对企业管理者而言，传递正能量意味着通过正确的管理手段，让员工充分发挥自己的才能，感受工作带来的愉悦感，从而创造更好的业绩。

要传递正能量，老板就要做团队的建设者，而不要做利益的追逐者。近年来，有人把领导者分为多种类型，有魅力型、民主型、独裁型等等，你是哪种领导者呢？你传递的是正能量还是负能量呢？先看一个例子吧！

科尔是一家产品制造公司的老板，他一贯的工作风格是粗鲁、暴躁、威胁。科尔认为自己的团队“跑得太慢”，必须通过“鞭打”促使他们跑得更快，这样才能创造公司期望的结果。如他所愿，他的公司业绩不断提高，利润越来越多。

虽然科尔的管理风格提升了团队的工作效率，但这种效率的提高，是由员工心头的恐惧所驱使的，而不是员工发自内心的正能量所驱使的。每当科尔发现员工的积极性有所下降时，就会怒吼着威胁员工，说要扣员工的工资，要把懒散的员工解雇掉。可以想象，最终的结果是，员工私下里怨声载道，对工作充满厌倦，员工离职率很高。

杰夫也是一家产品制造公司的老板，他采用的管理方法与科尔不同。他非常善于听取团队成员的想法，并且向员工反馈很多信息，使团队成员了解当时的工作进展。最重要的是，杰夫很公平，从来不袒护任何一个人。面对员工的错误，他总是机智地、有原则地予以纠正。犯了错的员工尽管有时候被杰夫痛骂一顿，但是他们心服口服，然后努力去纠正错误。而当员工表现出色时，杰夫总是第一时间给予赞扬和奖励。

很显然，科尔是一个私利追逐者，而杰夫是一个团队建设者。科尔以为不断鞭策员工，就能达到赢利的目的，而杰夫采取尊重、表扬、奖励等管理手法，这样能让员工对企业产生归属感，从而迸发出无限的正能量。

作为企业的老板，应该像杰夫那样，做一个团队建设者，要帮助员工进步或学习新的技能，做员工的顾问、教练，把团队的宏伟蓝图装在心中，并传达给团队成员，使大家明确努力的方向。同时，老板要重视团队激励，重视公平、公开、公正，积极听取员工的意见和建议，通过优化制度、奖优罚劣等策略，清除团队的消极因素，不断把正能量传递下去。这样才能激发团队创造奇迹。

小苏研究生毕业后，任职于一家广告公司。当时公司正处于低谷时期，业绩不断下滑，人心涣散。团队成员缺乏激情，毫无斗志。老板对公司的现状非常不满，当时高薪聘请小苏，就是为了改善公司的现状，但是怎么改，老板一直没有头绪，所以迟迟不敢动手。

一天，老板找到小苏，征求他对公司的意见。小苏毫不遮掩，说："公司的制度没有得到落实，奖励制度没有得到兑现，这是大家不满的直接原因。另外，公司内部不团结，造成竞争力被削弱，导致业绩不断下滑。这是一个恶性循环，任由发展下去后果很严重。"

老板听了之后，若有所思，示意小苏接着说。小苏说："公司制定的目标应该分配到各个项目组，再由项目组具体执行，要让大家都有具体的工作。同时，一定要让大家通力协作，形成一个由公司到团队，由团队到个人的价值链条，把大家团结起来。为了保证大家认真执行目标，可以制定奖励制度，根据员工的业绩予以奖励。"

总经理打断道："可以举个例子吗?"

"比如说，公司里干活多、言辞不多的员工经常得不到奖励，而那些偷奸耍滑、善于言辞的员工却得到很多便宜。就拿上个月的事情来说吧，上个月办公室主任请假7天去旅游，月底发奖金他照拿，而且据说拿的还是最多的。这就很不公平了，大家感到很不满，认为公司奖励不公，这让大家工作起来就没有了积极性。"

老板沉默了一会儿，说："我明白了，我会尽快推出一系列的新制度，相信会改变公司的现状的。"

半个月之后，公司制定了一套系统化的制度，明确了奖罚细则。新制度一推行，公司员工的工作激情被极大地激发出来，原来员工上班时怨声载道，现在都兢兢业业。月底发工资时，员工们脸上都露出了笑容，因为公司按业绩予以奖励，他们的付出得到了认可。

面对公司内部出现的矛盾，老板要找到问题的根源，选择因势利导的方式，而不是盲目打压，这样可以消除员工的不满，消除员工的消极情绪，从而提升团队的士气，激发出团队的战斗力。

另外，要想打造一支充满正能量的团队，老板一定要关注团队里的每一个人，要不断给予他们认可，把他们放在合适的职位上。管理大师吉姆·柯林斯认为，管理者不仅要把合适的人放在“车”上，还要让他们坐在合适的位置上。如果把有才能的团队成员放在错误的职位上，会降低整个团队的效率。

举个例子，西部海岸公司有很多才华出众的员工，但是他们一半以上的员工，被放在了错误的职位上。设备部的总经理是人力资源专业的高材生，他从事的工作不是自己擅长的；人事部的经理却是质量控制方面的人才；业务部经理在财务会计方面有很强的专业背景……这些人才都放错了位置，怎么可能积极地去对待工作呢？如果他们从事自己与自己专业、专长相关的工作，他们将是公司里的超级明星员工。

由此可见，员工工作缺乏激情，没有出色的表现，并非他们没有真才实学，很有可能是被安排在了不合适的位置上。老板如果不了解这个情况，盲目地任命员工，通常是非常危险的。反之，如果老板把员工放在合适的位置上，并告诉员工：“努力去干吧，你就是这方面的人才，我相信你会有出色的表现。”员工往往是不会让你失望的。

8 以文化凝聚人心，让团队文化融入每个人的血液

有一项针对“影响美国企业最重要的因素”的研究，其结论是：一个特定的企业文化决定了企业绩效。很多企业不断地宣传公司的文化，并将其视为吸引和留住员工的一种手段，而事实上，这种手段是非常有效的，

并且重视企业文化的打造和宣传，对提升企业的绩效非常有益。因此，对管理者而言，建立优秀的企业文化，用文化凝聚人心，让文化融入每个员工的血液，是管理中的重要任务之一。

松下电器公司历来重视企业文化的建设，当员工进入公司时，首先要接受的就是公司的文化。公司会对员工进行价值观训练，并且从学徒时期开始，反复向员工传达公司的文化，直到员工退休为止。

松下公司有一个特别的规定：每个月的公司小组会议上，每个工作小组都要选出一名员工做10分钟的报告。报告的内容主要是介绍公司的价值观，介绍公司与社会的关系。在松下公司，有一句话非常流行："如果你因诚实犯了一个错误，公司是非常宽容的，公司会把这个错误当做一笔学费来对待，要求你从中吸取教训。但是如果你违背公司的原则，那么你会受到严厉的批评和处罚。"这句话很好地反应了松下公司重视员工的价值观培养。

在松下公司的文化中，人性化的文化处处可见。松下幸之助在创办松下公司时，就设计了"职工拥有住房制度"，该制度规定：当员工35岁时，要让他们有自己的房子。这项惠民政策是松下企业文化的重要内容，为此，松下幸之助个人捐赠了2亿日元，设立了"松下董事长颂德福会"基金，用于对员工表达人文关怀。

松下的企业文化中，还有一条"遗族育英制度"，这项制度旨在对意外死亡的员工家属支付年金，保证其子女顺利地接受教育。在这种文化的熏陶下，松下公司的员工以公司为家，对公司充满归属感。

很多企业都注重对新人进行入职培训，所谓的入职培训，除了一些技能的传授，更多的是企业文化的灌输和渗透。有人说，企业这种做法就像是在和员工谈恋爱，目的是让员工认同自己的企业文化、了解公司的价值理念，最终爱上公司，融入团队。

通俗地讲，企业文化的灌输过程，就是文化的洗脑过程。但真正的文化灌输，不能仅体现在入职培训上，也不是把文化写在纸上、挂在墙上。很多公司把企业文化的宣传和灌输视为一个过场，他们讲自己的文化，员工听的效果如何，他们没有去了解。其实，企业文化的传播更应该通过日常的工作潜移默化地影响员工，这样员工才能渐渐接受，从而认同和接受企业文化。

在这方面，世界500强企业做得非常成功，一方面他们的企业文化充满人性的关怀，非常清晰明了。另一方面，他们的企业文化传播方式容易让员工接受，比如，摩托罗拉公司就重视通过“家庭日”活动来传达公司的文化，以影响员工及其家属。

摩托罗拉为提高公司的凝聚力，经常举办“家庭日”活动。所谓“家庭日”，指的是把员工的家属邀请到公司来参加活动。活动内容丰富多彩，活动主题贴近生活。在“家庭日”活动中，既有精彩的节目，还有丰富的奖品。在整个活动过程中，大家始终沉浸在温馨的亲情中，使员工非常受触动。

通过这种方式，摩托罗拉很好地凝聚了人心。当员工试图跳槽时，第一个站出来劝阻的不是公司的领导，而是员工的家人。他们的家人很可能会认为，在摩托罗拉工作是一件引以为荣的事情，劝说自己的家人不要离开摩托罗拉。

另外，摩托罗拉还注重人性化的管理模式。公司专门设立了道德专线，主要作用是为员工提供信息、忠告和建议。当员工遇到疑虑或问题时，可以通过这条专线来求得帮助。道德专线最大的特点是公正，在处理一切问题或疑虑的时候都会非常谨慎和彻底。该专线没有设置来电识别功能，目的是让员工更坦诚地表达自己的爱恨情仇，且不用担心招来嫉恨和报复。

摩托罗拉的企业文化充分说明，优秀企业文化有助于增强企业的凝聚力，使大家产生强烈的归属感，从而为公司的发展赢得了强大的民心支持。

当然，优秀的企业文化有一种号召力和威慑力，会散发出一种无形的力量，从而影响员工的言行。当然，它的影响力不是单独发挥功效的，而是与企业制度相配合产生作用的。

身为公司的管理者，要想把有着不同价值理念的员工团结起来，就有必要构建优秀的企业文化，并灌输到员工的思想意识中去，使大家有一个全新的统一的价值理念。与此同时，在企业文化的指导下制定合理的制度，用制度约束员工的不良行为，使大家有统一的行为准则。这样，公司的凝聚力才会强大起来，公司的战斗力也会呈现倍增效应。

第六章 Di Liu Zhang

国有国法，家有家规：制度才是真正的老板

俗话说：“没有规矩，不成方圆。”规矩和秩序的重要性不言而喻，当一个团队缺少规章制度时，团队就很容易陷入混乱。当一家企业崇尚人治、忽视制度时，员工就会变得没有执行力。身为老板，首要任务就是建立完善合理的制度，要知道，用制度管人远比用人管人有效得多。

1 一流企业用制度管人，二流企业用人管人

《孙子兵法》指出："要规定明确的法律条文，用严格的训练整顿军队，对士兵过于宽松，过于爱怜，结果会导致士兵不能严格执行命令，部队陷入混乱而不能加以约束。"当前企业面临的竞争，其残酷程度不亚于冷兵器时代战场上的血肉拼杀，如果企业没有严明的制度，做不到令行禁止，是不可能在竞争中取胜的。

下面是企业因没有合理制度的规范、主要靠人治而产生的常见弊病：

（1）职责不清

在很多企业中，经常会遇到由于制度不合理，导致工作安排不合理，造成某项工作好像两个部门都管，但实际上哪个部门都没有认真负责。两个部门对工作纠缠不休，扯皮推诿，使得原本应该是职责分明的人员安排变得混乱无序，造成极大的内耗。

（2）业务流程无序

由于人治带有很大的随意性，很容易导致一项工作原本应该按照一定的流程来进行，但是人受情绪变动的影响，往往容易跳出这个流程，任意所为，最终造成流程无序。举个例子，采购人员拿着资金外出采购，回到公司原本要上交账单，和财务交接工作。但是由于公司没有明确的制度规定，采购人员可能迟迟不与财务对账，甚至私吞公款，利用假票据蒙混过关。

（3）缺少协调与配合

由于制度中没有明确规定哪个部门负责哪项工作，那么部门之间的协

调工作就会出现问题，甚至出现部门间的断层，彼此间缺乏协作意识，你站在那儿观望，我也站在那儿观望，大家都认为这件事应由对方部门负责，结果工作没人管，导致小问题被拖成大问题。协调不力是管理中最大的浪费之一，因为它使团队无法形成凝聚力，使员工缺少团队意识，导致工作效率低下。

（4）有章不循

还有一种情况是，公司有相关的规定，但规定出台后领导者不遵守规定，也不严格按规定办事。当员工违反规定后，没有任何惩罚措施，导致员工不把规定放在眼里。比如，有一家公司的领导对大家说："从今天开始，大家每个月只有两次迟到的机会，请大家不要迟到。"可是大家根本不把领导的话当回事，习惯了迟到的员工继续迟到，而领导者一点都不觉得这有什么不妥，没有采取任何惩罚措施，就连半句批评都没有。这就是典型的有章不循，其根本原因在于规章制度不严肃，随口一说，而且并未说明：如果迟到了第三次，将受到何种处罚。

从以上四点可以看出，当一家企业崇尚人治，忽视用制度管人时，员工就会变得没有执行力。因为不用制度管人的公司，其员工往往会无视制度，而只看重老板的言行。这就是人治造成的不良后果。一般来说，人治有这样几个弊端：

第一，人治带有明显的随意性，缺乏科学性，难以服众。

第二，人治带有专制性，缺乏民主性，容易造成决策失误，人际关系紧张。

第三，人治经常过不了人情关，很容易使员工产生不公平感，企业无法产生凝聚力。

作为一个企业的领导者，最重要的就是建立完善合理的制度，用制度与纪律管理企业，并使制度与纪律成为员工的行动准则。要知道，用制度管人管事比用人奏效得多。如果你想让企业完成从人治到"法治"的转变，你首先要制定完善合理的制度，其次还要让制度产生威慑力，让大家严格执行制度。只有这样，你的公司才会在硬性制度的规范下，稳定有序、高效率地运营。

一家工厂的工人盗窃了厂里的产品，虽然盗窃的产品数量不大，但性质恶劣，属于盗窃。由于这个工人是厂里的老员工，平时找他帮忙的同事很多，大家与他关系都不错。于是乎，当老板准备依据公司的制度惩罚这位老员工时，很多员工都来为老员工求情，有人说："原谅他吧，只要他知错就好了。"有人说："少数服从多数嘛！"

厂长理直气壮地说："厂里的规章制度通过了大家的认可才出台的，既然有了制度，就要按制度办事，绝不能徇私情。"结果，那名老员工受到了制度的严惩，虽然当时厂长有点被孤立的感觉，但是时间一长，大家都理解他的做法，而此后厂里的盗窃案也少了很多。

在这件事中，如果厂长不顾厂里制度，顺从了大多数人的意见，不处理或从轻处罚那名偷窃的员工，不仅厂里的偷盗之风得不到遏制，厂规厂纪也会变成一纸空文。届时，厂里一片混乱，厂长的威信扫地，那才是真正的孤立。由此可见，制度出台之后，就要严格执行，绝不能找借口，公然违背制度的规定。只有按制度办事，才能维护制度的威信，才能遏制不正之风，维护企业的利益。

一流的企业用制度管人，二流的企业用人管人。看看国内外著名的企业，它们几乎高度一致地认同用制度管人。比如，日本东芝公司规定，女工严禁涂粉，男工必须刮净胡子，操作时绝对禁止说话、咳嗽、打喷嚏，以防空气振动，扬起尘埃。美国格利森齿轮机床厂规定，只要进入车间，不论是路过还是干活，必须佩带安全帽，穿硬底皮鞋。谁不遵守安全制度，谁就会受到严厉的处罚。

2 你不讲制度，别人就跟你讲条件

国有国法，家有家规。任何一个企业都应该有自己的一套规矩，而这一套规矩，就是公平合理的企业制度。如果你不讲制度，不用制度管人，而是用人情管人，那么员工就很可能跟你讲条件，这样你就很难服众了。

蔡先生是北京一家公司的老板，小兰是他的助理。小兰是山西贫困山区的苦孩子，当初聘用她时，就是考虑到她的家庭实际情况（父亲早逝，母亲下岗，还有一个弟弟要上学），加上她能吃苦耐劳，蔡先生在她进入公司时直接按照正式员工的工资给她。当时公司其他的几位管理者认为蔡先生这是妇人之仁，太过于讲人情，而没有按公司的制度办事，这样不利于管理公司。可是蔡先生不以为然，两个月后，果然出了问题。

因为蔡先生提前给小兰转正，让她享受了正式员工的待遇，所以，两个月后，她的工资没有继续涨。可是小兰不满意，她说了很多理由，说她一个人干了好几个人的工作，特别辛苦。蔡先生只好对她表示理解，但是这个岗位只有这样的薪资水平，蔡先生没法给她加。否则，会引起大家的不满。考虑再三，他对小兰说："这样吧，我把你个人出的保险费报销了，相当于每个月给你涨了200元工资，你觉得怎么样？你要想涨工资，也只能等半年以后了，毕竟你的资历太浅。"小兰答应了。

随后的一个月，小兰在工作中频繁出错。蔡先生听说她的母亲要来北京，以为她是受家庭琐事干扰，所以没太在意。当时公司的生意正转入旺季，急需人手，其他事情也特别多。在这个节骨眼上，小兰又找到蔡先生，要求涨工资。小兰似乎觉得自己不可替代，觉得自己的价值没被发现，要求公司每个月给他涨500元工资。这让蔡先生非常恼火。

后来蔡先生和财务经理、销售经理、物流经理商量，他们都觉得公司给员工的待遇应按照公司的薪资制度、奖励制度来定，而不应该任凭员工讲条件。最后，蔡先生辞掉了小兰。

蔡先生作为一家公司的老板，在员工的工资问题上不遵照公司的薪资制度来定，而是和员工讲人情。没想到，他对员工的照顾却没有换来员工的理解，员工屡次和他谈条件，要求涨工资。这真可谓是“好心被当成了驴肝肺”。这个案例告诉我们，你不和员工讲制度，员工就会跟你讲条件。

其实，中国人最爱讲人情，尤其是在员工犯错的时候，老板很喜欢说“下不为例”。可是，有了下不为例，就会有第二次，第三次。老板一定要认识到：在制度合理的前提下，如果你法外开恩，那么就会为制度的推行埋下地雷。

古语说：“没有规矩，不成方圆。”这句话充分说明了制度、秩序、规则的重要性。如果企业缺乏明确的规章制度，那么工作中就很容易出现问题。如果企业有制度，但是却不按制度执行，制度就会成为一纸空文，对员工根本无法产生约束力。

一般来说，有制度却不严格执行，而是制度之外开恩，会造成诸多不良的后果。比如，造成员工职责不清。不按制度执行，很容易造成某项工作好像谁都在负责、但实际上谁都没有真正负责的乱象。于是，两个部门对一项工作纠缠不休，相互扯皮，使原本有序的工作变得无序，造成了极大的浪费。

个人的智慧、水平是有限的，而且很多人对别人的能力往往又不太认同，都认为自己聪明能干，所以不太容易服从别人。因此，如果单纯的“人管人”、“人治人”，就很容易产生这样那样的弊端。下面我们具体来看一下。

“人治”带有明显的随意性、主观性，员工很难适应；“人治”有很强的专制色彩，缺乏公平性、民主性，很容易导致决策失误，也容易造成管理者和员工的关系紧张；“人治”是以人为主的，很容易出现“一朝天子一朝臣”的现象，员工很可能会巴结管理者，不利于“人和”；“人治”往往难过人情关，因为人与人之间，有亲疏远近的关系，一旦发生“奖亲罚疏，任人唯亲”的事情，管理者就会失去威信，团队也会失去凝聚力。

所以，建立企业制度，凡事以制度为准，才是最靠谱的。看看战场上，军纪严明，众志成城的军队，总能打败纪律涣散的乌合之众。同样的道理，企业也需要严格的管理制度，有了合理的制度，员工的工作效率才有保障，企业的长远发展才有保障。

3 制度化：用铁的纪律约束每一个员工

俗话说：“铁打的营盘流水的兵。”把这句话用在企业管理上，再合适不过了。尽管企业员工不断流动，但只要有牢靠的制度，那么无论员工怎么流动，企业依然能够稳定地发展。反之，如果企业不实行制度化，那么员工就会像一盘散沙，握不紧也抓不牢，无法产生强大的战斗力。

在不少企业中，当员工不遵守制度时，管理者不严加处理，却碍于情面而予以放纵。比如，一天，一位员工迟到了，这位员工与领导的关系很好，领导不忍心处罚他，就睁一只眼闭一只眼；没过几天，又有一个员工早退了，由于这个员工的业绩突出，领导想：如果处罚他，很可能打消他的工作积极性。于是，他“宽容”了这个员工。这两件事情多数人都知道，结果很多员工都不遵守上下班时间。

其实，制度之所以无法约束员工，很大程度上取决于管理者对员工违反制度后的处理态度，如果管理者不予重视，不加处理，就意味着默许员工的违纪行为。如果管理者毫不犹豫地按照制度处罚员工，那么制度的严肃性就得到了维护，领导者的威信也得到了维护。

但是人性化的变通是企业管理的长久之计，如果制度真的不合理，那么就要对制度进行重新审查，做出适当的修改。

宋先生是某私营企业的老板，经营着一家中型皮鞋公司。一直以来，公司都有非常严格的考勤制度——上下班都要打卡，对迟到或早退的员工，公司有严格的处罚措施。然而，最近人力资源部的主管向他反映：公司中员工之间相互代为打卡的现象比较普遍，明明看到员工在上班后几分钟到公司，可检查考勤时却发现迟到员工的考勤卡已经打过了。

人力资源主管表示，虽然知道员工在考勤卡上做了手脚，但是苦于没有证据，也无可奈何。于是，宋先生要求人力资源主管每天早一点来到公司，站在打卡机旁边监督员工打卡，希望杜绝代打卡现象。

很快，人力资源主管发现，在她检查期间，总有员工主动和她搭讪，甚至有人想把她的注意力引开。人力资源主管也是人，不好得罪员工，因此，这一招也难以奏效。最后，宋先生购买了一部指纹打卡机，希望从源头上刹住代打卡的歪风。

果然，自从推行了指纹打卡的考勤方式，代打卡的现象得到了很好的扼制。然而，还没等宋先生高兴几天，另一个问题又出现了——员工因为迟到的问题经常抱怨不断，以至于影响了工作情绪。

这是怎么回事呢？

自从推行指纹打卡制度以后，每天迟到的员工比以往“增加”了不少，很多员工迟到的时间仅为一两分钟，有些员工为了避免这一两分钟的迟到，不惜花钱打车到公司。由于按公司规定，只要上班之前没请假，就判定为迟到。因此，员工经常因为晚了几分钟，而被罚款，员工的不满情绪可想而知。因此，他们会在工作期间大声地抱怨，还有不少员工附和。接下来，该员工可能一整天都消极怠工，他的不良情绪还会传染给其他员工。

表面上看起来，宋先生公司的考勤制度得到了严格贯彻执行，但是却给员工造成了极大的心理压力，影响了员工的工作积极性。这样的结果是宋先生始料未及的，作为公司的老板，他深知员工士气低落会影响公司的生产效率，可是该怎么办呢？

或许有人建议：迟到1分钟可以不算迟到。如果真是这样，当员工迟到两分钟时，该不该算迟到呢？这样的问题在管理中是一个很有代表性的问题，它反映了管理的制度化和人性化之间平衡的重要性，把握好二者之间的平衡才能使管理效益达到最佳化。

针对这个案例中的问题，其实宋先生可以每个月给员工3次迟到的机会，并且规定迟到最多不得超过10分钟。这种规定，就是对意外迟到的一种宽容，是管理人性化的表现。如果迟到次数超过3次，哪怕第4次迟到1分钟，也要坚决按制度予以处罚。这样才能维护公司制度的权威性。但是人性化也要掌握好限度，否则也会让制度失去权威性。

有一家小公司规定，每个月员工的请假次数如果超过了三次，就享受不到本月的全勤奖。

有一次，公司一位骨干的父亲住院了，该员工一个月请了5次假。不过，他为了保证完成工作任务，通过其他时间来加班，最后顺利地完成了本月的工作任务。

按照公司的制度，这位骨干的全勤奖要扣除。但是老板为了显示管理的人性化，对他说："鉴于你已经完成了本月的工作任务，我就不扣你的全勤奖了。"

表面上看，这位老板的管理手段非常人性化，但是他却违背了公司的全勤奖制度，会导致全勤奖制度在员工心目中失去约束力。因为按照老板的做法，员工可能会想：只要每个月完成了工作，就不用每天都坐班。如此一来，员工就可能增加请假的可能性。

不可否认，那位骨干对工作怀有敬业之心，对自己的本职工作认真负责，但是他请了5次假，按规定确实无法获得全勤奖。对公司而言，既然制定了全勤奖制度，就应该坚决执行。因为制度就是公司成员间的“信用”，如果制度被随意破坏，那么老板在员工心目中的信用就丧失了。所以，一定要认真贯彻执行公司的制度。

《孙子兵法》中指出，军队要有明确的法律条文，要用严格的纪律训练整顿军队；对士兵不能过于宽松，过于爱恋，否则，很容易导致士兵不严格执行命令，从而导致部队陷入混乱，没办法约束。在现代企业竞争中，企业之间的残酷厮杀不亚于战场上的弱肉强食，因此，企业一定要用铁的纪律约束每一位员工。

4 制度面前，人人平等

有这样一则典故，讲的是《孙子兵法》的作者孙武斩杀吴王两位爱妃的事情：

当年孙武将《孙子兵法》献给吴王阖闾，吴王看完后大加赞赏：“先生的兵书写得非常精彩，每一篇我都读过了，但这只是理论上的，你可以实地操练军队吗？”

孙武一听，欣然答应。吴王又问孙武：“你先操练我的侍女怎么样？”孙武说：“没问题，保证一个月之后可以上战场。”于是，吴王招来宫女、妃子 180 名，让孙武去训练。

孙武对宫女们宣布了纪律，讲明要服从命令，听从指挥，否则，将以军法严办，处以斩刑。然后命令她们拿起武器，准备操练。可是，当孙武喊口号“向左转，向右转，向后转”时，宫女们把他的话当成耳旁风，不但不听从号令，还哄然大笑。尤其是身为队长的夏、姜两位妃子，表情嘻哈，动作迟缓，就像平时逛花园一样，孙武命令大家向东，她们偏向西，眼神中满是对孙武的不屑。

起初孙武以为自己没有讲清楚，于是又将规定讲了一遍，把号令喊了一遍，但是侍女们依然如故。这下孙武动怒了，他要求斩掉两位队长，以整军纪。当时吴王就在阅兵台上，看到孙子要斩杀自己的爱妃，大吃一惊，急忙要求孙武饶恕夏、姜两位妃子。但孙武理直气壮地说："她们已经违反了军纪，不杀她们难以驯服士兵。"最后，孙武把这两个王妃斩首示众。顿时，全场一片肃静，从此再也没人敢在训练的时候嬉皮笑脸了。

为什么孙武能够震住被娇宠惯了的侍女？为什么吴王为两爱妃求情，他都无动于衷？因为他对军纪充满敬畏之心，他讲究在军纪面前人人平等，谁越雷池一步，谁将接受惩罚。他没有任何私心，没有任何偏袒，以制度为准绳，从而保证了公平、公正。这就是孙武能够服众，能够快速训练出威武之师，从而帮助吴国走向强盛的重要原因之一。

王妃犯法，与庶民同罪。这就是我们常说的"制度面前，人人平等"。作为公司的老板，要把公司的制度视为头顶悬挂的"三尺利剑"，要对其心存敬畏，要坚决按制度办事，而不能作违反制度的反面教材。然而，在现代企业管理中，总有一些老板把自己凌驾于制度之上，无视制度的存在，任意践踏制度，而且自己丝毫不以为然。

某公司王老板带领一位客户到生产车间参观，走到车间门口时，客户问王老板："我没有安全帽可以进去吗？"老板说："可以。"客户问："可是你们的安全标识清楚地写了必须要戴安全帽啊！"王老板笑着说："何必那么认真呢？那些安全生产标准是针对员工的。"客户参观完生产车间后，再也没有和王老板联系。

"那些安全生产标准是针对员工的。"这一回答很是耐人寻味。难道公司的制度是针对员工制定的？难道管理者、公司老板就可以无视制度的存在？如果真是这样，员工如何还能信服，企业又谈何公平？当员工感受不到公平时，他们的工作积极性怎能有保证呢？

作为公司的领导者，当员工违反制度规定时，考验的是你的内心够不够“狠”。你有“诸葛亮挥泪斩马谡”的“狠劲”吗？或许你会动摇，你会给“马谡”找借口——“他是个人才，这次犯错不过是大意”、“我和他的关系很好，饶他一次吧！”如果你这样想，那么你就很难做到公平公正。

其实，按制度办事讲究的是“对事不对人”，处罚员工是因为他违反了制度，处罚只是手段，目的是提高员工执行制度的自觉性，提升管理效率。在一档对话节目中，有这样一段对话：一位干部说，“我只是轻微违反了公司制度，却受到了严肃的处罚，我委屈得一晚上没睡好觉。”他的领导接过话来说，“你还不知道吧，我思考是否处理你、怎么处理你，连续三个晚上都没睡好觉。”由此可见，坚持制度面前人人平等，不是一件容易的事。

俗话说：“人心都是肉长的。”当公司骨干、高层管理者违反制度时，企业老板是否能下得了狠心，坚决按制度予以处罚呢？如果你问联想总裁柳传志这个问题，你得到的回答一定是肯定的。

在有些人看来，开会迟到是小事。但是，在联想集团，这样的小事是不被原谅的。联想集团有一条制度：谁开会迟到，谁将被罚站，无一例外。柳传志认为，公司开会的机会比较多，如果总是有人迟到，很多事情就无法顺利地展开商议。因此，他们订下规定：只要你没有请假，不管你有多么重要的事情，都不能开会迟到。迟到了就要罚站，而且至少要站1分钟。更“狠”的是，这个罚站是把会议停下来，大家看着你站1分钟，有点像默哀一样，让你很难受。

联想刚制定这个罚站规矩时，柳传志就处罚了一个老处长。柳传志说：“他罚站的时候，站了一身汗，我坐在一旁，也是一身汗。后来我跟他说，今天晚上我到你家去，给你站1分钟。但是今天，你必须在这里站1分钟不可。”尽管当时很尴尬，但还是按规定执行。联想集团的另外一位创始人，也曾因开会迟到而被罚站过。

迟到罚站，联想从来不搞特殊化，柳传志也曾被罚站过三次。有一次，他被困在电梯里，电梯坏了，他用力地敲门，想叫人帮他请假。但是没有人能听到，结果在这种情况下，他迟到了。当然，最后的结果他也被罚站了。

制度面前，人人平等。公司建立制度后，关键在于执行，只有制度得到了严格的执行，才会显现出生命力。

值得注意的是，在执行制度的过程中，有些人总是看到规章制度对自己的约束性，却没有看到规章制度对自己的保护性。当他们的行为违反了制度时，就会想方设法地逃避制度的处罚——或因为自己身居要职，或因为自己和相关负责人关系密切，从而要求得到关照。对此，我们应该坚决禁止，并且重申：公司只有工作关系、同事关系，绝对没有亲戚关系、兄弟关系、朋友关系。

老板要明白，一个好的制度，一定是倡导公平公正的，一定会让大多数普通员工感到心情舒畅，一定能让大多数人的活力得到释放。因此，一定要长期坚持执行制度，海尔集团的总裁张瑞敏曾经说过：“把简单的事坚持做好就是不简单，把平凡的事坚持做好就是不平凡。”同样的道理，企业坚持把制度执行下去，坚持做到在制度面前人人平等，企业就会变得不简单、不平凡。

5 奖要奖得心花怒放，罚要罚得胆战心惊

一项科学合理的管理制度，如何才能有效执行呢？那就是在企业管理中，奖要奖得员工心花怒放，罚要罚得员工胆战心惊。具体而言，那就是制定诱人的奖励制度和令人望而却步的惩罚措施，并坚决地执行。在这一

点上，商鞅变法给我们现代企业管理树立了一个很好的榜样。

商鞅在变法之前，让人把一根长三丈的圆木放在集市的南门，然后当众宣布：谁能把它搬到北门去，就奖赏他10金。10金是什么概念呢？在当时，如果你家有10金，你绝对称得上是个富有之人。

如此简单的事情，奖金却那么丰厚，这让围观的群众感到很奇怪，没有人动手去搬。商鞅见状，又对大家说："谁把这块木头搬到北门，赏50金！"

全场群众大惊，这很自然会让人产生一种"赌一把"的心理，尽管多数人以为商鞅是在忽悠他们，但也有人认为，就算被耍了，也不过是白费点力气而已。于是，有个男子站了出来，他把圆木搬到了北门。在众人的期待中，男子果真得到了50金的奖赏。顿时，全场惊呼一片，商鞅趁机颁布了变法法令。

商鞅的这一举措很好地树立了当权者的威信，也昭示了商鞅变法的决心。

然而，商鞅变法是一场长期而艰苦的斗争，变法还未付诸实施，就遭到了以甘龙、杜挚为代表的旧势力的反对，双方发生了强烈的争辩。在变法的过程中，公子虔、公孙贾又教唆太子犯法，故意阻挠变法的推行。面对权贵的挑战，商鞅秉公执法，按制度严厉惩罚了公子虔和公孙贾，分别对他们实施了鼻刑和黥刑，大挫变法反对派，为变法扫除了障碍。

趋利避害是人之本性。老板如果能抓住人性，对员工好的表现给予重奖，对员工不好的表现予以重罚，那么重奖之下必有勇夫，重罚之下必然让员工心存敬畏，会大大减少员工的不良行为。通过这样的双重举措，可以很好地净化企业内的风气，营造积极向上的工作氛围。

北京有一家大型购物中心，为了提高营业额，出台了一项制度，决定重奖销售业绩好的员工。当时大家以为这不过是管理层的又一次"忽悠"，所以根本没有把这项制度当回事。然而，当某位员工因业绩出色而受到了嘉奖，获得了2万元奖金时，全体员工顿时惊呼起来，他们意识到了这项奖励制度的分量，从那以后，大家都很努力地工作，结果大家的工作积极性都被充分地调动了起来。

联想总裁柳传志认为，奖励机制是“好的运行机制”的核心。在这方面，联想做得比较好，他们对员工，尤其是骨干员工，都有很好的奖励方式。联想的薪金标准强调的是公平、公正和公开，不同类型的员工有不同的薪资制度。比如，研发人员、销售人员、人事管理人员、财务人员等等，各有各的薪资制度。其次，联想给员工的奖金非常丰厚，每个员工的奖金都与三个因素有关：一个是集团的效率，一个是本部门的效率，一个是个人的表现。根据这三者，来评定员工的奖金。

只有丰厚的奖励，却没有严格的惩罚是不行的。只有奖惩结合，才能充分调动员工的积极性。在联想的奖惩制度中，如果员工违反了这样几条：吃回扣、收红包、利用工作关系牟取私利，那么公司第一次会给予员工批评，第二次会扣罚员工的奖金，第三次会将员工退交人事部处理甚至开除。这些条条框框对很多公司来说，不过是一个形式，一个虚设的条文，但是在联想，谁触犯了这些“天条”，谁就逃脱不了严惩。

重奖就像一箩筐的糖果，放在员工的面前，让员工通过努力去追求。但是，并不是每个员工都稀罕这些糖果，有些人在重奖面前依然慢条斯理地对待工作，依然粗心大意，屡教不改，他们认为：反正我再怎么努力，也难以获得好的业绩，干脆“打酱油”得了。对待这些不思进取的员工，如果你总是对他们说采取劝说、鼓励、引导等措施，或许没有什么作用。因此，必要的时候，你应该动点真格的，给他们一点颜色看看，让他们意识到自己行为的消极性。

某公司的财务室被撬开了，里面的保险柜被打开，50万现金不见了。这笔钱是公司两天后急需的购买原材料的款项，一时间，老板如热锅上的蚂蚁似的，不知道怎样找回丢失的现金。

然而，令人不解的是，财务室的这个保险柜是国内最先进的一种保险柜，柜子上有报警系统，还有电击功能和密码装置，而且密码系统是由电脑控制的。那么，这个保险柜是怎样被打开的呢？

原来管理保险柜的出纳员是个马大哈，虽然财务室有一整套规章制度，但是他总是视而不见。在他看来，保险柜确实不错，但使用起来很麻烦。由于他怕电击，所以不敢接电源；由于他怕忘记密码，所以把密码设成简单的123456；由于他怕丢钥匙，所以，索性把钥匙放在办公桌的抽屉里。结果，盗贼从他的抽屉里拿出钥匙，按照说明书，轻松地打开了保险柜，拿走了里面的50万元现金。

失窃后，公司报警了，虽然警方很快就抓获了盗贼，但是那50万元钱已经被盗贼挥霍一空。该公司一时间凑不齐购买原材料的款项，不得不被迫停产，并因无法按时交付订单而违约，不但失去了商机，还因违约而支付了违约金。

事实上，公司多次批评过出纳员马虎粗心的行为表现，但是出纳员完全当成耳旁风，根本没有放在心里。而公司也没有重罚出纳员，没有让他意识到自己的责任重大。如果公司之前就对出纳员的不良工作习惯进行了严惩，或许他会引以为戒，就可能不会发生后来的失窃事件。

这个案例告诉老板们，对于员工不正确的工作态度和陋习，一定要早一点予以纠正。如果员工屡教不改，不妨制定严格的制度，给予员工极重的惩罚，让员工记住深刻的教训，从而有效地避免将来犯大错，给公司造成重大损失。

6 要明确告诉员工：什么是该做的，什么是不该做的

老板是团队的“头儿”，要为员工指明方向、明确目标，要明确地告诉员工：“什么是应该做的，什么是不应该做的；应该怎么做，不应该怎

么做。”就像岗位说明书中的清晰描述那样，这样员工才会清楚自己的职责。

或许有人觉得老板这样做会很累，其实不然，老板只需出台一个制度。在制度里，明确地告知员工老板对他们的期望，把企业允许和禁止的行为一条条地罗列出来，并制定具体的惩罚措施。

有个法国人在北京开了一家餐厅，该餐厅从卫生到服务，甚至对客人的各种问题该怎样回答，都有严格的制度。制度的内容非常细致具体，任何人都必须严格执行，不得违反。比如，在制度中，有一条醒目规定：无论顾客提出什么问题，你永远都不能回答“不知道”。如果你自己不清楚，应向客人说明情况，然后马上想办法找到问题的答案，再给顾客一个满意的回答。

其实，这种规定并不只是这家餐厅的“发明”，在国外很多高级饭店、餐厅，早有这样的先例。通过这些规定，企业向员工传达了这样一种信息：制度里规定的，就是你应该做的；制度里不允许的，就是你不应该做的，如果你做了，就犯错了。这是企业对员工的一种期望，员工按照制度去做，坚持下去，就会养成一种习惯。

当然，有些工作需要让员工发挥主观能动性，这个时候老板除了明确地告诉员工朝哪个方向去做是公司允许的之外，具体用什么方法去做，老板也没办法告知员工。也就是说，老板只能给员工明确一个大致的方向和原则，而不能给员工具体的操作方法。

日本索尼公司的创始人盛田昭夫曾对下属说：“放手去做好你认为对的事，即使你犯了错误，也可以从中得到经验教训，不再犯同样的错误。”这体现了索尼公司对员工的宽容，在这种宽容之下，员工才敢大胆地探索、发挥创意，从而充分调动每个员工的聪明才智。

盛田昭夫认为，如果所有的思考工作都由公司的管理层来最做，那这家公司是很危险的，正确的做法是，让每个员工都贡献自己的聪明才智。这就是盛田昭夫鼓励员工做的事情，这就是索尼公司规定的员工应该做的事，也是索尼公司对员工的期望。

你对员工有怎样的要求呢？你有没有明确告诉员工应该做什么呢？值得注意的是，“要求员工应该做什么”不一定是指让员工完成某个具体的目标，也可能是一个模糊的概念。比如，在崇尚创新的企业里，企业明确告诉员工：积极创新，大胆思考是应该做的事情，懒于思考，不愿意创新是不应该做的。而在重视实干的企业里，企业明确告诉员工：少说话，多做事，踏踏实实完成工作是应该做的，偷奸耍滑、滥竽充数、满嘴跑火车是不应该做的。

其实，透过“企业告诉员工：什么是应该做的，什么是不应该做的”这个问题，我们看到的是企业对员工的衷心期望。就像一位老板对员工的期望是：主动去做非常需要做的事，而不必等待我去要求你。下面是一位老板写给员工的一封信：

亲爱的员工：

我们聘用你，是因为你能满足我们公司发展的需要。如果没有你公司也能顺利发展，我们就不会费这么大劲把你邀请过来。但是既然你来了，我就要明确告诉你，什么是你应该做的。

在你工作期间，你要做好三种事情：一般性的职责，特殊时候交办的任务，团队的协作项目。通过这些事情，你有机会超越别人，以此向我们证明你的价值，证明我们选择你多么英明。

当然，你还应该随时随地自主地思考，运用你的智慧去判断并行动；你还应该毫不隐瞒地发表看法，表达观点，提出建议，我将随时乐于倾听。如果今后我们不再提这个原则了，你千万别误会我们不重视这一点。只要你在我们公司，就不要忘记公司对你的要求，不要忘记你应该做的事情。

作为公司的老板，如果你没有明确告知你的员工什么是应该做的，什么是不应该做的，就可能产生不好的后果。员工不知道怎样做是被认可的，做到什么样的程度才会让你满意。相反，如果你明确要求员工应该做什么，不应该做什么，员工就有了努力的方向，他会因此更加敬畏你、服从你。

7 令出如山，绝不妥协

深圳万科企业股份有限公司董事长王石说过：“企业最缺的不是制度，而是制度的执行。”有制度没执行，制度就会成为一纸空文。在中国企业中，一个最大的问题就是制度多、执行少、执行不到位。难怪海尔集团总裁张瑞敏说：“制定一项好的制度不易，能够坚决执行则更重要。”

有个成语叫“令出如山”，意思是军事命令像山一样不可动摇。形容上司下达命令，下属坚决执行，不找借口，不得违抗。真正好的执行就应该如此，绝不允许下属找借口，上司绝不能轻易向下属妥协。

美国著名的西点军校有一个流传很久的传统，学员回答军官问话时，只有四种回答：“报告长官，是。”“报告长官，不是。”“报告长官，不知道。”“报告长官，没有任何借口。”除此之外，未经允许不得多说一个字。200 多年来，“没有任何借口”是西点军校最重要的行为准则，它强化了军令的威信，强化了学员的执行力。

下属的服从和执行力是管理者威严的体现，作为管理者，如果不能令出如山，那么就没有任何威严。俄国沙皇曾说过一句很经典的话：“大臣们可以你一言我一语地争论不休，但是皇帝却必须要独断专行。有时候正确与错误并不重要，重要的是王者的威严！”

同样，企业老板也应该有威严，发出一项命令之后，就要让员工坚决执行，绝不容许员工拖拖拉拉、打折扣地执行任务。只有这样，企业的决策才能落到实处，才能为企业带来效益，才能保证企业的发展。

总经理对后勤部门的张主任说："张主任，每年的这个季节都是火灾的高发期，去年就有一场大火把我们邻居单位烧光了，损失惨重。今年我们一定要做好火灾的防范工作，坚决避免发生火灾。"

张主任说："明白了。最近几天我在忙手里的工作，过几天我就把你的话传达给全体员工。"

"好的，一定要快点传达给大家。"

张主任说："放心吧，我会尽快传达你的旨意。"

可是，张主任这一拖就是半个月，半个月后，张主任才向全体员工传达总经理要求大家防火的旨意。但是不到3天，公司的厂房就失火了，很多原材料被烧毁。

总经理怒气冲天，把张主任叫了过来，对他吼道："前些日子，我跟你说过，要让大家注意预防火灾，你有没有传达我的指令，你是怎么做的?"

张主任两眼干瞪着，说："我……我……我跟大家说过啊，一定要把火灾的引起者找出来，要严惩……"

总经理这叫"令出如山"吗？当然不叫！军令如山是指命令发出之后，要让下属立即、马上去执行，而不是听到下属说"我最近有点忙，过几天再执行"后，就说："好吧，你过几天再做也行。"尤其是重要的事情、重要的命令，一定要注意执行的时效性，一旦拖拉，就可能贻误战机，酿成大祸。

总经理对张主任听之任之的态度，叫"令出如山"吗？当然不叫。令出如山是指一定要让下属执行到位，一定要有一个好的结果，而不是把上司的话传达给下属就完事。在命令下达后，一定要制定相应的防范措施，比如，让张三检查一下灭火器，看看是否需要更新；让李四调查一下市场上的防水系统，看看是否需要买一台新的回来；让王五联系当地的消防部门，组织一次全体消防培训。再组织员工研究一下火灾的隐患在哪里，让大家加强防范。这才叫真正的执行，这才是令出如山。

老板一定要像军官将领一样下达任务，做到令出如山。无论员工找什么借口，说什么理由，有什么困难，老板都不能轻易改变已经发出的命令。老板可以给员工提出建议，为员工执行提供条件，但绝不能允许员工拖泥带水，拖延执行。如果员工执行不力，该挥泪斩“马谡”就要当即立斩。只有这样才能保证执行的效果，也才能树立老板的威信和影响力。

8 榜样的力量：老板要做遵守制度的表率

有些老板要求员工在公司不得抽烟，自己却一天到晚叼着香烟，在员工面前吞云吐雾；有些老板要求员工不得在上班的时候玩游戏，自己却整天上班的时候玩游戏；有些老板自己不按制度规定的标准去着装，却要求员工按标准着装；有些老板开会经常迟到，上班经常迟到，却严惩上班迟到的员工。如此这般，怎么能够让员工信服呢？

俗话说：“火车跑得快，全靠车头带。”企业的管理者，尤其是一个企业的老板，被全体员工看在眼里。因此，老板一定要注意自己的言行举止，一定要做遵守制度的表率。这样才能给大家树立一个正面积极的形象，影响员工遵守公司的制度。这一点曹操给我们做了很好的榜样。

三国时期，曹操在军中有很高的威望，大小将士都服从他的命令，听从他的调遣。他之所以能够获得这样的威望，很大程度上是因为他严守军中制度，给部下做了很好的表率。

曹操在寿春城大战袁术后，在班师回府的路上，经过一片麦田。曹操传令全军，不得践踏麦禾，违者处斩。但不巧的是，曹操的坐骑因为受惊乱跑，踩坏了大片麦田。

事情发生之后，曹操找来行军主簿，要他依法惩处自己。主簿哪敢啊，但曹操坚持要处罚自己，说："我自己定下的规矩，我自己犯了，不处罚自己怎么服众？"说完就拔出佩剑，准备自刎。

众将赶忙拦住曹操，再三劝说，最后，曹操采取了一个折中的办法——割发代首。三军见状，哪个敢违反曹操定下的规矩？

也许你会觉得曹操割掉头发以示接受惩罚是作秀。殊不知，在古代，人们认为身体发肤受之父母，如果随便割掉头发，是大逆不道的，是不孝不仁的。所以，在当时曹操割发代首，是非常难得的，这也是一种高明的领导艺术，他这种做法对全军起到了很好的表率作用。

割发代首体现了在制度面前，任何人不得搞特殊，任何人都不能凌驾于制度之上。作为老板，要带头做示范，只有先做出了榜样，才能树立威信，下属才会心服口服。真正优秀的老板懂得严格要求自己，用自己的行动带动大家去执行制度。他们懂得公司的制度适用于每个人，即使老板也不例外。不管谁违反了公司的制度，都要按规定受到处罚。这样才能营造人人平等、公平至上的氛围，才能把全体员工凝聚在一起，形成一股强大的战斗力。

有些老板在台上讲制度有多么多么重要，讲得振振有词，讲得天花乱坠，讲得唾沫横飞，下台之后做起来又是另一套。这种言行不一的表现，无异于在自己脸上刻下"伪君子"几个字，让人看了就会心生反感。

人们往往喜欢模仿别人，老板以及各层管理者也很容易被员工模仿。假如一位经理上班迟到、下班早退，上班打起私人电话没完没了，一天到晚盯着墙上的挂钟，那么，他的部下很可能如法炮制。值得庆幸的是，如果老板是个爱岗敬业、遵守制度的人，每天认真对待工作，违反制度主动接受处罚，那么员工也会这么模仿，从而变成一个照章办事、按制度执行的人。

作为企业的老板，你重任在肩，你应该重视给员工留下好的印象。你与其在台上高谈阔论遵守制度有多么重要，不如在台下认真贯彻执行制度。要知道，身教的作用是不可低估的。只有当你为员工做出了良好的示范，你才会成为一个让人信服的老板。联想集团的总裁柳传志就是这么做的，他由于个人原因开会迟到了，就会按照制度的规定，在门外罚站 5 分钟。他用自己的实际行动给大家做了表率，也向大家展示了制度的威慑力。

在企业管理中，老板带头遵守制度，对员工不仅可以起到导向和示范作用，还有助于凝聚人心、化解矛盾、激励士气等。管理大师德鲁克说过，身教是密切管理者和员工的粘合剂。管理者的职位越高，身教就能产生越大的影响力。管理者只有自己遵守制度，才能带出遵守制度的员工；管理者只有自身过硬，才能带出过硬的团队。

第七章 Di Qi Zhang

战略管理：小公司的战略就是赚钱、活下去

企业的目标是什么？松下幸之助说过："企业如果不以赚钱为目的，就失去了做企业的意义。"对于小公司而言，企业的战略就是赚钱、活下来。除此之外，一切都是浮云，都是无意义的。要知道，小企业想立足商界并不容易，半路夭折的小企业太多太多。这就是马云为何忠告老板们：活下来才是首要任务。只有活下来了，企业才有希望争霸天下，从而创造一番宏伟蓝图。

1 没有战略，企业将死在今晚

据《科学投资》采访调查和研究发现，中国小企业平均寿命在三四年之间。尽管很多小老板幻想创建百年老店，但这不过是他们一厢情愿，要知道，中国每年倒闭的中小企业多达100万家。是什么导致中小企业如此“短命”呢？其实，最关键的问题是战略问题。说得更直接一点，很多企业不重视战略，甚至根本没有战略。

战略是方向性、全局性、预见性、谋略性的企业规划，是企业成败的关键。对大型企业来说，战略关系到他们能否活得更好、成长得更快；对中小企业来说，战略则决定了它们能不能活。有一位企业家说得特别尖锐：“企业没有战略，将死在今晚。”

尽管战略对企业的发展那么重要，但是为什么中国的中小企业不重视战略呢？而且很多企业没有战略，为什么还能活得很好呢？

其实，这与中国过去的计划经济大量企业成功有很大的关系。曾几何时，中国人经商可以不遵循商业规律，可以不研究营销策略，可以不用费心地搞战略规划，而是看到什么赚钱，就做什么。在中国，似乎只要有钱，只要有关系，就什么都可以做，哪怕进入一个完全陌生的行业，也能赚大钱。从另外一个方面来说，在过去的商业环境中，有战略思想却没有见到成效，也进一步打击了企业对战略的期望。明白了这一点，你就知道为什么国内公司对战略那么不屑一顾了。

中国很多企业活得好不是战略性的成功，而是机会性的成功。这种成功是短暂的，是充满危机的，因为机会带有很大的偶然性。当无数中小企业沉浸在短暂的辉煌中时，灾难却从天而降，他们逃不了“昙花一现”的宿命，这就应了上面那句话：“没有战略，企业将死在今晚。”

哈佛商学院教授迈克尔·波特曾说：“不幸的是，往往在出现失败的时候，人们才会想起对战略的关注。我想真正的挑战是怎么让人们更重视战略，甚至在没有出现的时候。”今天中国的企业界，尤其是那些不重视战略的中小企业，都不幸地被迈克尔·波特言中了。

当一家企业的老板不重视战略时，战略就会以口号化的方式出现，被写在墙上，被印在宣传册上，企业里没有几个人能理解，执行过程中没有几个人去考虑战略。这就是对战略的模糊认识，这种短视是今天企业短命的根源。所以，老板一定要改变对战略的误解，正确认识战略的意义和作用。

首先，战略不是务虚的，不是骗人的玩意儿。很多管理者提到“战略”，就觉得是浪费时间，这是天大的误解。其实，没有什么比战略更务实了。要知道，没有战略，就不可能有清晰的目标，就不可能有真正的优势，就不可能有高效的执行，就不可能有正确的创新，就不会有可持续发展。企业没有战略，就像一盘散沙，不可能有效地组织起来，不可能形成核心竞争力。

其次，很多管理者认为大企业要战略，小企业要细节。其实，中小企业比大企业更需要战略。因为战略决定着企业的生死存亡。而大企业实力强大，即使在战略上出现了失误，也能调整和弥补过来。所以，杰克·韦尔奇才会说：“通用公司有足够的弹药，所以有几枪打偏也无关大局。”所以，尽管可口可乐曾经有过战略迷途，但是并未对他的发展产生生死攸关的影响。但是中小企业危机承受力是有限的，一旦战略失误，就可能死亡。

所以说，战略不是空洞的口号，也不是随心所欲的目标，战略是结合特定历史时期、特有经济规律、宏观经济环境和行业动态、竞争对手和自身能力等因素，经过透彻理解和分析制定的经营方略，并且要随着市场环境、竞争对手和自身状况不断调整。

战略是一种具体的工具和方法，是企业在茫茫大海前行的指路明灯，是管理者和员工保持冷静头脑的清醒剂。战略可以十分具体和生动，战略不但是老板和管理者的事，也是每个员工的事。只有让全体员工都理解了企业战略，员工才能明白企业的意图，才能有战略意识，从而做好执行和细节。

企业有了好的战略，发展起来将事半功倍；企业没有好的战略，纵然埋头苦干，纵然付出再多，也会事倍功半。所以，企业当务之急，就是建立一个清晰的战略，从长远的角度来考虑自身的竞争优势，在市场上找准自己的位置，要知道哪些企业比自己强，自己能发挥什么优势，能成为哪个区域的NO.1。

2 走土路还是跑高速？战略选择决定小公司未来

当年毛泽东提出“打土豪，分田地”的战略，后来又提出“人人有饭吃，人人有衣穿”的战略。在抗战期间，根据国内外形势，他又提出持久战和游击战的战略。新中国刚成立时，面对苏、美两个超级大国的严重挤压，他又提出“深挖洞，广积粮，不称霸”的战略。同样，邓小平上任后，提出“一切以经济建设为中心”的改革开放的战略。

企业的发展和国家的发展一样，都应该选择适合自己的战略。战略选择决定了国家的未来，也决定了小公司的未来。企业是扛步枪、走土路，还是开坦克、跑高速？取决于企业发展的外部特定环境、自身的情况，只有结合实际情况选择适合自己的战略，企业才能稳步发展。

正泰集团董事长南存辉曾说过一句名言：“只有当好了孙子，才能做爷爷！”他明白一个道理，那就是当企业实力不济时，就要学会卧薪尝胆、卑躬屈膝。为此南存辉还举了一个例子：

正泰与美国通用公司成立合资公司后，通用公司的很多采购订单直接给了正泰，但是对方的标准很多、很严格，要想完全达到对方的要求是不容易的。为此，有些经理向他诉苦，他告诉经理们：“我们叫了好多年的国际化，现在国际化就在家门口，回避是回避不了的。你可以拒绝通用送死，但是你能拒绝国际化吗？要做爷爷，你得先做孙子，你不愿做孙子只有死，死了再生还是孙子。”

很明显，南存辉的意思是让员工明白：要想发展壮大企业，就要着眼于未来，着眼于世界，要坚定地走国际化战略。而当前受公司的实力、自身情况所限，不得不与通用这样的大公司合作，这就是公司当前的战略选择。虽然与通用公司合作有些痛苦，但是必须学会忍耐。

在近30年的发展过程中，正泰集团一直坚持走国际化发展的战略。正如南存辉所说，公司要不断结合自身发展的实际情况，以塑造“百年老店”、创世界知名品牌为目标，对管理控制系统与现代企业制度和国际接轨，锐意创新，减少企业出现失控，实现国际化发展战略。

在坚定地走国际化战略的同时，正泰集团将自己的战略目标定位于“打造世界一流的电气制造企业”，围绕着这个目标，正泰集团将不断地调整产业结构，通过调整达到优化，通过优化达到升级。也就是说，正泰集团把自己定位于电器行业的一流企业，并为实现这个目标而努力，这就是正泰集团的战略选择。

你是想做某个专业领域的“鸡头”，还是想做某个专业领域的“凤尾”呢？这在于你怎么选择，而这种选择关系到企业未来的路怎么走。然而，战略选择是一项复杂的工程，需要深入分析和思考企业的现状、企业外部的环境、企业自身的实力等诸多因素。

著名战略专家唐东方先生认为，一家企业的战略选择的框架包括四个方面的内容：第一，愿景的选择，即发展的方向性选择；第二，战略目标的选择，这包括发展型战略目标、维持型战略目标和收缩型战略目标的选择；第三，业务战略的选择，包括产业战略、区域战略、客户战略和产品战略的选择；第四，职能战略的选择，即发展能力的选择。

在上面的案例中，正泰集团要“打造世界一流的电气制造企业”，这就是愿景的选择；正泰集团坚持走国际化战略，这就是战略目标的选择；正泰集团与美国通用公司合作，这就是业务战略的选择。

一般来说，企业的战略选择有发展型战略、稳定型战略、收缩型战略、组合战略这四种。

发展型战略是指企业以发展为战略指导，将企业资源用于产品研发、开拓市场，采用新的生产方式和管理方式，扩大企业的产销规模，增强企业的竞争实力。

稳定型战略即保持企业当前状态和水平，它满足于过去的投资收益水平，继续追求与过去相同或相似的目标，目标是取得与过去大体相当的收益，这对正处于上升期的老企业来说，是非常有效的。

稳定型战略是规避风险的策略，当企业经营状况、资源条件难以适应外部环境、无法取得良好收益时，企业往往会采取紧缩型战略。一般说来，采用这种策略是为了度过短期的危机，危机过后，就会选择其他发展战略。

组合战略是指将以上三种战略结合运用，一般来说，许多大型企业会采取这种战略选择，使集中战略形成一个有机的整体。

发展才是企业永恒不变的话题，在这四种战略中，我们重点介绍一下发展型战略。发展型战略包括以下几种形式。

（1）集中发展型战略

简而言之，就是把所有资源集中起来，用比过去更快的增长速度来增加产品或劳务的销售额、利润额，提高市场的占有率。这种战略的优势在于目标集中，容易实现专业化生产，便于实现规模化效益。它的风险在于完全被产业兴衰所左右，比如，当本产业需求发展急剧变化时，会给企业造成巨大的冲击。

（2）同心多样化战略

增加企业现有产品或劳务，这种策略可以利用企业的专业技能和技术经验以及生产设备和销售渠道，从而实现企业效益的高增长。它可以避免企业集中投入单一产品或劳务的风险，但是会增加资本短缺的风险。当经济不景气时，企业的相关业务就会同涨同落，抗风险能力大打折扣。

（3）纵向一体化企业战略

这种战略是指在两个可能的方向上扩大经营规模。比如，有些企业自行组织销售，又自己生产产品，实现产供销于一体。纵向一体化战略将多个单一的业务组合在一起，可以节约成本，优化企业资源，但是投入过大，如果资金不足，很难运用这种战略。

（4）横向一体化企业战略

这种战略是指通过购买、联合或兼并与自己有竞争关系的企业，实现规模效应、经验共享和优势互补。可以提高产业集中程度，加强对市场的控制能力。但是规模过大，可能造成机构臃肿、效率低下的问题。

总而言之，每一种发展模式都不是最完美的，企业管理者一定要结合企业的实际情况，选择适合自己的战略。这样才能最大限度地规避风险，保证企业稳定地发展。

3 做战略最忌讳面面俱到，一定要重点突破

马云曾经说过："做战略最忌讳的是面面俱到，一定要记住重点突破，所有的资源在一点突破，才有可能赢。"他认为，战略第一要素是明白你的客户是谁，第二是你为他们创造了什么样的价值，第三是你怎样把这些价值传递给客户，同时还要考虑你的竞争对手。这就是马云倡导的"重点突破"。

然而，很多管理者在做战略时往往抓不住重点，总想面面俱到，导致主次不分，眉毛胡子一把抓，最后什么也没有做好。而高明的管理者则不同，他们明白自己的优势在哪里，知道自己做什么最有把握，于是选择最适合自己的产业去用心经营。比如，阿里巴巴的企业战略就是重点突破，专一进攻，"只抓一只兔子"。

有一段时间房地产行业非常火热，很多企业放弃自己原有的经营项目，跑去炒房，都想分上一杯羹。面对房地产大潮，阿里巴巴毫不理会。有人感到好奇，就问马云："你们为什么不做房地产？做房地产可以扩大你的经营范围，利润非常高啊！"

马云表示，每个人都应该问自己一个问题，那就是在创办企业的时候，企业的出发点是什么？阿里巴巴的出发点就是专心做中国的电子商务，而且要做成世界一流的电子商务。因此，公司的资金储备要留着为电子商务服务，而不能随便拿去炒房。再说了，阿里巴巴做电子商务做了那么多年，也取得了很好的成绩，这表明走这条路是对的，是自己的优势。如果不好好经营自己的优势产业，却做自己不懂的房地产，后果是难以估

测的。

所以，2001 年，阿里巴巴只是安静地发展自己的产业，以守为攻。马云认为当时阿里巴巴不宜变化太多，以守为攻是最好的发展策略，守是练内功，练好了内功，才能强大起来。这一点非常符合“舍”与“得”的理念，在这一理念的背后，看到的是马云的务实精神。

在“舍”的方面，马云曾抵挡过很多诱惑。比如，2005 年短信很赚钱、网络游戏也起来了，但是马云一直坚持做电子商务。后来，那些靠网络游戏发家的公司纷纷倒闭了，但阿里巴巴依然活着，而且越活越好。

有一句老话叫“贪多嚼不烂”。企业发展初期或刚刚做大时，如果耐不住“寂寞”，抵不住诱惑，想跨行业经营，是非常危险的。看见房地产赚钱，就去开发房地产；看见餐饮业前景可观，就去经营饭店；看到电子产品利润颇高，又向电子行业进军。试问，企业有多少精力、资金、资源，让你那么去折腾？贪多求全、跨行业太多的结果，往往是丢弃了安身立命的优势，最后把企业弄得支离破碎。

人容易上当是因为贪婪，永远不知道自己适合做什么，不适合做什么；同样，企业战略容易失误，也是因为贪婪，不知道自己应该做什么，不应该做什么。有位成功的企业家曾忠告创业者：“定位一定要准确，你才能做好。少做就是多做，不要贪多，而要把你擅长的产业做精、做透。”

花旗银行董事长约翰·里德曾经说过：“战略越精炼，就越容易被彻底地执行。”看看那些优秀的企业，哪一个不是有着清晰简单的战略？这样才容易执行，而执行力关系到企业的竞争力，关系到企业的命运。

深圳华为公司的董事长任正非提过一个著名的理论：“在引进新管理体系时，要先僵化、后优化、再固化，这样才有利于执行。”有一次，他在公司管理层会议上说：“5 年之内不允许大家进行幼稚的创新，而要按照顾问们所说的方法去做。5 年以后，等我们把人家的系统用好了，到时候再进行局部改动。至于进行结构性的改动，那是10年后的事情。”正是因为对企业的发展战略始终如一的贯彻执行，才造就了华为的春天，才促成了华为今天强大的执行力。

任正非的话告诉我们：任何事情都有一个发展的过程，而不是立马见到效果的。经营企业也是这个道理，你不能因为经营的产业短期内没有取得预想的效果，就增加一个企业战略，增加一个经营项目。做一件事应该脚踏实地，做一个产业也应该一步一个脚印，有所为，有所不为。所以，做战略一定要找重点、找你的优势产业，并始终如一地执行企业战略。

4 战略要落实到目标和结果上面

很多管理者嘴上功夫很厉害，经常把战略说得天花乱坠，但是到了要真刀实枪干的时候，就一筹莫展，迟迟找不到具体实施办法，最后无法取得预期的结果。这就是常见的战略问题：战略高来高走，缺乏实际意义，没有可操作性，或战略过于空泛，无法指明具体方向，导致无法落实到位。最后，战略变成一纸空文。

看看有些公司的财报，你不难发现一个现象：有些公司的战略相当宏大、有气魄，相当时髦响亮，看似颇具号召力，可是拿到市场上去竞争，才发现只有象征意义，实际意义非常有限。这不禁让人对这类“没有落实到目标和结果上的战略”产生怀疑。

王府井百货大楼是新中国成立后，国家投资兴建的第一座百货大楼。尽管曾经的它获得了很多荣誉，但是在激烈的市场竞争下，它很快就失去了“中国第一店”的风采。

1996年，为了重振“中国第一店”的雄风，王府井百货公司的管理层花血本聘请著名的咨询公司麦肯锡为其制定发展战略、设计经营方案。在同一年，王府井百货公司还聘请了安达信公司帮忙开发计算机管理信息系统。在第二年，王府井百货公司再次聘请麦肯锡咨询公司为其制定市场营销和广告策略。

然而，这个耗资500万元的企业战略有些空喊口号，与王府井百货大楼的实际情况出入甚大，没有发挥预想的现实指导意义，也没有落实到目标和结果上，最后不了了之。

如果企业管理者只想把战略拿来作秀，拿到媒体面前去吹捧自己，那就另当别论。如果管理者希望用战略指导整个企业的经营和管理，就必须让战略具备很强的操作性，要可分解、可细化，有具体的目标，有可实施手段，有可考核的标准。只有这样，企业战略才有实际意义，才能发挥真正的作用。

管理者一定要明白，企业的战略不仅仅是一句响亮的口号，更应是一句务实的计策。好的战略让人一看，就知道它在说什么，应该怎么去做。好的战略甚至是可以量化的，也是可以分解的。因为具体的东西才能更好地实现，这样的战略才能很好地体现在工作目标和工作结果上去。

由此可见，战略要落实到目标和结果上面，是要求战略要符合企业的实际情况，战略要有可行性。当然，制定了科学合理的战略之后，必须加强执行，要以结果为导向。如果战略制定之后，没有去执行，或者执行力度不够，一样无法产生好的结果。

马云说过：“一切的理念、想法、战略如果不能落实到结果和目标上面，都是空话。”我们经常发现这个员工说：“我努力了。”那个员工说：“我尽力了。”最后发现，每个人都捶胸胸顿足地说：“我尽心尽力了。”但就是没有结果。为什么会这样呢？看看下面这个案例吧！

黎先生是台湾一家电脑配件生产商，他制定的公司战略是“走出去，与外商合作”。在执行中，他以及他的团队只是想着找外商合作，但并没有设定具体的合作计划，也没有具体的目标，所以并没有达到他想要的效果。

有一次，一位美国客户到台湾考察。几家电脑公司都想争取这个客户，黎先生也得知了这一消息，因此，他打算去机场迎接客户。客户到达的当天，黎先生匆匆来到机场，发现几家竞争对手公司都已经在那里等候了。

过了一会儿，外商乘坐的飞机降落了，当客户走出机舱时，等候多时的黎先生和其他竞争对手准备迎上去，但是他们惊讶地发现：郭台铭和客户一起走下了飞机，他们边走边聊，似乎聊得很投机。原来，郭台铭在得知客户要来台湾考察时，竟然乘飞机去了美国，然后又陪伴客户坐飞机来到台湾。当飞机降落时，他已经和客户谈得差不多了。

每个企业管理者都想把大客户抓到手，都想今年取得多少销售额，但是想法归想法，目标是目标，如果没有落实到行动上，就无法取得好的效果。就像黎先生以及那些商家，虽然也想抓住那位美国客户，但是他们的执行力不够，营销策略过于平常，而郭台铭却能快人一步、高人一招。如果管理者有郭台铭那种执行理念，那么还有什么战略无法落实到目标和结果上呢？

这个案例也告诉我们：执行了但是没有取得好的结果，就不叫好的执行。我们经常强调“执行到位”，就是要求执行出成绩、出成果，要以结果论英雄。如果把目标当成一个任务，没有紧迫感，不去找方法，这样的执行是很难取得成效的。

5 成功的决策者，可以化腐朽为神奇

在企业经营与管理中，管理者也是决策者，一个决策的好坏，直接关系到执行的效果。重大的决策，还会产生全局性的影响。成功的决策可以让一堆废物变成宝，可以化腐朽为神奇，可以让企业走出困境。不信？你就看看下面的案例吧！

一位美国出版商的仓库里积压了一大堆书，怎样才能把这本书卖出去呢？他思来想去，想到一招：他给总统寄去了一本书，说是送给总统，但是要求总统给那本书加一句评语。日理万机的总统随便翻了那本书，觉得还不错，就评价道："这本书很不错，值得一读。"然后把这句评语装在信封里寄给了出版商。出版商如获至宝，立即把这句评语附在每本书上。读者们看到总统都在推荐这本书，于是纷纷抢购，出版商的书很快就销售一空。

看完这个小故事，让人不由得为这位书商的聪明决策而拍手叫绝。一个新奇的创意，就能让他的书成为畅销产品，这让我们见识到了什么叫"起死回生"。

高明的决策、成功的决策者是企业发展必不可少的武器。面对瞬息万变的商机，面对纷繁复杂的市场行情，面对企业可能遇到的困境，要想抓住商机，要想赢得竞争，要想走出困境，就必须有"四两拨千斤"般的决策，必须要有"出奇制胜"的点子。

1980 年至 1984 年，尤伯罗斯担任洛杉矶奥运会组委会主席。面对公费举办奥运会的传统，他提出了奥运会商业运作的"私营模式"，这

不仅改变了奥运会“赔本赚吆喝”的传统，而且在没有政府出资的情况下，还赢利2.25亿美元，他把奥运会变成了众多商人眼馋的“摇钱树”。

尤伯罗斯原本是北美第二大旅游公司的老板，除了在业界小有名气，外界并没有多少人知道他。而且，他曾经还反对用纳税人的钱举办奥运会，但是由于他爱好体育，具有创办和管理大企业的经验，因此他精通公关事务。后来，他被科恩·费里国际公司聘用，并竞选奥运会奥组委主席，最后一举成功。

上任之初，没人愿意给奥组委提供办公室，洛杉矶市政府也不提供公用基金，加利福尼亚还不准奥组委发行彩票，当时真的是困难重重。没办法，尤伯罗斯只好自己掏腰包，用100美元给奥组委开了个账户。然后，他做出了一个个大胆而创新的决策——

出售奥运会电视转播权，由此获得了3.6亿美元；

与可口可乐等公司实现合作，赢得了860万美元的赞助费；

放弃了只肯出价200万美元的柯达公司，转而与日本富士公司合作，获得了700万美元的赞助；

……

通过一系列的高明决策，尤伯罗斯为奥运会筹集了大量资金。奥运会结束后，赢利2.25亿美元，一举改变了奥运会赔钱的历史。正因为尤伯罗斯对现代奥运会的贡献突出，所以，1984年，国际奥组委将杰出奥运组织奖颁发给他。

用商业的眼光，把奥运会当成一家企业来经营，这是尤伯罗斯的高明之处。他在组织奥运会期间，提出的一系列打破常规的决策，为奥运会赢利打下了坚实的基础，改变了以往奥运会靠政府出资、只赔不赚的历史，真可谓化腐朽为神奇。

当然，在企业经营中，有些决策或许不像出版商卖书那么绝妙，也不像尤伯罗斯组织奥运会那么精彩绝伦，它们或许只是一些“土办法”，但是我们却不能否认它们的实际作用。一个决策是否高明，一个决策者是否高明，要靠决策执行的结果来评判。

1993年8月，甘肃省医药管理局批准了西藏奇正藏药股份有限公司所申请的“奇正炎痛贴”的生产许可。随后，公司董事长雷菊芳开展了一场营销大战。对雷菊芳而言，营销是一个全新的领域。无奈之下，她只好采取最原始的推广办法——送药，送到哪儿去呢？送给男篮、乒乓球队、体操队女排……从各级运动队一直送到大街小巷里的平民百姓手中。

就这样，一送就是三个月。送出了几万贴，价值几十万的“奇正炎痛贴”，送得公司负债累累，送得公司油尽灯枯。不过，几个月后，送药活动收到了奇效。从1994年开始，从地方台到中央台，还有各行业的报纸，全国数十家媒体蜂拥而至，对“奇正炎痛帖”和奇正公司进行了连续报道。很快，“奇正炎痛贴”的口碑就树立了起来，求购者闻讯而至，产品供不应求，在3个月内断货4次，而奇正藏药公司也迅速崛起。

雷菊芳的营销策略非常传统，非常平常，但是事实证明，这个决策是神奇的。它在短期内为企业带来了滚滚的利润。当然，这个决策是冒险的，冒险的背后是对自己的残忍，这种“狠下心来送药”的魄力，最终也为公司带来了很好的效益。

什么样的决策才是最高明的呢？其实，只要能收到效果的决策，就是高明的决策。每个公司都有自己的特点，管理者在做决策时，一定要根据公司的具体特点、市场行情来决策，这样才能在复杂的市场中站稳脚跟，推动公司的大力发展。

6 不断更换项目，无异于一次次失血

俗话说："树挪死，人挪活。"这句话颇有道理，但是如果挪动的次数太多，往往会把树"挪死"。因为每挪动一次，都会损伤树的根系，还没等树恢复元气，你又把它挪动了，最后树一点元气都没有了，不死才怪。

其实，企业也是如此，如果频繁地更换经营项目，无异于一次次失血，这样很容易导致资源高度分散和浪费。对于资金本不宽裕的创业者而言，这是非常致命的危险。而明智的做法是，将有限的资源集中起来，继续投入到最有优势的项目上，这样往往只需度过一段艰难的时期，企业就会进入飞速发展的阶段。举个例子：

温州有个商人，在近20年的创业过程中，不断更换经营项目，先后搞过石化、保健品、饮料、采矿、餐饮和白酒等八九个项目，每个项目都是经营一两年，见没有多大的成效，就更换新的项目。结果，他每个项目都在盈亏线上挣扎。

其实，这位商人经营的每个项目都有发展潜力，只要他坚持下去，就有做大的机会。但是他赚钱的欲望太大，总觉得手头的项目赚钱少，又辛苦，于是他不断寻找"高利润"、"来钱快"、"轻松"的赚钱项目。为此，他从南方跑到北方，辗转多地，虽然认识了不少商界的朋友，但终究算不上一个成功的商人。

作为一个商人，如果试图通过不断更换项目来创造财富，那么不但容易造成资金浪费，造成无效投入，还会留下一个隐患：创业者的能力无法得到提升，企业无法做精做强，永远处于"半罐子醋"的低水平

状态。

回头看一看那些成功的企业家，他们的成功大都有一个较为长期的坚持。陈宗明能成为亚洲的钢球大王，是因为他几十年如一日，坚守在耐磨材料这一行；周夏耘能创办亚夏实业有限公司，是因为他爱上卖车这一行。如果他们遇到困难就改行，很难想象，他们会有今天的成功。所以，如果你想把企业做大做强，真正干出一番事业，就要学会专注于你的经营项目，哪怕遇到再大的困难也要坚持下去。

有个年轻人曾经营酒店不到一年就关门了，后来看到房地产行业很火热，就投资房地产，没过多久，他又卖起了整体橱柜和卫浴，做了三年，没赚到钱，反而赔了。再后来，他因为资本不够，所以不敢盲目投资。后来，他针对自己“做什么赔什么”的问题请教了一位成功的企业家，他说自己很倒霉，希望得到那位企业家的指点。

那位企业家说：“并不是你的运气太差，而是你太‘花心’，不知道自己要什么。你永远都在追市场，今天某个行业赚钱，你追上了，或许明天这个行业就不赚钱了。你总是浅尝辄止，而不是坚定不移地做一件事，把事情做精做透。这就像猴子掰玉米一样，最后往往拣了芝麻丢了西瓜。”

企业家对年轻人说：“告诉你一个坏消息：你这样做企业注定是要失败的；再告诉你一个好消息：中国很多企业的失败，都是因为不够专注，你不是最惨的人。作为企业老板，如果你能够认真思考究竟能为客户创造什么样的价值，并且始终如一地坚持做下去，那么你一定能找到自己真正爱的事业，你也注定会成功。”

做企业一定要专注，要坚持，要相信看到自己所经营的项目能给客户提供什么价值。不要抱怨行情不好，也不要抱怨运气太差，因为行情再不好，也有企业成功了。如果真的要怪，那就怪自己没有坚持做正确的事情。

专注是企业成功的基石。在这个社会分工越来越细化的年代，企业经营者一定要专注于一个专业的项目上，把它做到最好，这样自然容易成功。看看韩国、日本的企业，大部分的企业都专注于某个领域，或者专注于某一项产品线。这样反而很容易做好。所以，要成功先要做精，而不是先做大、做多。

不知你是否听过一些商业领袖、名人或企业家说过这样的话："一辈子只做一件事。"这是何等有耐力的坚持？这种坚持是在坚持自己的风格，坚持做自己擅长的事情；这种坚持是有目的、有理由的坚持，而不是盲目的、无目标的坚持；这种坚持是建立在充分的调研、分析和判断的基础之上的。只有这样的坚持，才会成就斐然。

7 看准了就下手，优柔寡断难成大事

当今社会，市场环境非常复杂，商业讯息稍纵即逝。在这种情况下，如果你发现了机会却优柔寡断，那么，大好机会就会被别人抓住。因此，决策一定要果断，看准了就要下手。这样才能乘"机"而动，乘"机"而上，乘"机"而起。

1980 年夏天，温州人周先生到上海出差，走在大街上，他发现很多人总是抱着大捆的文件夹、财务册。他感到非常奇怪，于是找了一家文化用品商店了解情况。原来，当时的上海在开展企业整顿活动，原来的办公表格、账册都要更新换代。从这一信息中，周先生看到了商机，于是果断买了几份不同格式的表格和账册，还购买了一本《上海市工业企业名录大全》。

回到老家温州苍南后，周先生马上开始制作企业管理表格，这些表格包括财务、设备、档案、物资等14类种。然后，周先生把这些表格委托给苍南一家印刷厂印刷，同时发动家人和亲友，给《上海市工业企业名录大全》上的企业邮寄征订信、表格样本、订单。在短短的半个月时间里，周先生总共寄出了8700多封征订信，花了上千元的邮费，这在当时可是一笔巨大的数目。

经过一段时间的焦急等待，终于盼来了订单。有1000多家上海企业寄回了订单，为此周先生整整忙了两个月，一共售出7万多本文件册、账册，净赚了6万余元。这在当时，6万元简直是天文数字。但是，周先生丝毫没有满足，他果断地买来了印刷机、切纸刀、装订机等设备，创办了一家文教用品厂。

1982年，周先生又抓住了上海开始评定"文明企业"的信息，加紧生产"文明企业验收台账系列产品"，然后运到上海销售；1983年，周先生又抓住国家对工业企业评定"国家一级"、"国家二级"等称号的机会，抢先为上海企业升级提供系列用品……如今，周先生已经是一个拥有500万元固定资产的大老板，每年的产品销售额超过百万。

周先生之所以能够顺利地走向成功之路，在于他有一双捕捉机会的慧眼，还在于他有敢于果断下决心的智慧大脑，更少不了他快速执行的办事风格。周先生的成功告诉我们两个经商的准则：眼光要准，出手要快。如果看到了商机，却犹豫不决，不敢行动，那么再好的机会，也无法帮你成功。

管理学大师汤姆·彼得斯说过："快速制订计划并迅速行动是一种修养。"身为企业管理者，应该具备这种修养，而且如果你想成就大事，你就必须具备这种修养。只有具备了这种修养，你才能果断做出战略决策，才能果断出击，快速制胜。

当年日本索尼推出BETA录像机时，把它定位为家用录像机，并在许多国家举办宣传推广活动。很多消费者欣赏到了BETA录像机的清晰画质，但是购买者却很少。索尼公司的竞争对手松下公司对这种现象进行了研究，发现一条重要信息：虽然索尼BETA录像机的画质很好，但是市面上流通的录像带很少，因此，把录像机买回去却没有题材多样的录像带可供播放，这就是消费者不买索尼录像机的原因。

得出这一重要信息后，松下公司立即赶赴美国好莱坞，和制片商达成了合作意向——把很多经典影片和精彩电视节目制作成VHS制式的录像带，并与制片商签订了排他性协议，规定：在合同期内，其他公司不得生产BETA制式录像带。就这样，松下公司和制片商达成了战略合作伙伴关系，获得了巨大的利润。

企业想赚钱，决策者就必须果断决策，任何拖泥带水、畏首畏尾、优柔寡断的心理，都是决策者的大忌。成功的商人往往善于审时度势，快速做出决断，果断行动起来，从而在激烈的竞争中迅速占据优势。

然而，有些人在做决策时总是举棋不定、犹豫不决。当他们发现机会时，往往会左顾右盼，看看同行的动向，又左思右想，找人商量。他们意志不坚定、对自己的眼光不够自信，过于依赖别人的意见，最后在犹豫中错过了机会，等到再回首时，才后悔不已。

每当岳小姐回忆自己的经历时，总是痛心不已。用她的话说，当时上帝给了她一个机会，但她却有眼无珠、没有勇气接受。原来，岳小姐当年看到周围的朋友纷纷辞职创业，并且取得不小的成绩后，也心动了。虽说她是个白领，但是她不甘于为别人打工。

恰好在这个时候，一个朋友找她合作创业，店铺的位置、货源、资金等都准备得差不多了。虽然岳小姐觉得这个创业项目很好，但是她还是担心万一失败了怎么办。于是她和家人商量，家人说："你没事别折腾了，好好上班吧，做生意万一赔本了怎么办啊！"岳小姐左思右想，就是拿不定主意。

最后朋友没了耐心，和别人合伙了。几个月后，岳小姐看到朋友的生意红火，每天顾客不断，她后悔莫及。到后来，那位朋友的生意越做越大，每次想到这件事，岳小姐就会无比后悔。

拿破仑·希尔说过：“不要等到万事俱备以后才去做，永远没有绝对完美的事。如果要等所有条件都具备以后才去做，那就只能永远等待下去。”不少经营者和岳小姐一样，在做决策时，总是前怕狼后怕虎，明明机会就在眼前，却没有勇气果断地去抓住。殊不知，机会只敲一次门，等你错失它之后，想追都追不回来了。

犹豫不决、优柔寡断是决策时的障碍，是行动时的绊脚石。身为企业老板，如果你不坚决消除这个障碍，你就很难在企业经营中大放异彩。或许稳扎稳打，凡事求稳的你能做出一些成绩，但如果你懂得“看准了就下手，想好了就行动”，你的成就会更加了不起。

8 适时完成战略转换，不要在一棵树上吊死

民间有一句俗话叫：“不要在一棵树上吊死。”这句话告诉我们：人要学会变通，就像《周易·系辞》中说的那样：“易，穷则变，变则通，通则久。”对企业管理者而言，要做的就是适时完成决策转换，根据实际情况调整企业经营战略，这样企业才能发展得更好。

1837 年，宝洁公司创立。最开始，宝洁公司只是一家很小的肥皂制品与蜡烛的生产工厂，创办者只有 1000 美元的创业资金，而且当时美国遭遇了严重的经济危机。按理说，当时并不适合创业，但是在两位创始人的用心经营下，宝洁公司却发展得很好，规模和实力不断扩大。他们是怎么做

到的呢？原来，他们非常善于根据实际情况调整战略决策，绝不在一棵树上吊死。

20世纪20年代，当时的电灯越来越普及，蜡烛不可避免地要退出人们的生活。这个时候，宝洁公司适时制定了收缩型战略，及时抽离了蜡烛制品的资金，在最短的时间内缩小了生产规模直至最后放弃蜡烛生产。而从蜡烛生产商抽出来的资金转移到日化产品的研发商，大大减少了蜡烛危机对企业的影响，平稳地度过了危机。

宝洁公司的战略决策调整告诉我们：面对市场形势的变化，企业应该适时做出战略调整，以适应市场形势的变化。如果保洁公司不这么做，而是坚持继续生产蜡烛，那么结果可想而知——电灯越来越普及，人们已经不太需要蜡烛了，生产过多的蜡烛卖给谁呢？可见，企业某些不符合市场需要的经营项目，该放弃的时候就要果断放弃，千万不要固执地坚守。

市场在变、企业自身的情况在变、竞争对手也在变，一切都在变化之中。既然如此，企业的战略决策不能一成不变。有些企业制定完战略决策，就闷着头去执行，就像一头只知道低头拉车的牛，不知道抬头看看路，也不知道看看远方，看看周围，走到哪里算哪里，最后不栽跟斗才怪。

长三角地区经济发达，速冻食品市场领先于全国。2004年9月的广东和2005年3月的北京，一些大型超市对速冻食品的供货商漫天压价，原本是竞争对手的郑州三全食品有限公司和郑州思念食品有限公司联手撤货，一时间引起了很大的轰动。

郑州思念食品有限公司一位管理者说："在全国连锁性超市，我们只能在其中三分之一的店面赢利，大多数都在亏损之中，如果超市还要大幅度压价，这对我们很不公平。"

尽管郑州三全食品有限公司、郑州思念食品有限公司等速冻行业的龙头企业采取决策转换，在一定程度上起到了抗争意义，但是知情人士透露，当时撤货争取到的有利政策，在随后的几年又渐渐丧失殆尽。

如今，大概有三分之二的速冻品牌在大超市仍处于亏本状态，至于众多中小品牌，几乎没有赚钱的可能。既然赚不到钱，为什么生产企业还那么热衷大型超市呢？其实，他们就是想树立品牌，追求形象。

值得欣喜的是，郑州三全食品有限公司、郑州思念食品有限公司等公司懂得撤出大型超市，知道不能在大型超市这棵树上吊死，这种做法是面对特定市场环境的战略决策转移。而那些不愿意转移战略的企业，只有打掉牙往肚里吞，忍受赔本的现实。

管理者一定要明白，企业的战略决策是一个动态的发展过程，要与时俱进。当外在的环境发生变化时，如果我们还固守着一成不变的战略，只会使我们离市场越来越远。战略决策要强调实战，而不是对产品“拍脑门”做创意、做策略，为此管理者要考虑以下三个方面的因素：

（1）战略转移要考虑宏观的市场形式，要看你的产品能否在市场需求上引领潮流；

（2）战略转移要考虑国家政策方向，企业的产品、技术等，千万不要与国家政策法规相违背；

（3）战略转移要考虑产品竞争的市场运营，企业要考虑是做市场的领导者，还是做市场的补缺者。

只有充分考虑以上三个因素，企业才能制定可操作的实战型战略决策，也才能适时完成战略转移，避免企业在一棵树上吊死，从而最大限度地降低企业风险。

第八章 Di Ba Zhang

财务管理：搞不懂财务，就当不好老板

任何一个公司，能在残酷的竞争中生存下来，背后一定有强大的财务体系做支撑。作为老板，无论企业大小，首先要对自己公司的财务状况了如指掌。财务管理的最大特点，就是可量化、精确化、可考核、可检查。只有不断推行精细化管理，控制经营成本，保证收支平衡，才能获得产值和效益的最大化。

1 搞不懂财务，就当不好老板

一个有领导力的老板，会带领一个企业走向何方呢？答案肯定只有一个，就是使企业变得更强更大。当然，并不是所有的企业都会变得非常强大，但是只要企业处于上升之中，就说明这个企业的老板是一个有作为、有能力、有领导力的老板。

俗话说得好，不想当将军的士兵不是好士兵。那么，不想成为大企业的老板也不是好老板。成功的企业总是相似的：有远见有才识的老板，齐心协力的员工，严格的管理制度，完善的惩罚制度，明确的财务系统等等，这些都是缺一不可的。但是一个企业走向消亡的原因有哪些呢？这恐怕是因人而异的。但是有一个原因至关重要，那就是，明确的财务理念。

一个老板如果实施了正确的财务理念，会给企业在以后的生存和发展中奠定更大的优势，而一个企业老板如果想要做大做强，只有在加强管理的同时，树立正确的财务理念，才能保证在以后的发展中少一些挫折。

20 世纪 70 年代，在美国有一个非常有名的个人便携式计算机公司，那就是奥斯伯乐公司。在 20 世纪，这个公司是美国硅谷里发展最为迅速的公司，甚至超过了现代声名俱佳的苹果公司。当时有许多名人都迫切想要加入奥斯伯乐公司，这个公司还受到了大使和总理们的热情接见，由当时的状况可见，这个公司的前途是不可估量的。正在这个公司如日中天的时候，公司的老总奥斯伯乐突然被告知，公司出现了亏损。这一坏消息让所有人感到意外，但是这件事确实是发生了。而且在毫无征兆的情况下发生的，这让所有的人措手不及，以至于，一夜之间让这家著名的公司倒闭了。

到底是什么原因导致这个公司突然陷入困境呢？后来经过调查显示，这个公司最大的失误便是他的财务管理失误。奥斯伯乐本人不懂财务，他本人也没意识到财务管理的重要性。以至于，在许多的非常重要的方面都缺乏必要的管理。比如：融资，投资，盈利再投资等等。奥斯伯乐的失败经历告诉我们，一个老板如果搞不懂财务，就不是一个好老板，企业注定也不会长远。

一个老板在财务管理上应注意哪几方面才能避免财务问题呢？首先，最首要的老板本人要懂财务，这样才不会在出现问题的时候束手无策坐以待毙。其次，就是要雇佣专业的财务人员。专业的财务人员知道如何制定有系统有制度的方案。再次，一定要建立完善的财务制度，一个好的制度下，企业的各个部分才会有条不紊的运作。最后，要管理好现金。现金好比企业的血脉，血脉是一个企业的最重要的管道，连接着一个公司的各个部分。

因此，作为老板，只有懂得财务，才能管理好一个公司。对于公司的财务，很多老板都习惯事必躬亲，亲力亲为。其实，这种做法在一定情况下是非常正确的，财务是一个公司的命脉，如果经营不好，不仅老板自己受损，还要牵连到公司的前途和员工，后果是十分严重的。

俗语说得好：麻雀虽小，五脏俱全。财务的运营，不能因为公司小而简化，正因为规模小、人手少，管理的工作反而相当繁杂。而作为公司的老板，却不能因为公司的小而放松对财务的监管，一定要把握自己的地位和权力，一丝一毫都不可以放松懈怠。

一个企业能在残酷的竞争中生存下来，背后一定会有一个强大的财务体系做支撑。台湾中小企业鸿海集团老总郭台铭对此就深有体会。他说：“作为老板，无论企业大小，首先要对公司的财务状况了如指掌，然后才是成为全能型人才，全面掌控公司的所有权力和责任，只有这样，才会在艰苦的市场经济中生存下来。”

他做老板的最大经验就是，作为老板，拥有支配各种资源的权力，同时也必须承担相应的责任，要掌握绝对的权力，对财务和经营负有绝对的责任，才会在困境中带领团队走出阴影，在胜利时带领团队做出更大的成就。

他还多次告诫一些年轻的老板，即使公司做大做强了之后，也不能因此而放松对财务的监管，要时时刻刻保持高度的责任心，这样才会在以后的发展中，一帆风顺。郭台铭的经验告诉我们，财务监管，实质上体现了一个老板对事业的高度责任感。其实，无论做哪一行，任何一个老板都必须发挥制度的作用。有了制度的坚实“后盾”，老板在财务监管上才会游刃有余，才会高瞻远瞩，做出有利于企业的决策。

老板，作为一个公司的领导人，所谓先“领”后“导”，如果连财务都搞不懂，又谈什么“良性发展”呢？如果连引领的能力都没有，怎么能当一个称职的老板，管理好公司的财务呢？“领”的能力就体现在责任心上，有责任心的老板，才会获得员工的信赖、赢得员工的认可，才会在员工之间树立威信，真正引领企业走向财富之路。

2 在财务问题上，除了制度和程序，不要相信任何人

比尔·盖茨曾坦言：“若有人没法进入工作状态、工作不得力，其实还好办；若你用了一个二流的人管财务，那我们的麻烦就大了。”可见，老板在选用财务人员的时候，一定要谨慎、理性，一旦被他的虚情假意所迷惑，让他钻了制度和程序的空子，就会给整个企业带来不可估量的损失。

现实社会中，有些人只要“管”了钱财，便会被权力迷得晕头转向，顿时飘飘然。事实上，这类人在管理岗位上很难呆得长久。作为老板，只有时刻保持清醒理智的头脑，才能保证用人的正确性，一旦让道德败坏、品行不端之人担任了财务管理的要职，就很可能会为企业的发展埋下一颗

定时炸弹。避不开下属的虚情假意，一味地姑息养奸，最终会为自己的愚蠢行为埋单。韩国泛洋集团的董事长朴健硕就是一个典型的例子。

为了企业的发展，作为董事长，朴健硕在集团成立后就立即把自己的大学同学韩相渊网罗了进来。从基层的普通员工，到董事长的左膀右臂，韩相渊很快就凭借着自己的“虚情假意”成为集团的核心人员。无事不可生非，然而朴健硕却并没有这样的觉悟，他已经被老同学彻底迷惑了判断，甚至把自己的家庭财务也交给了他负责。

很快，利欲熏心的韩相渊便开始借助职权之便捞取回扣，甚至利用自己的财务渠道，私自购买5艘散装货轮，这直接导致了公司周转资金困难。警铃大作的同时，作为董事长的朴健硕却并没清醒，不但没有处罚他，反而更加重用这位老同学。在上司的纵容下，韩相渊越发胆大，甚至干起了套取外汇的违法勾当，韩国政府外债数额巨大，外汇管制非常严格，为了顺利脱身，他以公司在国外发展需要美元为由，把董事长也拉下了水。东窗事发后，这位拥有着巨额财富的集团管理高层，最终付出了生命的代价。

永远都不要重用那些道德败坏、利欲熏心的蛀虫，更不要被他们的漂亮伪装所迷惑，他们即便是身怀绝技，也只会中饱私囊，丝毫不会顾及公司的利益，把财务工作交给他们管理，就等于把粮仓交给了硕鼠，又怎么可能会取得好的效果呢？

俗话说：害人之心不可有，防人之心不可无，对于企业管理者也是如此，因为一旦被下属的虚情假意所迷惑，那么埋单的不仅仅是自己，整个企业也会跟着倒霉。所以，时刻保持警惕安分的处事态度是十分有必要的，只有无事不生是非，才能尽量避免被那些有野心的下属利用。

作为老板，千万不要把财务制度当花瓶。这些制度制定出来就是为了实施，如果只是摆在高高的神龛上，对于企业的发展显然是没有任何好处的。在制度的制定和程序的落实上，不能过多地讲求形式，更不能把它当作“面子工程”。只有一板一眼地贯彻实施下去，才能真正实现其价值，从而给企业带来货真价实的实惠。

财务制度是用来实施的，老板们千万不能过分地相信经验，更不能因害怕麻烦就放任下属把财务制度当成摆设。试想，如果老张从始至终都能严格要求员工，按照制度管理财务，那么财产失窃的事根本就不会发生，他本人也不会因此而停薪留职。

3 降低10%的成本等于增加20%的利润

众所周知，追求利润是企业的根本目标，而精细化管理的本质就是控制成本。精细化管理的主体是人，客体也是人。作为老板，一定要明白：降低10%的成本，就等于增加了20%的利润。只有推行精细化的管理，充分调动员工的积极性，降低成本，扩大生产率，才能取得实实在在的产值和效益。

当然，降低成本的关键还在于管理。成本管理是一个全员参与的过程，目标就在于让组织中的每一位员工都通过个人的努力，成为企业竞争力的一个有机组成部分。一个企业只有实现了管理的精细化，就能够把成本控制到最优，因为精细化管理就是一个优化流程、提高品质、降低不必要损耗的过程。

当前，成本管理已经成为企业发展的一种趋势，也成了决定企业未来竞争成败的关键。一个企业要想“健康长寿”，做强做大，那么成本管理从粗放走向精细化就是必经之路。

王永庆在创办台塑之初，遇到了一个棘手的难题：公司生产的塑胶粉全部堆积在仓库里，一斤也卖不出去。经过一番调查，王永庆才知道，产品卖不出去的根本原因是价格太贵了。原来，王永庆刚投资生产塑胶粉时，由于生产规模有限，生产成本大约在每吨800美元左右，当时市场上的塑胶粉的售价在1000美元，有利可图。

然而，市场变化无常，当台塑建成投产后，市场上的塑胶粉的行价已经跌至800美元以下。在这种情况下，台塑的塑胶粉显然不具备竞争力。而且当时台塑的外销市场没打开，台湾本地的市场需求量十分有限。有些商家认为台塑的塑胶粉品质欠佳，所以拒绝采用。因此，台塑的塑胶粉滞销就可想而知了。

为了解决这一难题，王永庆居然做出一个让人意想不到的决定——扩大生产，降低成本。当时公司内部的反对意见非常激烈，大家主张请求政府管制进口加以保护，否则，在现有情况下，如果增加产量只会造成越来越多的产品积压。王永庆却说："靠政府保护是短视行为，是治标不治本的。台塑要想在市场上长期立足，唯一的办法就是压缩生产成本，增强自身的竞争力。"

在王永庆的坚持下，台塑开始了第一次大规模扩建，月产量从原来的100吨上升到200吨。然而，当台塑扩建增产时，日本很多塑胶厂也在成倍扩大产量，成本降幅比台塑更大。相比之下，台塑的产品成本还是偏高，市场竞争力依然微弱。

在这种骑虎难下的境地，王永庆是怎么做的呢？他决定继续增产。不过，增产多少呢？如果只是增产一点点，台塑仍然会很被动，倒不如一步到位。为此，王永庆召集公司高层管理会议，而且聘请了外国顾问共同商议对策。最后，王永庆决定将台塑的月产量增至1200吨。这一数字把在场的所有人都惊得目瞪口呆，他们怀疑是不是听错了。

事实证明，王永庆降低成本、增加产值的做法是十分正确的。1960年，台塑的月产量激增至1200吨，成本大幅度降低，其产品具备了相当的竞争力。从此以后，台塑的产品不但垄断了台湾当地的市场，而且漂洋过海，在国际市场上也站稳了脚跟，并逐步扩大了自己的市场占有率，最后成为世界塑胶业的霸主。

20世纪末，由于新食品公司的不断出现，食品行业的竞争非常激烈。但是，雀巢公司却没有对这种状况做出适当的反应，以至于，雀巢公司的领军产品——速溶咖啡的销量降低3%。当该公司意识到问题的严重性而采取行动的时候，已经错失了良机，无法获得原来的市场份额。雀巢公司当时暂时的失利就是因为没能及时针对问题做出决策，不能迅速适应变化了的市场。后来，新的领导人毛歇尔上任，只做了一件事：那就是大幅度削减堆积如山的书面报告，裁剪冗员，控制产品成本。经过一段时间的整顿，雀巢公司终于开始复苏，恢复生机，提高了销量。

可见，降低成本才是针对企业病症的关键良药。一个企业老板，要想针对问题适时做出成本增减的决策，首先就得要掌握大量的信息。掌握信息才能够分析市场，做出正确的判断，以至于及时做出决策，不影响成本决策的机遇。

本世纪最初的几年，日产汽车奄奄一息，面临破产的危机，后来他们请来卡洛斯·戈恩担任总裁，没过多久，日产汽车奇迹般地起死回生。截止2003年度结算时，日产汽车更是创下史上最高收益的佳绩。戈恩先生一举成名，并被奉为新一代“经营之神”，获得日本政府所颁发的蓝绶勋章。

事实上，卡洛斯·戈恩只是做了他该做的事情。要知道，当公司的利润不足时，原因不外乎成本太高、定价太低这两个，在产品定价没有问题时，那只有想办法降低生产成本。如何降低生产成本呢？那就要先分析一下当前日产汽车公司的生产和经营过程中成本主要有哪些，哪些方面的成本过高了，哪些方面的成本是可以降低的？然后制定降低生产成本的办法，坚决落实到位，从而降低企业生产成本，达到增加企业利润的目的。

行军打仗要有勇有谋，经商做生意或理财投资，同样需要核算成本，降低投入。就市场投资来说，不同的人投资有不同的投资需求。有些人投资是为了升值，风险承受能力较强，可以购买股票，或投资实体产品；有些人投资是为了保值，风险承受力较弱，可以购买理财保险或基金。但要记住的是，无论你的风险承受能力如何，你都应该把保本作为投资的底线。任何时候，盲目地投资，置成本损失于不顾，都是愚蠢的做法。

4 聘用一名优秀的财务主管

作为老板，每天都要面对复杂的经营管理工作，应对各种难题和挑战。只是个人的才能和精力往往是有限的，“光杆司令”未必能应付复杂多变的工作，将每一笔账都算得清清楚楚。如果老板身边有一名优秀的财务主管，那才是如虎添翼。

优秀的财务主管，往往是一个企业的财富。他能够成为管理者的左膀右臂，对整个公司的财务工作发挥有效地协调、提醒、补充作用。作为老板，在激烈的竞争中扮演的角色，不仅是让自己始终以高姿态站在企业的最高处，还要打造一个强有力的“嫡系部队”来为自己保驾护航，财务主管自然不可或缺。

管理者没有精力和时间去管控企业的每一位员工，也不能把企业的一切事物都揽入怀中。给自己配好副手，不仅能得到好的参谋，更能利用他们去管控几十人、几百人甚至上千人。管理者不用是全才或者专才，只用当一名帅才，去管理庞大的经济王国即可。

长江集团的巨大成功，很大程度上得益于李嘉诚招揽的智囊团。李嘉诚说：“假如今日没有那么多人替我办事，我就算有三头六臂，也没有办法应付那么多的事情，所以成就事业最关键的是要有人帮助你，乐意跟你工作，这就是我的哲学。”在长江集团有“两大元老、三驾马车”的说法。

两大元老，即长江集团的另外两位合伙人——盛颂声和周千和。盛颂声是管理能手，负责生产工作；周千和是会计能手，管理财务工作。三驾马车指后起之秀霍建宁、周茂年、洪小玲。霍建宁擅长理财，主要负责财务策划；周茂年由李嘉诚从小培养，全面负责房地产发展业务；洪小莲则一手撑起集团楼宇销售的重任。正是有这一大批高端人才的辅佐，李嘉诚才能在一次又一次的商战中大获全胜。

可以说，长江集团的成功，与这几位优秀的财务主管的付出是密不可分的。有些老板自尊心非常强，如果发现主管比自己能力强，心里会非常不舒服。聪明的老板则有海纳百川的胸怀，他们总是有办法让那些比自己能力强的主管，在自己手底下心情舒畅地工作。广告大师奥格威："用人的最大失误就是没有任用比自己高明的人。如果你永远聘用不如你的人，我们就会成为侏儒公司。反之，如果你永远聘用比你高明的人，我们就会成为顶天立地的巨人公司。"管理者不聘用优秀的财务人才，公司将止步不前，在激烈的商战中，这就意味着退步。

阿里巴巴的总裁马云说过："一个创业者一定要有一批朋友，这批朋友是你这么多年来用诚信积累起来的，越积越大。"在阿里巴巴的成功历程中，曾经历过弹尽粮绝的危难时期，但是一个人的出现让阿里巴巴起死回生，这个人就是马云一直欣赏的 CFO（首席财务总监）——蔡崇信。

蔡崇信是什么人物？他为什么能挽救阿里巴巴呢？这就要从蔡崇信的背景说起。原本蔡崇信在瑞典 AB 投资公司担任副总裁一职，他代表风险投资公司和马云谈投资，结果被马云的魅力征服了，临阵倒戈，跟着马云创业，在阿里巴巴做了财务总监。蔡崇信作为一名风险投资专业人士，他的加盟不只是给马云带来了一个财务人员，更是带来了一张"金融网络"。因为蔡崇信长期在香港工作，在香港有很高的知名度，所以，他加盟阿里巴巴马上引起了香港投资界的关注，阿里巴巴的人气，随着蔡崇信的加盟也骤然猛增。

这就是一个优秀的财务主管所带来的巨大效益。然而在很多小公司，老板们往往出于各种考虑，不愿意任用那些有棱角的、能力超过自己的财务人员，盲目认为他们会打破公司的内部平衡，结果造成财务状况一塌糊涂的尴尬局面。

殊不知，聘用一名优秀的财务主管，关系到公司发展大计。对于开放式运作的公司，一个平庸的、能力低下的财务人才，很可能伤害到整个公司的利益。所以，老板一定要有准确的眼光和宽广的胸怀，及时聘用和挖掘优秀的财务人员，并让其成为自己的左膀右臂。

5 用严密的制度堵住一切财务漏洞

有人说："堵住财务漏洞的最好办法，不在管人，而在制度。"一个好的老板要学会放风筝。风筝的这头是老板，风筝的那头是员工，而连接老板与员工的那根线，则是制度。

霍布斯在其著作《利维坦》中指出，"制度"被视为约束个人的自利行为、防止社会落入自然状态的重要手段。这并不难以理解，在一个相对约束的集团人里，每个人都愿意获得更多，但是获得不能建立在他人的损失之上。现代社会已经摆脱了丛林法则，而摆脱的方法就是通过制度的制定。

以加尔布雷斯和缪尔达尔为代表的后制度主义者，在旧的制度主义的基础上，提出了一种替代新古典"经济人"假设的"规则人"假设。他们认为，大到国家财政，小到民营企业，按照既定的规则和制度行事，才是防止一切财务危机的根本办法。

真功夫是知名的中式快餐品牌，至今已有16年发展历史。它是中国直营店数最多、规模最大的中式快餐连锁企业。它是由两大创造人合伙创造的，一个为蔡达标；另一个为蔡达标前妻的弟弟，两个人分别为真功夫公司的两大股东。之前的两个人的合作还是非常顺利的。但是后来，蔡达标与妻子离婚，妻子自动放弃股权的25%，但是后来她不甘心放弃股权，状告蔡达标，想要回当时的股份。随后，其弟也开始上告蔡达标，并要求公开真功夫内部的财务账册。2011年蔡达标被捕。在此后不久，公司用于存放公章、财务章的两个保险柜被盗，从此内斗开始进入白热化的状态。

显而易见，真功夫公司经过此次内斗，必定元气大伤。因为，发生在内部的战争，最容易在企业当中，如果有人用心险恶，欺骗上级，上级领导往往不能轻易察觉，很容易上当，这样，内部敌人在下面作威作福，最终会造成巨大的损失。

可以说，财务管理上的人情化、虚拟化，导致了企业内部的分化和紊乱。一个企业必须要有严密的制度体系，例如人事制度、财务制度和考评制度。制度的存在就是为了限制下级和上级的行为，让他们不能够为所欲为，从这个角度讲，财务制度才是最核心的制度。这时候，老板的作用更像是一个看不见的手。当制度太过紧绷，让员工喘不过气来的时候，老板就适当松松手；当员工飞得太高，老板就拉拉绳子，不要让线断掉。老板不需要亲自去管每一分钱，也不需要时刻调整制度、制约员工的行为，老板所要做的就是在适当的时候采取适当的手段，保证财务收支的基本平衡。

企业管理最忌讳的就是差不多，员工的工作要求是怎样就是怎样，如果处处都是差不多，企业的财务漏洞只会越来越大。对于老板来说，越是模棱两可的环节，越不能打马虎眼，因为这些地方往往最容易出问题，只有尽早实现财务制度的严密化，才能避免因为制度漏洞而给公司造成不必要的损失。

从专业角度上来讲，财务制度化的前提是目标本身一定要清晰，可量化，即可度量，可考核，可检查。任何一项工作本身都不可能是模棱两可的，所谓的“模棱两可”不过就是工作内容不好量化，检查工作比较费时费力，但这并不能成为我们拒绝制度的理由。

李明是一家塑料生产企业的生产部经理，自企业成立以来，废品率便一直居高不下，而且成品也常常因达不到客户要求而产生投诉问题，这直接造成公司上半年的财务危机。为了改变这一不利的局面，他亲自解决客户的投诉，并试图找到财务危机背后的根本原因。

通过收集的数据显示，超过80%的客户不满意的原因是塑料成品中有明显可见的杂质。找到了问题根源后，李明便亲自来到了生产车间，然而询问了几名员工之后，他便发现了一个明显的制度漏洞。尽管生产制度中有“有明显杂质、污点的产品视为废品”的规定，但为了降低废品率、提高利用率，对于那些不太明显的杂质和污点，质检人员也就睁一只眼闭一只眼。

什么样的杂质、污点才算明显，什么样的才算不明显呢？显然每个员工的衡量标准都不同，正是这种模棱两可造成了客户投诉。越是模棱两可的事情，越应该制度化，找到问题根源的李明，马上细化了生产制度，要求杂质、污点的直径等于或大于1mm的产品均视为废品，为此他还专门给每位生产以及质检人员配备了高精度的尺子，以方便大家贯彻执行。

事实证明，李明的这种做法是十分明智的，原来模糊不清的成品衡量标准实现了制度化，有明确详细的条款可循，这样一来不仅保障了产品的质量，也避免了公司财务亏空的扩大，实在是一举两得。

任何一个企业在财务管理上，都存在相对模糊的区域。作为老板，千万不能任由这些事情模棱两可下去，一定要尽可能地实现制度化。对于那些很难用硬性制度去约束的工作环节，硬制度不好管控，不妨采用软制度，即借助客户满意度打分的方式来进行工作监督和检查。

6 合理安排经费预算

有人说，经费预算就像一根缰绳，抓紧了它，才能确保公司的整个发展方向不跑偏。在现代商业体系中，经费预算是不可忽视的重要一环。有些企业在财务预算管理过程中，急功近利，争做“短跑冠军”，不愿做“长跑健将”，导致预算指标与企业长期发展战略不相适应，最终给企业带来了不可估量的损失。

目前，国内的很多企业只是把经费预算作为调节管理者意向的手段，而不是实现企业发展战略的工具，这是十分可悲的。许多企业的预算管理效果并不理想，预算的编制和实施也没有起到提高效率、渗透企业战略目标的作用。一些老板没有长远的发展目光，在他们看来，在预算保证书上摁个手印，责任状上签上名字，基本上就万事大吉。有些企业的业务招待费、会议费支出相当庞大，表面上每年有预算，其实年年在上升、在超支。

事实上，很多企业往往不是倒在了艰难期，而是垮在了顺境时的狂妄自大中。这是有原因的，前期积累的资本和成功经验使管理者们由自信变得自负，进而促使他们制定了自身实力无法支撑的扩张战略及经费预算。妄图一口吃成大胖子，以致最终马失前蹄，巨人集团的史玉柱就曾犯下过这样的错误。

1993 年，巨人集团得益于所推出的 M－6405 桌面系统、中文笔记本电脑等多种产品，而获得了 3.6 亿元的年销售业绩，成为当时仅次于四通公司之后的中国第二大民营高科技企业。史玉柱也因此被评为“年度中国十大改革风云人物”。同年，广东房地产大热，珠海也在修建大港口、跨海大桥、大机场，史玉柱就此判断，珠海将来会成为深圳那样的国际大都市，于是决定建一座巨人大厦。从最开始计划盖 18 层，到后来的 38 层，再到后来的 54 层、64 层，最后史玉柱在开工典礼上竟然说：“巨人大厦要盖 72 层。”他想把巨人大厦建成中国第一高楼。

对于这样的决策，《经济观察报》是这样评论的：“只有 1 亿流动资金的史玉柱，却要建造一个总预算 12 亿的巨人大厦，这注定是一个过热的举动。”史玉柱表示，当时他没有申请一分钱的银行贷款，全凭自有资金和卖楼花的钱支撑着。到了 1996 年，巨人大厦在建造中资金告急，史玉柱不得不把保健品方面的全部资金调去用来修建巨人大厦，结果导致保健品也因资金严重不足而陷入绝境。

1997年初，巨人集团又出现了严重的财务危机，在外的3个多亿应收款由于资金断流而无法收回，建至地面3层的巨人大厦被迫停工，而购楼者纷纷要求退款。最终，史玉柱成为负债2.5亿元的“中国首穷”，这一状况直到4年后才有所改变。经过商场的一番风雨洗礼、痛定思痛，史玉柱认真反醒了自己，吸取了教训，这才创造了今天的辉煌事业。

史玉柱之所以在企业的壮大道路上铩羽而归，最主要的原因在于：他没有从企业的经济现状和生存环境出发，合理地安排经费预算，以至于造成入不敷出、财务失控的局面。

老子曰：“知人者智，自知者明。”聪明的人，明白资金有几斤几两，也知道什么时候该听别人的意见，什么时候该坚持自己的主张，他们的脑袋永远是清醒和理智的。他们充满自信，但是绝不会认为自己无所不能；他们知道自己的优点，也清楚自己的弱点，这才是一个老板应该具有的成熟。

詹森维尔公司创立于1985年，是一家典型的美国式家族企业，创业之初资金有限，规模很小，但是发展速度却相当惊人。那么，詹森维尔公司发展的秘诀是什么呢？其实，就在于公司实行了合理的经费预算方案。

通常来说，公司的财务预算都由财务主管、财务人员来制定，但是詹森维尔公司却把制订预算的任务交给了一线的工作人员。由于一线人员对实际情况更为了解，因此，他们的预算计划最切合实际。一段时间后，一线的工作人员就通过网络课程学会了预算，财务人员只要负责基本的把关即可。这样，既大大提高了财务人员的工作效率，又充分调动了现场员工的工作热情。如此一来，在自行制订的预算指导下，当生产线上需要增添新设备时，他们会写一份报告并附上一份自己完成的现金流的分析文件，向财务主管证明添置设备的必要性和可行性。

自从实行了合理的经费预算方案以来，詹森维尔公司的经营形势一片大好，公司每年的销售额都保持15%的增长速度。这远远超出了公司创始人创办公司时的预期，后来公司的创始人塞塔尔深有体会地说：“若不是确立了合理的经费预算方案，公司也不可能会有今天的成绩。”

在公司的经费预算上，老板必须是主动的。只有广泛征求员工和专业人员的意见，树立“以人为本”的财务管理理念，才能彻底解决经费支出过度的问题。越来越多的管理实践表明，财务预算从编制、执行到管理，不纯属是一种财务行为，而是固定预算与弹性预算相结合、理论与实践相结合的立体化项目。

7 灵活理财，别把鸡蛋放到同一个篮子里

在理财业内，最常听到的一句话就是“不要把鸡蛋放在同一个篮子里”。因为鸡蛋是易碎品，如果放在一个篮子里，一旦篮子打翻，篮子里的鸡蛋就很可能全部打碎。同样的道理，在资金运作的时候，如果把所有的资金都用来购买一种投资产品，也是一件风险非常高的事情。因此，明智的老板们往往会把鸡蛋放在多个篮子里，以降低理财风险。

世界上最出色的商人——犹太人，经商的独特之处就是有钱也不存银行，除非穷到一分钱都没有。他们很清楚地算过这笔账：银行存款的确可以获得一大笔利息，但是物价在存款生息期间会不断上涨，物价的上涨率和银行存款的利率几乎是相等的，存钱实质上没有多大的收益。所以，犹太人有了钱要么投资实业，要么放贷，他们绝不会把鸡蛋放到同一个篮子里。

中国有句很有哲理的投资箴言：“有钱不置半年闲”，投资理财应该合理地使用资金，千方百计地寻找投资回报率高的项目，用钱来赚钱。钱，这种可用来赚钱的有效资源，将会在特定条件下发挥增值功能，一生二，二生三，源源不断。金钱不能在银行里“睡觉”，通过投资让钱生钱才是

财富之源；否则，即使有再多的钱，也有坐吃山空的时候。即使他们将钱暂时存入银行，也不是因为钱存入银行能生利息，而是将银行当作一个保险柜使用而已。

无论是购买投资产品，还是实体投资，老板要想靠钱赚钱，就需要有胆有识，有勇有谋，唯有讲究策略，投资才有希望成功。有些小老板往往不怎么考虑，头脑一热，就决定投资。比如，购买股票、基金、黄金等，再或者投资实体店，开服装店，开精品店等等，以为开了个店就可以发财致富，就可以安稳地当老板。结果店是开了，却没有什么生意，最后赔了钱，耗费了精力，到头来白干一场。

李青厌倦了朝九晚五的职场工作和生活，想开一家服装店，做一份属于自己的事业。当他把自己的想法告诉好朋友宋楚时，引起了宋楚的强烈赞同，宋楚说："可以啊，我也不想上班了，我们一起投资开店吧！"两人一拍即合，每人拿出2万元，一个负责去浙江洽谈进货事宜，一个在家负责租店面，装修店铺。两人分工明确，很快服装店就开张了。原以为可以在店里坐等财源滚滚来，却不料在服装店开张的一个月里生意惨淡，思来想去，李青和宋楚也找不出原因。因为每天来店里逛的顾客并不少，但是真正购买他们服装的顾客寥寥无几。他们的店面在步行街的街口处，按理说这个位置很好，为何没有生意呢？

后来一位顾客说了一句话让李青和宋楚恍然大悟："走，去里头看看，里面还有很多店，说不定还有更好的衣服呢！"他们马上意识到在街口开店是不对的。因为中国人买东西喜欢货比三家，往往不会轻易做出购买决定，而是多逛多看，这就导致街口开店，顾客入店率较高，但是成交率不高。之后他们果断地把店面转出去，在步行街的中间路段高价租了一个店面，继续经营服装，果然，生意比之前好了很多。加之他们的服装款式种类多，价钱也比较合理，因此，吸引了不少客户。

在李青和宋楚身上，我们看到了热情和勇气，却没有看到理智和谋划。他们投资开店，完全凭借一腔热血，开店之前，没有实地调研，没有任何开店经验，导致盲目选址，造成生意惨淡。其实每一个投资者都应该明白：只有把资金投资到不同类型的理财产品上，才能有效地分散投资风险。当然，对于资金量较小的投资者，分散投资难以实现。在这种情况下，可以选择最佳的一种理财产品。

一些小老板盲目自大，以为自己有足够的判断力，殊不知他们总在思考判断与搜集信息的过程中，被人性的情绪起伏所左右，并没有真正尊重自己的投资原则，所以易陷入投资亏损的境地。万女士是理财投资行业的果断行动派，她经历了多次投资理财活动，深谙合理分配投资项目，分散投资风险的道理。尽管她有不少的财富积累，但是她不会盲目投资，因为她有投资失败的惨痛教训。

2007 年，万女士见股市行情很好，一股脑儿地买了一只股票，并且仅此一只，这支股票几乎把她所有的积蓄都压了进去。她持有这只股票一年多，看着股票涨势不断，她心中充满了期待。然而，股市行情瞬息万变，一年后，这只股票频频下跌，回涨势头渺然无期，万女士没办法，只好忍痛割爱，卖出这只股票。这次投资，万女士赔了 20 万元，但买了一个教训——不要把鸡蛋放进一个篮子里。

从那以后，万女士学乖了好多。她开始合理分配自己的投资项目，把 70% 的投资资金用来购买固定收益类的产品，仅用 30% 的投资资金用于购买股票，以分散风险。由于投资资金分配合理，投资风险降低了很多，每年依然可以获得不少稳定的投资收益。万女士说："对我来说，现在最重要的是我的养老金和孩子的教育费用。因此，我不能再像当年那样孤注一掷，必须稳扎稳打地投资。"为此，他购买了收益性保险，还给儿子购买了教育基金。

迄今为止，世界上没有一种投资是只赚不赔的，因此，只要是投资，就是有风险的，就需要谨慎考虑。不同的投资，其风险的大小是不同的，收益率也是差别巨大的。通常来说，稳定性的投资产品，比如收益性保险、基金等风险较小，但收益率相对低一些；灵活性的投资产品，比如股票，其风险较大，但收益率也会更大。所以，在投资的时候要理智选择，充分权衡和比较。

所以奉劝那些自以为是的老板们：不要把鸡蛋放进同一个篮子，以免“一损俱损”。鉴于此，不妨为你的“鸡蛋”多准备几个篮子，也就是说在购买投资产品时，不妨多买几种产品，既有固定收益性的投资产品，也有高风险高收益的投资产品，这样搭配起来，既能保证收益，又能降低风险，可谓万全之策。

8 居安思危，资金周转要早打算

有这样一个故事：一只野狼趴在草地上磨牙，狐狸看到后，就对它说：“天气这么好，大家都在娱乐，你怎么在磨牙？来吧，和我们一起去玩吧。”狼没有理睬狐狸，继续磨牙，它把牙齿磨得非常尖利。

狐狸感到奇怪，就说：“森林这么安静，猎人和猎狗早就回家了，老虎也不在附近，根本没有危险，你何必那么费劲地磨牙呢？”狼停了下来，说：“我磨牙不是为了娱乐，而是为了有一天当猎人或老虎追赶我时，我好用锋利的牙齿保护自己。现在不磨，到时候再想磨就来不及了。”

洪水未到先筑堤，豺狼未来先磨刀。野狼的故事告诉我们：在危机还未爆发之前，要有危机意识，要懂得居安思危、未雨绸缪。企业的命脉是资金，是钱，提前做好资金周转的打算，一旦危险突然降临时，就不至于手忙脚乱。反之，如果平常不做好资金周转的准备，一旦经济危机降临，再去四处融资，恐怕为时晚矣。

张先生年轻的时候因学习努力、聪明能干、智慧过人、时逢机遇，通过创业顺利走上了一条发家致富之路。他用了不到5年的时间，就把一家从当初注册资金10万元的公司发展成年收入1000万元的公司。一时间，他被行业内人士崇拜，频繁被媒体报道。

从来没有被如此关注的张先生哪经得住这样的追捧，他开始飘飘然起来，慢慢地，他变得自以为是，认为自己无所不能。他不仅买豪车、购豪宅，出入高档会所，在灯红酒绿的地方与女人厮混，还开始浮躁起来，他不再踏踏实实地经营实业，而是炒股、炒房，想着各种投机的办法。不到两年，他在股市和房市中就赔了很多钱，加之公司效益糟糕，最后他不得不宣布公司破产。

曾经风光的张先生在短短两年时间内，就葬送了自己的事业，这不得不叫人惊讶。每当他回想起自己的创业经历时，都会充满悔意地说："如果我不得意忘形，不狂妄自大，如果我能踏实地经营公司，早早做好资金周转的准备，也就不会有今天的结局……"

如果张先生当初多一点危机感，在资金的利用和周转方面多一些考虑，也许不会有后来的结局。他的故事告诫我们：当你取得一些成就时，不要得意忘形，不要沉浸于辉煌之中，而要居安思危，尤其在市场风云突变的今天，一定要稳扎稳打，赚好每一分钱，运作好每一分钱。

俗话说得好："创业容易，守业难。"也许你已经创业成功，也许你已经万贯家财，但是请不要忘记你是怎样成功的，你还有一大笔钱仍"流动"在市场上，也许有一天，你会因为失去那笔钱，而丧失对整个市场的信心。作为老板，时刻都不要忘记居安思危。否则，再辉煌的成就，再多的资产，也会在你得意忘形的自大面前化为灰烬。

红豆集团的总裁周海江，曾在公司的内部会议上说过这样一句话："一个人多长时间没有危机感了，这个人就多长时间没有进步了，一个企业也同样如此。因此，我们要时刻有危机感，要居安思危，企业才会没有危机，才会进步。"在周海江看来，一个人、一个企业无论取得怎样的成就，都不能缺少危机意识，这预防危机和降低危机成本的唯一办法就是周转资金，理性投资。他表示，红豆集团如今之所以发展得很好，就是因为一直保持危机意识。集团内有专门的投资部分，他们对于资金的周转和利用格外谨慎。在资金的管理上，周海红也从来不敢松懈，而是一再地加强和完善。

作为老板，你是否知道企业有一天会被危机吞噬呢？如果你有这样的意识，不管危机离你有多远，从现在开始就着手准备，那么就能很好地应对危机、战胜危机。任正非经常说："公司所有员工是否考虑过，如果有一天，公司销售额下滑、利润下滑甚至会破产，我们怎么办？我们公司的太平时间过得太长了，在和平时期升的官也太多了，这也许就是我们的灾难。面对这样的未来，我们怎样来处理，我们是不是思考过。也许危机就快来临了，居安思危，不是危言耸听。"

正因为华为的管理层有强烈的危机意识，才能及时发现自身的不足，及时建立起安全的资金周转体系，促使公司不断创造突破性的发展。根据权威机构的预测，到2020年，华为集团的全球收入将达到1000亿美元。一个成功的老板，必须在企业发展顺利、前景看似一片光明的时候，郑重地提醒自己：今天的成功并不意味着明天的成功。

当一家企业发展到一定的高度后，如果不能及时预见危机的到来，那么这一高度很可能就是企业没落的开始。据《财富》杂志报道，比尔·盖茨就经常告诫自己的员工："微软离破产永远只有18个月，我们丝毫不可懈怠。"我们姑且不去追究18个月是什么概念，但是从富可敌国的比尔·盖茨身上，我们看到了对于财富和资本的关注，看到了强烈的危机意识和紧迫感。

可以说，理性、预先的资金周转，是应对危机的最好策略，很多企业之所以能够在危机中顺利抽身，就是因为他们懂得规划资本构成，预判市场风险。对老板来说，一定要警惕市场这条大鳄，要学会得意时不忘形，成功时不自傲，周转好每一分钱。

在现代商业社会中，任何一个企业都可能遭遇挫折和危机。实力雄厚的微软公司尚且能够居安思危，我们的中小企业还有什么资格骄傲自满呢？所以，保持危机意识，在产品、管理和营销方面不断创新、不断突破，在资本周转方面不断跟进、不断精细，才是企业管理者应该做的。

第九章 Di Jiu Zhang

授权管理：管头管脚，但不要从头管到脚

权力是管理者依仗的最大资本，有了权力之后，管理者才能实施有效的管理。但有时权力过分集中，反而会酿下祸患。身为管理者，一定要明确自己的角色定位，要“有所为，有所不为”。领导者授权的成功与否，从大的方面来讲，决定着企业的兴衰成败；从小的方面来讲，关系到工作能否顺利开展。

1 领导者不能事必躬亲，必须有所为，有所不为

在很多企业中，尤其是中小企业，由于刚刚起步，为了节约用人成本，很多事情领导者都会亲自去做，一人多能，一人多职的现象十分常见。随着公司慢慢发展壮大，有些事情不需要他们去做了，但是他们已经养成了事必躬亲的习惯，觉得谁做事都不放心。结果，因为需要做的事情太多了，领导者往往迷失在繁杂的事务里，效率低下。

其实，真正做大事者应该“有所为，有所不为”。面对企业管理的众多繁杂的事务，应该清醒地认识到：哪些该“为”，哪些该“不为”。对于那些应该自己做的事情，努力去做好，对于那些不应该自己做的事情，授权给他人去做。这样，领导者才能真正从繁杂的管理中解放出来。

身为领导者，一定要明确自己的角色定位。不是什么事情都必须管，你要做的就是管好该管的事情。至于那些不该你管的事情，尽量放权让员工去管。

领导者要“有所为，有所不为”，这句话说起来容易，做起来却很难。因为不论“为”还是“不为”，始终都是围绕着利益和权力在打转，关键看领导者能否跳出利益与权力这个层面，以更高远的眼光、更宽广的胸怀、更深邃的思想来面对工作中的问题。哪些事情要“有所为”？哪些事情要“有所不为”？说到底，这其实是一个集权与分权的关系问题。

优秀的领导者往往把主要的精力放在“做决策”和“用人”上，他们认为做好了这两项工作，就能全盘性地把握大局，至于那些具体性的事务，他们不会牵扯太多的精力，而是大胆地交给下属去办。在“有为”与

“无为”中把领导与下属拧成一股绳，实现最大合力。

有一位企业家管理方式很简单，他只过问三件事：财务状况、产品质量、市场反馈。他认为这三件事关系到企业的命脉，把关好这三方面的事务，公司就能稳步地发展下去。也正是因为他敢于放手那些小事，他才有时间悠闲地旅游和打球。

这位企业家的做法是高明的，他没有被纷繁的企业管理事务和市场乱象所迷惑，而是抓住了经营的几个关键点，而后把更多的时间放在关乎企业生死存亡的大事上。这样他才能跳出企业这个庞杂的“局”，用乐观、冷静、理智的思维去思考企业的未来。

美国投资大师乔治·索罗斯就是这么做的，他对部下采取“放任”的态度，把公司的很多事情都交给员工去打理。他鼓励员工“先斩后奏”，经常对员工说：“很多事情你们自己拿主意就好，不用事前向我请示，如果每件事情都向我汇报会错失掉很多时机。”索罗斯为什么大胆放权给员工呢？其实，这与一件事情有很大关系。

有一次，索罗斯从国外出差回到办公室，还没坐下来，秘书就抱着一大叠文件过来让他签字。这些文件都是他出差的日子里积下来的，索罗斯翻看了文件之后，发现里面有几个文件还非常重要。索罗斯非常生气地质问道：“部门的经理都在忙什么，这些文件为什么不让他们签，你知道耽误的几天浪费掉多少机会吗？”

秘书一脸委屈地答道：“这都是你自己定下的制度，每份重要文件都必须交给你亲自过目。”

索罗斯听后，马上想起他曾经在一次会议上说过这句话，顿时觉得自己真是搬起石头砸自己的脚。于是他立即召开部门经理会议，向大家宣布了一个重要决定：“除非碰到你们没有办法解决的问题，否则不要耽误我打球的时间。”

从此，秘书再也没有抱着成堆的文件来找索罗斯签过字。

有时候，索罗斯会自我解嘲道：“这帮家伙都把我晾在一边，不再理我了。”正因为索罗斯懂得有所为，有所不为，懂得下放权力，他才能有更多的时间去思考公司战略层面上的问题。

当然，下放权力给员工并不意味着管理者对员工的工作进展不闻不问，任由员工“胡作非为”，而是让员工主动承担起属于自己的责任。管理者只有做到了这点，员工才能有机会获得成长，也才能让自己告别“穷忙”一族，更好地去思考和把握企业发展的大局。

2 领导的任务不是替下属做事

孔子在《论语》中讲：“在其位，谋其政；不在其位，不谋其政。”指的是不去做不该做的事，这样才有时间和精力去做该做的事。可是很多管理者不明白这个道理，他们以为做得多就等于效率高，自己“一肩挑”，把下属该做的事情也做了，就能赢得下属的敬佩。如果真是这样，要下属干什么？还不如让老板一个人干。

王强是某公司的企划部总监，每当他和朋友谈及近况时，他就会说：“最近忙死了，公司有新品上市的企划，我要做产品定位、广告创意、软文写作、上市活动设计、物料制作等等一大堆的事儿，我还要巡视市场、拟定促销方案、媒体购买和执行促销活动……”

朋友们感到奇怪，就问：“你是部门的领导，你手下还有一帮人呢？他们干什么去了？怎么都由你来干呢？”

“他们？别提了，他们有他们的事做，况且这些事他们也做不了……”

事实真是这样吗？当然不是，现在我们就来看一看，当王强忙碌时，他的下属们都在做什么。

当王强坐在电脑前面苦思冥想几个小时，只为写一个企划案时，他的下属们已经浏览了很多网页，然后在互联网上看了一场长达两个小时的NBA直播；当王强为了制定一份新的市场管理制度，把头皮都抓破了时，他的下属们已经聊完了国内明星的花边新闻，开始将话题转移到科比的风流韵事上了；当王强为了一份印刷品、几样物料、一则报纸广告，多次往返于公司与印刷厂、广告公司、报社之间时，他的下属们正在办公室吹着空调，吃着零食，天南海北地神侃瞎聊。

为什么王强不将手头的工作分一部分给下属做呢？他完全可以安排下属做市场调研，安排下属负责软文写作，安排下属拟定促销方案。难道他担心下属做不好？如果他的下属连这些技术含量较低的工作都无法胜任，那当初公司又为什么经过层层删选，将这些人招入他的部门呢？

请不要笑话王强，因为很多管理者和王强有类似的表现——上班比谁都早，下班比谁都晚，做的事比谁都多。整天忙得晕头转向，而他们的下属却闲得没事可做，只好通过上网、游戏、看新闻、聊天来打发时间。管理者为什么有那么多事情要做呢？因为很多原本不属于他们的事情，都被他包揽下来了。说得更明白一点，他们在做自己应该做的管理工作的同时，还在任劳任怨地替下属做事，“敬业”精神可见一斑。

可是你想过没有？公司给领导者招聘助手和下属，原本是想减轻领导者的工作压力，让他们从繁琐的事务中抽身出来。但是令人想不通的是，有些领导者骗偏不领情，偏要替下属做事，好像只有这样才能在下属面前显示自己的才能。那么，领导者到底为什么会替下属做事呢？细细分析一下，有这样几个原因：

（1）担心下属的能力太差，不信任下属

就像父母永远不放心孩子一样，有些领导者永远都不放心下属，他们对下属没有信心，害怕交给下属任务，下属无法胜任。因此，很多事情他们能做就替下属做了。可能你会问：“为什么他们不教一教下属呢？”因为他们会想：与其教下属去做事，不如我亲自动手，省得费时费力。

比尔·翁肯是美国著名的管理顾问，他曾提出过一个十分有趣的理论——背上的猴子。在这个理论中，“猴子”指的是每个员工应负的职责。管理者要做的就是给下属分配职责，组织他们完成自己的职责。可是很多管理者却把下属的“猴子”背到自己身上，亲自为下属承担职责，结果累坏了管理者，下属也没有得到锻炼和成长，继而他们失去主动性和独立性。管理者替下属背猴子的做法是不可取的，因为这样会打击下属的工作热情，最后导致有才能的下属流失，剩下的是一群懒散的庸才。

（2）担心下属的能力太强，害怕被比下去

有些管理者见下属能力比自己强，处处提防着下属，遇到有挑战性的工作时，他们会亲自攻克，生怕给了下属，被下属攻克下来之后，会让自己显得逊色。在工作中，他们抢着和那些比自己优秀的下属比拼能耐，为的就是表现得比下属强。这就很容易导致下属没有机会去做他们本该做的事情，因此，很容易打击下属的积极性。

（3）技术骨干成了管理者

这种情况在很多企业普遍存在，比如，某个销售员业绩突出，公司提拔他为销售经理。做了销售经理，意味着要管理整个销售团队，可是他并不是管理方面的人才，他只是优秀的执行者。因此，一旦公司有了销售任务，他就会一马当先，这也会出现“替下属做事”的现象。

管理者并不同于普通员工，管理者通常是战略任务的制定者、任务的下达者、工作进展的监督者，而不是具体事务的执行者，因为普通员工才是最坚实有力的执行者。如果管理者“闲”不住，把原本应该由员工做的事情做了，那他并不是一个值得称颂的领导者。相反，他是一个拙劣的领导者，因为领导者的任务不是替下属做事，而是让下属服从自己的命令，替整个团队和公司做事。所以，领导者一定要明确自己的职责，千万不要越俎代庖。

徐先生是做设计出身的，后来他开了一家装饰公司。曾经有一段时间，他每天白天出门见客户，晚上在办公室给客户画装修的图纸。累了就趴在办公桌上睡觉，饿了就吃点饼干或泡一袋方便面。后来，他招来几个专门从事设计的员工，但是他忙碌的状况并没有得到改善。

上班的时候，徐先生和往常一样拼命地工作，下班后他和往常一样拼命地加班。但是他的员工上班却偷偷地聊QQ，玩“反恐”、“魔兽”等网络游戏，下班了，他们一个比一个跑得快。为什么会这样呢？因为活儿都被徐老板抢去做了。

有一天，徐先生终于发现了自己的问题，他痛下决心，将以前不放心交给员工的工作交给员工，把主要的精力用在市场开拓上。再后来，徐先生轻松了很多，与员工的感情也融洽很多，公司的业绩稳步攀升。

作为一个管理者，你再也不能事无巨细地操心、担心和不放心了，你应该大胆地把工作交给员工，让他们承担应有的责任，让他们忙碌起来，这样他们的能力才能得到提升，他们才能为公司的发展贡献自己的力量。只有这样，他们的存在才是有价值的。

3 管头管脚，但不要从头管到脚

权力是管理者依仗的最大资本，有了权力之后，管理者才能实施有效的管理。但不少管理者把权力当作监控他人，显示个人权威的工具。最典型的表现就是，从战略目标的制定，到战略目标执行的各个环节，什么事情都要过问。在这种严格控制中，最忙最累的人是管理者，最反感最失望的是员工，而且企业发展的局面迟迟无法打开。

第二次世界大战时，有人问一位将军：“什么人适合当头儿？”将军的回答是：“聪明而懒惰的人。”管理者的主要工作是制定战略目标，然后找正确的人去实施。在这方面，孔子的学生子贱的案例值得我们学习。

有一次，子贱奉命担任某地方的官吏。子贱到任以后，没有人们想象中的忙碌，他经常弹琴自娱，貌似不管政事，可是他所管辖的地方却被治理得井井有条，民兴业旺。那位卸任的官吏百思不得其解，因为他在任时每天都忙得不可开交，但却没有把地方治理好。于是，他向子贱请教："为什么你能治理得这么好？"子贱说："你只靠自己的力量去进行，所以十分辛苦；而我却是借助别人的力量来完成任务。"

聪明的管理者应该成为"子贱二世"，正确地利用部属的力量，发挥团队协作精神。这不仅能使团队很快成熟起来，同时，也能减轻管理者自己的负担。

作为管理者，该管的事情一定要管，而且要管好，比如，战略的制定、任务的下达，但是不该管的坚决不能管，你管多了，员工就会厌烦，因为他们感受不到信任和自由。关于这一点，有一个非常贴切的案例：

有一次，通用电气公司组织高层管理人员进行一次别开生面的培训游戏。游戏的前一天，杰克·韦尔奇给每个参加者发了一顶耐克帽子和一双耐克鞋。然后问大家："大家知道为什么我要给你们发帽子和鞋子吗？"大家说："因为明天有登山活动。"

韦尔奇又问大家："假如我还给你们发衣服乃至内衣裤，你们会有什么感觉呢？"大家不约而同地摇头，说："不要，不要！感觉怪怪的，好不舒服。"

韦尔奇说："对了！你们不要，我也不该给。"

管理的奥妙就在于"管头管脚"，但千万不要从头管到脚，这样才能使管理变得简单有效。但是，很多管理者有一个通病，他们习惯于相信自己，不放心别人，经常不礼貌地干预别人的工作。这个通病形成了一个怪圈：管理者喜欢从头管到脚，越管越变得事必躬亲，独断专行，疑神疑鬼。这也让部属们越来越束手束脚，感觉不舒服，并渐渐失去宝贵的主动性和创造性。时间长了，企业就会得弱智病。

作为管理者，应该明确从头管到脚有多么大的危害：

首先，你过多的支点会让员工无所适从，太多的细节会掩盖真正的工作重点。

其次，员工永远也学不会独立做事，因为你把一切经验都告诉给他，他就会按照你的方式去做事，而不是自己探索、创新，一旦遇到挫折，他就会想到你，而不会自己去独立解决。

再次，员工没有自由。当你从头管到脚时，员工就失去了工作的自由，他们的思路、工作方式等都会被束缚，导致主动性发挥不出来，这个时候团队的力量就变成了你一个人的力量。纵然你有三头六臂，也挡不住四面八方的攻击。

最后，使管理者的工作量剧增。如果你从头管到脚，无形中你的工作量就会大增，本来属于你的工作时间，会白白浪费在员工身上，该你做的工作你却无法顺利进行。

认识到从头管到脚的危害之后，管理者不妨用“管头”和“管脚”的管理方式来代替从头管到脚的管理方式。为此要注意下面两点：

（1）解决“做什么”和“谁来做”这两个问题

要想管好“头”，就要重点解决两个问题：“做什么”和“谁来做”。“做什么”是战略，是目标，谁来做是授权，也就是说管理者清晰地描绘企业的未来，制定战略路线和具体目标，然后将具体的目标分配给合适的员工去完成。

身为管理者，要做的是给员工创造一个宽松、信任并能获得强有力支持的工作环境。杰克·韦尔奇说过：“我的工作是为最优秀的职员提供最广阔的机会，同时最合理地分配资金。这就是全部。传达思想，分配资源，然后让开道路。”与此同时，将合适的人放在合适的职位上，将具体的工作交给合适的人去做，这样员工的潜能自然会迸发出来。

（2）让工作结果成为衡量成败的唯一标准

要想管好“脚”，就要坚持以工作结果论英雄。举个例子，在越野比赛中，只要规定起点和重点，以及比赛的路径，每个人都可以按照自己的方式去冲击冠军。至于谁快谁慢，为什么快，为什么慢，越野比赛的举办方根本不用去管。

同样的道理，在企业管理中，管理者也可以这样做。比如，有些高科技公司采取弹性工作时间，不规定员工几点上班，几点下班，上午干什么，下午干什么，对于特定的任务，管理者只给员工一个完成的期限，具体怎么完成由员工自行安排。最终，以结果来衡量员工的工作业绩。这样能给员工足够的空间，员工也会回报公司更多的努力，从而形成一种良性循环。

4 权力下放，给下属以施展的空间

在企业中，领导者不可能事事亲力亲为，毕竟一个人的时间、精力、知识和能力是有限的。如果领导者想让工作更加富有成效，就要善于下放权力，给下属施展才华的空间，激发出员工无限的潜力。

沃尔玛创始人山姆·沃尔顿曾经说过："一名优秀的经理，最重要的一点就是懂得授权和放权。"他认为在管理中，领导者必须分清哪些是战略性的工作，哪些是战术性的工作，哪些工作应该自己做，哪些工作应该让下属去完成。这样才能满足员工自我成长、获得成就的心理需求，同时为企业的发展增添动力。

有一位著名的企业家在演讲时，被众人问到有关事业成功的秘诀。企业家没有直接回答，只见他拿起一只粉笔，在黑板上画了一个留有缺口的圈。然后他指着这个圈问大家："请问这是什么？"

有人说是“零”，有人说是“圆”，有人说是“圈”，有人说是“未完成的事业”，听众们七嘴八舌，众说纷纭。

企业家没有评判大家的答案，他说：“其实，这是一个未画完的句号。你们问我成功的秘诀是什么，其实很简单，我不会把事情做圆满，就像画一个句号，我肯定会留一个缺口，让我的下属去填满，以保证下属有施展能力的空间。”

不把事情做满，而是留下一个缺口，让下属去完成任务。这样至少有两点好处：第一，权力下放给下属，下属有了展现个人能力的机会；第二，在下属的付出下事情圆满完成，他们会收获一种成就感。如果这个时候领导者足够有智慧，抓住机会表扬下属，把功劳归于下属，对下属无疑是一种很好的激励。

如果领导者总是把事情做满、做好，把什么事情都包揽了，这样的领导者充其量是一个将才，而非帅才。那些懂得将权力下放给员工，自己稳当坐镇、运筹帷幄、指点江山的领导者，才是真正的帅才，才是杰出的领袖。这样的领导者才能引爆员工的无限潜能，带企业实现飞跃性的发展。

哈佛商学院教授迈克尔·波特曾表示：“领导者唯有授权，才能让自己和团队获得提升。”当你意识到下属有能力完成某项工作时，就应该赋予他们充分的自由和权力，而不是牵制他们的行动。这样才能充分调动他们的积极性、主动性及创造性，下属也才有机会大展身手，而不会因空间狭小、领导的不支持不信任而束手束脚。

事实上，下放权力可以使员工从被动的执行者变成具有判断、创新能力的人才，这样可以激发他们的潜能，使他们发挥高效的执行力。所以说，下放权力不仅是权力的赋予，也是让员工不断学习和成长的必要途径。再者，下放权力可以表达对下属的信任，可以使下属感到领导对他们的尊重和重视，有助于建立相互信赖的上下级关系。

有一年，李嘉诚去汕头大学出席学校的董事会，汽车行驶在途中他突然接到公司一位经理的电话，说有一笔10亿的生意等着李嘉诚签字。李嘉诚说："我不签字，你自己看着办吧，能做就做，不能做就算了。"说完就把电话挂断了。

这个经理当时愣住了，他以为听错了，于是再次打电话给李嘉诚确认，这才得知原来没有听错。李嘉诚这种充分下放权力的做法，让员工感受到无比的信任，他们对李嘉诚十分敬佩。因此，员工们一个个干劲十足，充分施展自己的能力为企业谋发展。

管理界的权威人物史蒂芬·柯维说过这样一句话："有效授权也许是唯一且最有力的杠杆作用行为。"李嘉诚对这句话十分推崇，他认为这句话道出了管理的精髓，并将其奉为管理的宝典。在几十年的经商生涯中，正是因为李嘉诚懂得下放权力，给属下发挥的空间，激发他们的斗志和激情，他才能将庞大的企业集团管理得井然有序，他才能把更多的时间花在思考企业发展方向上。

美国环美家具跨国集团的总裁莫若愚老先生也是如此，他在近40年来的经商生涯中，没有亲手签过一张支票，因为他推崇充分授权。他曾经幽默地说："具体的事情，如果我做错了，连骂都没得骂，而让别人去做，我还可以保持骂的权利。"由此可见，下放权力是领导者管理好企业、激发员工潜能力、推动企业发展的不二法门。

5 把握原则，让交办的工作有章可循

在管理中，有一种情况十分常见：你把下属找来，交给他一项任务。交代之后，你忙其他的事情。接到任务之后，下属认为你交代的工作不那么着急，于是把你的工作放在一边，忙他手头着急的工作。一个星期过去

了，你突然想到交代给下属的事情，于是问下属要结果，但下属却说：“我还没做好呢!”你火冒三丈，批评下属做事没效率，下属委屈地说：“你又没说多久完成任务？我怎么知道你什么时候要结果?”顿时你哑口无言……

你碰到过类似的事情吗？在交办工作时，你会对下属说什么呢？为什么有些领导者交办工作给下属，下属三五分钟就能完成，而有些领导者交办工作给下属，下属拖一个星期甚至半个月？其实，交办工作是有学问的、需要讲原则的。

一般来说，交办工作需要注意以下几个原则：

（1）具体原则

所谓具体原则，是指你在交办工作给下属时，要清楚地告诉下属：具体要做什么事情？千万不要泛泛地交代，让下属摸不着头脑，不知道你想让他做什么。

具体原则还包括，这项工作多久完成，达到怎样的效果。很多领导者只是把工作交给下属，却不说明具体什么时间完成，导致下属认为：领导交办的这件事不着急，我先放一放。这样一来，下属就可能拖着不执行，等你需要结果时，得到的却是失望。要想改变这种状况，你要做的就是，向下属讲明时间：“这件事交给你去办，明天上班之前给我结果。”这样一来，下属还敢拖着不执行吗？

（2）适当原则

所谓适当原则，指的是交办给下属的工作量、工作难度要适当，工作量太小、难度太小，无法激发下属的积极性，不利于下属尽职尽责地完成；工作量太大、难度太小，超出了下属胜任的范围，下属就无法取得令你满意的结果。因此，在交办工作时，你要考虑到下属的工作能力、忙碌程度等因素，交办给下属适当的工作任务。

（3）信任原则

在交办工作时，对下属表达信任是很有必要的。千万不要一边对下属说："这件事拜托给你了，一定要做好。"一边却对下属说："做不好也没关系。"当然，信任原则还指在下属执行的过程中，管理者不应该随意干预下属。所谓"用人不疑，疑人不用"，一旦你把某项工作交办给下属，就要信任他，如果你不信任他，最好不要把工作交给他。

有些领导者为了表达对下属的信任，在交办工作时这样说："这项工作就全拜托你了，一切都由你做主，不必向我请示……"表面上看，这是领导者对下属的充分信任，但实际上这种做法是不可取的，因为一切都由下属做主，而且不必向你请示，很容易导致下属执行偏离你的预想，导致执行出现偏差。当然，工作交办下去之后，也不能大事小事都干预，大事过问一下，小事让下属做主，这才是明智之举。

(4) 汇报原则

所谓汇报原则，指的是下属在执行任务的过程中，有必要适当地向领导汇报任务的阶段性进展情况。当然，这通常指的是系统性、较大的工作任务。如果是一些具体性的小事，下属没必要向领导汇报，直接给领导工作结果就行了。

很多领导者把任务交给下属后，就任由下属去"折腾"，而不要求下属汇报。等到出了问题，他们要么冲着下属发火，要么捶胸顿足暗自懊恼。

某公司实施一项投资计划，董事长把财务预算的任务交给财务总监并让他负责这项投资计划。过了一段时间后，董事长得知财务总监预算的投资数额严重超出他的期望，而且这项计划已经半路夭折了，他找到财务总监，对其吼道："为什么你没有向我汇报财务预算的情况？为什么我不知道这项计划的进展情况？为什么把我蒙在鼓里？"

你不要求下属汇报，你不主动和下属针对交办的工作进展进行沟通，下属就可能在执行中出现问题。所以，不要等到出了问题，才痛斥下属的不汇报，而要在交办工作的一开始，就明确告诉下属："及时向我汇报情况，最好两天一个汇报。"值得注意的是，在倾听下属的汇报时，要避免下属报喜不报忧，怎样避免呢？那就是下一原则要讲到的。

（5）监督原则

依靠下属的汇报来了解交办的工作的进展，这是领导者被动监督下属的表现，高明的管理者不只是被动监督下属，他们往往会主动去了解下属的工作进展。他们从来不会把工作交办给下属之后，就做起“甩手掌柜”。不管他们对下属多么信任，在一些关键问题上，他们一定会亲自过问。这种把关和监督是非常重要的。IBM 前总裁郭士纳说过：“员工不会做你希望的，只会做你监督和检查的。”这句话道出了监督的必要性——检查和监督是促使下属工作落实到位的关键一环。

（6）带责原则

带责原则是指交办给下属一项任务，同时让下属对这项任务负责，也叫授权授责。领导者若能明确地将权与责同时授予下属，不仅可以促使下属尽职尽责地对待工作，还可以避免下属有权不负责或滥用权力的情况。在交办工作时，领导者应该向下属交代清楚权限范围，这样便于下属正确行使职权，更好地完成任务。

总之，如果你想让交办的工作有章可循地推行下去，让下属坚决彻底地贯彻执行，你就有必要在交办工作时把握以上的 6 条原则。

6 根据下属的特长进行授权

对 NBA 有一定了解的人，想必对公牛队的“大虫”丹尼斯·罗德曼不会陌生。罗德曼是一名怎样的球员呢？此人满头红发，经常穿奇装异服，很多人看他不顺眼，但是在教练眼里，他却是一个有着无人能比的天赋的防守型球员。

罗德曼加盟到公牛队的第一天，教练就郑重地告诉他："在这里，你唯一要做的只有一件事情。"罗德曼问教练："什么事？"教练说："你每一场比赛，必须抢下15个篮板球。只要你能抓下15个篮板球就可以了，至于你能得几分，哪怕得零分，都没有关系。但你要记住，抓篮板才是你最应该做的事情。"就这样，罗德曼在公牛队的体系中，锻炼成著名的"篮板王"。

为什么教练把抓篮板球任务交给罗德曼呢？因为他了解罗德曼，知道他有抓篮板球方面的天赋和特长。我们都知道，当篮球撞上篮筐再弹回来时，很多个子高的球员一伸手就能抓到篮板。但罗德曼的身高并不突出，他是怎样抢篮板的呢？

原来，当篮球弹起来时，他通常跳起来用手挑一下篮球，然后再跳起来把球抓住。通常来说，人只有在膝盖弯曲的时候才能跳起来，但罗德曼居然能够在不弯曲膝盖的情况下连续起跳。因此，当球第二次下落时，个子高的球员正在屈膝准备起跳，但他已经"蹭"的跳起来，把篮球抓在手里了。

当年的公牛队不缺少得分手，因为乔丹就是最伟大的得分手。因此，在防守方面罗德曼起到了很大的作用，抢篮板是罗德曼的特长，是他的优势，是他了不起的地方，而英明的教练将这项任务交给他，可以说是让对的人做对的事。所以，公牛队当年才能缔造3连冠。

其实，领导一个团队、管理一个企业，和带领一个球队的道理一样，领导者就像球队的教练，一定要学会正确地用人，把相应的工作授予给对的人。如果你能把每一个员工都安排在正确的位置上，让每个员工做他擅长的事情，那么每一个员工都能发挥出最大的价值，团队的战斗力就会无比强大。

每个员工都有自己的特长，作为领导者，对待员工不能求全责备，而应该根据他们的特长进行授权，这样才能让他们做自己擅长的事情，他们的能力才能更好地发挥。在这方面，刘邦就做得非常好。

刘邦的成功，与3个重要的下属有直接的关系，他们分别是韩信、萧何、张良。对于这3位下属，刘邦做到了用其所长，根据他们的特长进行授权。

在长期的征战中，刘邦渐渐发现韩信是带兵打仗的料，在用兵方面，堪称一绝，于是他果断地把兵权交给了韩信。

刘邦发现萧何心思缜密，为人处事谨慎小心，于是把粮草等后备物资的筹划、运输工作交给萧何，让他保障前线士兵的粮食供给，为前线提供物资支援。

刘邦发现张良足智多谋，称得上是运筹帷幄的高手，于是把出谋划策的重任交给了张良，让他做自己帐下的第一谋士。

刘邦的用人之道告诉我们：要善于发现下属的特长，并针对他们的特长进行授权和安排任务，这样才能把它们的优势充分利用起来，为实现企业的大目标所用。当下属的特长得到了发挥，他们的自信心、积极性、创造性都会得到有效的激发，这样下属就会变得越来越优秀。

那么，怎样才能发现人才的特长呢？这就需要领导者实现对人才的相关信息进行了解，比如，了解他们的教育知识背景、兴趣爱好、专业特长、工作经历等。只有用心地去了解，才能发现人才的闪光点，才能避免授权给错误的人。

1981年底，已经成为PC机操作系统领域“霸主”的微软公司决定进军应用软件领域。当时比尔·盖茨雄心勃勃，坚定地认为微软公司不仅能开发软件，还能成为具有零售营销能力的公司。他的想法非常好，但却在行动中碰到了难题。因为虽然微软公司有很多软件设计方面的人才，可是在市场营销方面却人才匮乏，这直接导致微软迟迟无法进入零售市场。

这个时候，比尔·盖茨意识到必须找到营销方面的高手来帮忙，经过四处打听，最终他将目光锁定到罗兰德·汉森身上，此人是“肥皂大王”尼多格拉公司的营销副总裁。因为汉森具有丰富的市场营销知识和经验，于是他把汉森引入微软。

当时微软的高层主管对盖茨的做法很不放心，因为汉森虽然是营销专家，但是对软件一窍不通。而盖茨认为，汉森虽然不懂软件，但是在公司广告、公关、产品服务，以及产品的宣传与推销方面，能起到十分重要的作用。

汉森进入微软之后，在营销方面得到了盖茨的大力授权，他也因此给那些只懂得软件、不懂市场的微软精英们上了一堂统一商标的课。在汉森的强烈建议下，微软公司所有的产品都要以“微软”为商标出现，不论是哪种类型的产品，都要打出微软的品牌。不久，微软在美国、欧洲乃至全世界被世人熟知，微软的产品也迅速被人接受，其市场占有率也迅速得以提升。

员工擅长做什么事情，你就把他擅长的工作方面的权力授予他，让他自主地完成相关的任务。这种做法是管理者在授权时必须重视的问题。

授权给有相关特长的员工，其实在某种程度上来看，也是授权给相关的专业性人员。比尔·盖茨之所以把营销方面的权力授权给汉森，是因为汉森是一位营销专家。同样的道理，在你的企业和团队中，也有一些人才是某方面的专才，如果你能发现他们的专业优势，并大胆地授权给他们，他们可能会给企业带来巨大的效益。

7 科学分配任务，把正确的事情交给正确的人

在我们身边，经常会看到这样的管理者：他们整天到晚忙忙碌碌，时间一天天过去，却没忙出头绪，没有忙出成效。该解决的问题没有解决，

团队的各项工作都卡在他们手里，而员工却闲着没事做。聪明的下属想帮忙，他们却不领情，认为下属瞎操心。当被人说他们工作方法不对时，他们却振振有词："做事要慢慢来！"

遇到这样的管理者，不知道是企业的悲哀，还是员工的悲哀。这样的管理者通常不知道：身为管理者，最该做的是什么。他们不知道，管理者是通过分配任务、指挥别人来做事的，而不是具体完成工作的人。对一个管理者来说，忙不是他的功劳，忙不是他做不好工作的理由。定计划、分任务、跟踪检查，促成团队目标达成，这才是管理者的本职工作。

不可否认的是，不少管理者是拙劣的任务分配者。虽然他们也分配工作，但对工作的情况、对下属的优势不完全了解，经常把工作分配给不适当的人去做，结果当然无法取得好的执行效果。等到出了问题之后，他们往往卷起袖子，亲自去做。这样一来，既浪费了时间，又浪费了人力物力，而且还会打击下属的积极性。那么，怎样分配任务最好呢？要注意什么呢？下面我们就来介绍一下分配任务的几大要点：

（1）要点1：选定工作

在分配工作之前，要认真考虑：什么样的工作需要委派给下属去做？这些工作有什么特点，难度怎么样？如果没有搞清楚这些问题，不要轻易委派工作。

关于这一点，需要注意的是：有一种叫做"热土豆"式的工作是不能轻易委派出去的。什么叫"热土豆"式工作呢？它指的是重要且紧急的工作，这类工作要求管理者马上去处理。另外，非常保密的工作也不适合委派给下属。

（2）要点2：选定能够胜任的人

原则上讲，你可以把任何一项工作，交给任何人去做。但是在企业管理中，我们追求的是管理效率，员工追求的也是执行效果。因此，你应该选定能够胜任工作的人，这才叫把工作交给正确的人。这样往往能取得较好的执行效果，下属在出色完成任务之后，也能获得成就感。

要想快速地选定能够胜任某项工作的人，就要求你平时多花时间去了解下属的能力。比如，你可以要求下属通过书面形式，把自己的优势、喜欢做什么工作都写下来，以便你去了解他们。当然，你也可以经常和下属沟通，多观察下属，这样也便于你了解下属的能力。

举个例子，你可能知道某个下属打字速度很快，完成同样一份材料的录入，他的速度远远快于他人，而且出错率很低。这样一来，当你有一些材料需要急用时，你可以把录入的工作交给这个员工。反之，如果你不知道谁打字快，随便把这项工作交给一个下属，而他恰好不擅长录入，那么不仅耽误了时间，还会影响你的正常工作需要。

（3）要点3：委派工作的时间

同样是一项工作，什么时候委派给下属最合适呢？很多管理者不注意这一点，往往喜欢在上午委派工作，结果，员工原本可以按部就班进行的工作，完全被打乱，还会损害员工执行任务的积极性。为什么会这样呢？

因为一般来说，员工往往会在早上上班时，就想好了一天要做的事情，他们带着计划来到办公室。一上班，还没做几分钟，就接到了新任务。这个时候，他被迫改变原定的日程安排，工作的有限顺序也要调整。他们的内心会产生一种莫名其妙的烦躁，这会影响员工执行的积极性。

那么，应该在什么时候委派工作呢？除非紧急性的工作，管理者应该在每天下午或快下班时委派工作，让员工第二天来处理这些工作。如此一来，第二天员工就可以全身心地处理你委派给他的工作。

（4）要点4：委派工作的方式

怎样委派工作也是要注意的。有些管理者喜欢通过第三者传达委派的任务，而不是当面向员工交代，这样一来，经过一道中转，有可能发生信息传递误差，导致执行者错误理解领导者的意图。而且这种委派工作，会让被委派者觉得领导者不重视自己，容易影响他的积极性。因此，管理者最好面对面地委派工作，这样下属有什么疑问，可以当场提出来，便于沟通和交涉。当然，留便条、写邮件委派工作，也是不错的方法，但不会给下属深刻的印象。

（5）要点5：委派时要做的事

在委派工作时，你不妨告诉下属：你为什么要把这项工作交给他，向他指出他有某项特殊的才能，适合完成这项工作，这样可以表达你对他的信任和赏识，有利于激发他的积极性。同时，你应该让下属知道，这项工作的重要性，完成这项任务，对公司的直接影响，让他意识到肩负的责任。

在委派工作时，你有必要解释一下工作的性质和目标，向下属交代一些相关的信息，告诉下属：这项工作要做到什么效果，什么时间完成，在这个过程中向谁汇报工作进程，等等。

最后，一定要记得用肯定的语气对下属说："我确信你能做好这项工作。"这句话对下属将会产生很大的激励作用。

8 授权之后不要忘记检查，监控并不代表不信任

说到"授权"，给人的感觉是放弃控制，放任不管，让被授权者全权负责。其实并不是这样，授权不代表放任不管，授权离不开事后检查和监督。日本"经营之神"松下幸之助认为，领导者在管理中，必须遵循"授权+控制"的原则。如果不授权只控制，那么局面将会变成一潭死水；如果授权之后不加控制，后果将会是四分五裂。关于这一点，有一个特别典型的案例，对很多小老板都有启发。

有位先生在2001年创办了一家企业，在十余年间，公司从原来的一家变成了8家，经营规模越来越大。在这个过程中，他已经变得越来越力不

从心，因为他的个人精力有限，无法管理8家企业。为了让自己从日常管理中解脱出来，做更多的事情，比如，他想开更多的分店，于是他让自己的亲戚加入自己的企业。他让自己的哥哥管一家分店，让自己的嫂嫂管一家分店，让自己的妹妹管一家分店，让自己的表哥管一家分店……

开始的时候，他手把手地培训这些亲戚，等他们上手之后，他就开始完全放权，让他们全权负责店面的经营管理。在这期间，他从来不过问分店的事情，也不要求亲戚们向自己汇报工作，更没有走下去检查工作。因为他觉得都是自己人，没必要去检查，相信他们会用心做好工作。

然而，3年时间过去了，大家产生了不少矛盾与误解，亲戚们纷纷离开公司，自立门户，而且把分店的重要员工也带走了。一时间，各分店一下子垮掉了。面对这种情况，他不得不重新沉下去做管理。一边忙着进货，一边忙着招聘员工。

这时他才真正发现，原来店内的很多制度都是白纸一张，员工工作作风散漫，对公司抱怨不止，不断有员工流失，客户的投诉也此起彼伏，业绩快速下滑，顾客不断流失，甚至很多工作都无法继续开展下去……

这样的案例在我们生活中并不少，出现这种情况，根源在于老板放权之后没有检查和监督，导致授权后失控，最后企业管理混乱。

管理者要认识到一点：授权之后，如果从不过问、不干涉，就叫做弃权。授权就是授权，根本不是弃权，作为管理者，必须关注进程、关注成果。有些管理者在检查和监督下属时，让下属产生了不被信任的感觉，甚至感到压力巨大。

有一位被派驻在北美市场的高级业务主管表示：“老板很‘关心’我，经常派人来视察工作，而派来的人，每次都会召开主管会议，并让我们汇报业务发展的近况，那种威风凛凛的样子，让我想到了古时候皇帝派下去视察工作的钦差大臣，就差八抬大轿、敲锣打鼓、前簇后拥了。”

从这位主管的话中，我们可以感受到他所承受的压力。这种压力的产生，与老板检查和监督的方式不当有直接关系。那么，到底该检查到什么程度，监督到什么程度呢？对此，松下幸之助先生做得卓有成效。

在放权之后，松下先生既能让被授权者发挥主观能动性，又不至于使他们完全脱离控制而发生重大的失误。他有一条著名的授权监督理论——60%智慧，即放60%，管40%。他通过特定的程序选出被授权者，使对方主动要求领导者的指导，这样既发挥了他们的积极性和创造性，又化解了检查和监督导致领导者与下属之间产生的不信任和猜疑。

在企业管理实践中，不少管理者经常感叹：任务布置下去之后，总有下属拖着不办，推一推，动一动，有些下属推都推不动。其实，出现这种现象，问题不在于员工，而是由于管理者监督不力导致的。如果管理者在布置任务之后，提出要求、任务完成期限，并有严格的检查和监督机制，那么就能彻底打消下属的侥幸心理和拖延心理，促使他们快速高效地完成工作。

有一位成功的企业家对授权做了很好的诠释："授权就像打篮球一样，不是把球交到谁手里，责任就是谁的，就什么也不管了。一定要考虑整体局势，进行控制，相互照应。这样，被授权员工的智慧才会获得增长，才能有足够的力量去完成授权任务。"对于授权的事情，你可以放手不管，但是不能撒手不管，对于授权之后，下属完成该工作的情况，一定要定期检查和监督。

高明的管理者，在授权之后懂得在恰当的时刻，选择最恰当的方式，使自己随时掌握工作的进程。当他们发现下属执行跑偏时，会用恰当的方法把跑偏的马拉回到正确的轨道上来。形象地说，这就叫做"扶上马，送一程"。通过"送一程"，确保被授权者在执行中取得更好的成效，保证授权的成功。这就要求领导者在授权之后，不只是对下属说："现在，你可以放手去干了。"还需要管理者告诉下属："如果有需要，就来找我吧！"

第十章 Di Shi Zhang

赢在执行：没有执行，再伟大的战略都等于零

在当今激烈的市场竞争中，衡量一个企业、一个团队、一个员工的标准，就是执行力。很多企业只关注战略决策，却缺乏有效的执行。要知道，没有执行力，再伟大的战略都等于零；没有执行力，企业就没有竞争力。企业要想立于不败之地，就必须充分激发员工的执行力，建立一支高效的、有战斗力的团队。

1 没有执行力，企业就没有核心竞争力

所谓执行力，指的是贯彻战略意图，完成预定目标的操作能力。执行力是企业的核心竞争力，是把企业战略、规划转化成效益、成果的关键。平安集团股份有限公司董事长马明哲在谈到执行力时，曾经说过："企业核心竞争力就是所谓的执行力，没有执行力就没有核心竞争力。"

很多企业管理者比较关注企业战略和决策，制定了很多宏伟的目标，可是这些战略决策却没能很好地执行下去，无法给企业带来效益。而很多外国企业则不同，他们非常重视执行。比如，星巴克、麦当劳之所以能遍布全世界，关键在于它们拥有超强的执行力。

20 世纪末，在世界拳击史上出现了一场闹剧，在比赛中，拳王泰森咬掉了对手霍利菲尔德的半只耳朵。比赛结束后的第二天，美国各大超市就出现了许多名为"霍利菲尔德之耳"的巧克力，这些巧克力栩栩如生，与耳朵形状非常像。很多好奇、幽默的市民争相购买，将霍利菲尔德的"耳朵"带回家中"一咬为快"。

"霍利菲尔德之耳"的问世，充分利用了拳击比赛造成的轰动性新闻效应。该产品能在第二天就问世，充分表明了美国食品企业的高效执行力。也许这种巧克力味道并不是最好的，但是企业能将这个商业点子执行下去，抓住了顾客的消费心理，所以才能大赚一笔。

日本软银公司的董事长孙正义曾说："三流的点子加一流的执行力，永远比一流的点子加三流的执行力更好。"好的战略、决策、想法固然重要，但如果缺少强大的执行力，这些战略、决策、想法也没有意义。很多

倒闭、破产的企业管理者，总喜欢把原因归咎于决策失误。殊不知，导致企业破产的罪魁祸首并非决策失误，而往往在于企业的执行力。

东北有一家啤酒厂由于经营不善，陷入了困境之中，面临着破产的危险。后来，国内一家大型啤酒厂收购了这家啤酒厂，大家以为集团公司要对这个烂摊子进行大刀阔斧的改革。可是出人意料的是，集团公司只派来三个人，一位副总经理、一位总工和一位财务总监。啤酒厂的制度没变，原班人马没变，只是坚决执行各种决策。结果一年后，这家啤酒厂扭亏为盈，重新焕发出生机。

制度还是原来的制度，员工还是原来的员工，但是为什么啤酒厂能发生根本性的变化呢？很明显，引起巨变的正是企业有了强大的执行力。执行力是企业全体人员贯彻落实决策的能力和力度。任何战略与计划，都必须通过高效的执行力才能显示出价值与意义。任何企业要想发展壮大，都必须有强大的执行力作保障。

事实上，一家企业是否有强大的执行力，很大程度上在于管理层是否严格要求。企业的执行力是领导者意志的体现，倘若领导者自身执行力不足，又不重视执行、不严格要求员工执行到位，那么企业的执行力是不可能高效的。反之，如果管理者自身充满务实精神，以身作则去执行决策、贯彻制度，同时严格要求员工将决策执行到位，那么，公司就会形成一股积极的执行风气。

执行力需要一个明确的目标。因为有了明确的目标，员工执行才有方向；有了明确的目标，不同的职能部门才能各负其责、互相协作，形成一股合力，从而发挥出团队的战斗力，这样才能更好地完成任务。这一点在郭台铭的经历中有很好的体现。

台湾首富郭台铭曾经有个客户，该客户在美国芝加哥密西根湖边，是全世界最早做笔记型计算机的商人。由于该客户的竞争对手无法按时交货，该客户找到了郭台铭，让他们开发产品。但是，郭台铭公司开发的产品由于材料的原因，无法适应芝加哥的寒冷天气。

为此，郭台铭特意赶往美国，结果发现连接器必须做 -50℃的测试。当时他们在设计的时候，没有考虑到美国密西根湖地区湿冷的天气，没有进行环境温差实验，这才导致产品到了芝加哥出现了很多问题。

当时郭台铭身兼业务之职，提着皮包就去了美国，连夜跟客户去做检查。他坚守一个原则：即使赔钱，也要让客户换货。到了工厂，他把全部有问题的产品从生产线上挑出来，几乎把客人不满意的产品重新生产了一遍，然后再空运到美国。

在郭台铭前往美国帮客户找问题、解决问题、换货的同时，位于台湾总部的所有团队都在24小事不休不眠地研发和生产。郭台铭在美国亲自指挥，经过三天没日没夜的研发和生产，最终给客户提供了满意的产品。

可以说，要完成美国客户的紧迫任务，没有超强的执行力是不可能办到的。在完成那项任务的过程中，郭台铭和全体员工战斗在一起，很好地鼓舞了员工，振奋了士气，同时，让员工从他身上看到了超强的执行力。

在这个微利时代，企业赚的是效率的钱。面临激烈的市场竞争，谁能够在执行力上胜出，谁的执行效率更高，速度更快，谁就能在竞争中胜出。所以，管理者一定要重视执行力，倡导执行力，激励员工去执行。

2 令出必行，清除执行道路上的一切障碍

有这样一个故事，非常值得管理者们深思：

有一位老农的农田里，有一块大石头。这块石头不止一次碰断了老农的犁头，还多次弄坏了老农的耕地机器。老农想过将这块石头撬起来，但是每当他看到那块石头时就犯难了，因为它看起来很大、埋得很深，他曾

用铁锹撬了几下，石头纹丝不动。渐渐地，那块石头成了他的心病。老农的妻子多次劝老农把石头撬起来，但是老农认为没有合适的工具，一个人力气不够，因此，迟迟没有行动。

有一天，妻子终于忍不住了，她和儿子找来撬棍、锄头、铁锹，先把石头旁边的泥土拨开，然后把撬棍伸进石头底下，再用力一撬。结果，他们惊讶地发现，原来这块石头埋得没有想象中那么深，也没有想象中那么大。撬了几下之后，石头就被撬起来了。

面对棘手的石头，老农内心充满畏难情结，又没有找到正确的方法，因此，迟迟没有将石头清除。于是，只好积压下来。而老农的妻子和儿子则不然，他们正确面对那块石头，找来了合适的工具，下定决心要把石头清除，最后他们成功了。

这个故事告诉我们：面对一项任务时，如果不想办法清除执行道路上的障碍，就很容易造成拖延了事，不了了之。比如，管理者给员工布置一项任务，员工对任务有畏难情结，又没有找到合适的方法，还缺少必胜的信心和决心，最后就会导致执行不到位。所以，要想执行到位，必须树立信心，下定决心，找到正确的方法。

人们常说："困难像弹簧，你弱它就强。"在执行过程中，有条件要上，没有条件创造条件也要上，这句话足以表达了面对困难、迎难而上的执行决心和勇气。作为企业管理者，一定要具备这种勇气，有了这种勇气，就没有跨不过的高山，就没有蹚不过的河流，就没有解决不了的问题。

著名篮球明星迈克尔·乔丹曾经说过："我可以接受失败，但我不能接受放弃!"这句话很好地表现了乔丹不轻言放弃的精神。其实，在执行中，也应该具备不轻言放弃的精神，因为只有具备了这种精神，我们才能坚定地去执行，才能想尽一切办法，消除执行中的障碍，从而保证圆满完成任务。

举个简单的例子：你要把一个包裹从北京寄给上海的一位客户，要求第二天中午必须交到客户手上。当你接到这个任务时，已经是下午三点了。你的第一感觉是：这个任务不可能完成，因为邮寄至少需要三四天甚至一个星期，但是这个任务很重要，你怎样才能完成它呢？不妨先看一看程经理是怎么做的吧！

程经理接到任务后，马上行动起来。他先是给快递公司打电话，得到的答复是：从北京到上海的快递，最少也要48小时到货。即使加急，也不可能第二天早上到上海。

接着，程经理动用了其他资源。他在微博、QQ上写了一个签名：急寻今晚去上海的朋友，我有重要事情请求帮忙。然后，他又在校内网、开心网上发表帖子，同时，拨打在北京工作但经常出差的朋友，问了一圈之后，还是没有结果。

快要下班时，程经理的QQ闪动起来，点开对话框一看，他立即兴奋起来，原来一个朋友的堂哥今晚要去上海，乘坐的是晚上9点半的车，于是他联系那位朋友的堂哥，说明情况后，迅速把要寄送的包裹交给对方，并把客户的电话告诉他，让他到上海之后，给那位客户打电话，想办法与对方碰个面。就这样，程经理圆满完成了这个看似不可能完成的任务。

当然，事后程经理为了表达对那位朋友及朋友堂哥的感谢，请他们吃了一顿饭。

俗话说："没有翻不过去的火焰山。"关键是你是否有信心翻过去，你是否有强烈的意愿和决心翻过去，你又是否想尽办法去翻越这座山？如果你不放弃，而是勇于挑战困难，像程经理一样，那么你的执行力就有了很大的保障。

拿破仑曾经说过："最困难的时候，也就是离成功不远的时候。"虽然执行过程中会遇到很多意想不到的困难，但是作为企业管理者，一定要牢记一点：不坚持到最后一秒，绝不要轻言放弃。另外，管理者一定要清除影响团队执行力的三大障碍，以保证团队战斗力。

（1）障碍1：文化的因素

影响执行力最大的三个文化因素分别是人文因素、含糊文化、熟人文化。人文因素强调能人第一，制度第二，尽管在企业创办初期，能人凭借超强的个人能力可以成就企业的辉煌，但是随着企业的发展，业务范围的扩大，能人的作用越来越成为中小企业的发展障碍。比如，论资排辈，就会极大地影响团队的凝聚力。所以，必须清除人文文化，用制度约束每个成员。

含糊文化的特点是模糊，比如，企业中，员工经常以“也许、大概、差不多”等词来敷衍上级领导的检查，这样容易导致执行不到位、不彻底，会严重影响团队执行力。

熟人文化，指的是考虑人情疏远来特殊对待，就像开车违章之后，找熟人帮个忙，就逃避了罚款和扣分。如果企业里充满了熟人文化，那么当员工执行不力时，只要有熟人的关照就可以逃避惩罚，这样一来，企业就会出现不公，团队执行的积极性就会大挫。所以，一定要树立“制度面前，人人平等”的企业文化，对待执行不力者要按制度处罚。

（2）障碍2：制度因素

2006年4月21日，在广州发生了一件令各界广泛关注的事件：许霆和朋友郭某利用ATM机故障漏洞取款，许取出17.5万元，郭某取出1.8万元。事发后，郭某主动自首，被判处一年有期徒刑。许霆潜逃一年后落网，被抓后判处5年有期徒刑。

如果ATM取款机没有故障和漏洞，许霆、郭某是不可能犯错的。所以说，一个有漏洞的制度更容易导致人犯错。作为企业来讲，一定要要强化制度流程，减少人为因素导致的错误，从而使企业战略决策在制度的保障下去执行。

（3）障碍3：管理者水平的因素

管理者一定要把合适的人才放在合适的岗位上，使人才的价值最大化。而且当人才做自己擅长的事情时，他们的积极性会更加高涨，创造性能得到最大的发挥。这也是保证执行到位的重要举措。

总而言之，企业只要有一只强有力的执行团队，只有克服了阻碍执行力的障碍，才能具备取胜的核心竞争力。

3 没有任何借口，坚决不折不扣地执行

“没有任何借口”这条准则，它所传达的理念是：每一位学员都应该想办法完成任何一项任务，而不应该为没有执行到位找借口，更不应该找借口不去执行，哪怕这些借口看似合理。这条准则的核心是服从、责任、诚实、敬业。如果企业大力倡导这种执行理念，对提升企业的凝聚力、建设企业文化、打造杰出的团队是非常有利的。

没有任何借口，这是伟大的罗文上校的执行准则，所以，他才能把信送给加西亚；没有任何借口，这也是巴顿将军的执行准则，所以，他才能打造所向披靡的第13军，才能组建一支强大的坦克部队。1916年，巴顿随潘兴将军远征墨西哥，曾有过一次“送信事件”。这件事被巴顿写在日记中：

“有一天，潘兴将军派我去给豪兹将军送信。但我们所了解的关于豪兹将军的情报只是说他已通过普罗维登西区牧场。天黑前我赶到了牧场，碰到第7骑兵团的骡马运输队。我要了两名士兵和三匹马，顺着这个连队的车辙前进。走了不多远，又碰到了第10骑兵团的一支侦察巡逻兵。他们告诉我们不要再往前走了，因为前面的树林里到处都是维利斯塔人。我没有听，沿着峡谷继续前进。途中遇到了费切特将军（当时是少校）指挥的第7骑兵团和一支巡逻兵。他们劝我们不要往前走了，因为峡谷里到处都是维利斯塔人。他们也不知道豪兹将军在哪里。但是我们继续前进，最后终于找到豪兹将军。”

巴顿将军之所以能顺利完成送信任务，关键就在于他不找任何借口。尽管前面的树林到处都是维利斯塔人，尽管他不知道豪兹将军在哪里，但

他依然冒着危险坚决执行，最后圆满完成了任务。

当我们把目光从巴顿将军身上转移到我们周围，转移到我们自己身上时，我们突然发现：在工作中，我们经常找借口。比如，“我本来可以早到的，但是天气不给力，竟然下雨了，这才导致我迟到了。”、“不是我服务不到位，而是那个客户太挑剔了，我无法满足他，只好敷衍他了。”、“我没有按时完成任务，是因为我……”、“这个任务太难了，我没办法胜任，你还是把它交给别人吧！”……

每一个借口都有丰富的含义，给自己找理由开脱，给自己找理由逃避责任，给自己找理由逃避困难。也许找借口能让自己获得一些心理安慰，但是其代价却是昂贵的。特别是身为企业管理者，如果养成了找借口的习惯，不彻底执行任务，那么有可能给企业带来毁灭性的危害。

神户炼钢厂是日本钢铁行业知名度颇高的企业，在国外还设立了很多分公司，该企业的执行文化是：100%执行，不找任何借口，不打一点折扣。

有一次，神户炼钢厂的3号机长松盛田一接班后，像往常一样打开电脑，查看当天的生产计划。看完生产计划之后，松盛田一对下属说：“我们现在去看一看铸机的情况，然后开始在第一炉浇中厚板。”他一边说一边戴安全帽，准备跨出操作室。

这时，一名下属说：“机长，这段时间3号铸机经常浇中厚板，一直都没出过问题，我觉得可以不用检查吧！”另一名下属也随声附和道：“是啊，机长，检查起来挺麻烦的，干脆省下这个环节，直接浇中厚板吧！”

松盛田一非常生气地说：“你们怎么如此找借口？公司有明文规定，必须在每炉开浇之前检查设备，确保设备正常才能开浇，如果觉得怕麻烦就不检查，这是多么可怕的事情。”说完他大笔一甩，示意两名下属随他去检查设备。

铸机扇型段空间很小，弥漫了水气，松盛田一先和下属一起检查喷嘴情况。因为喷嘴虽然很小，但是它能否正常运行直接关系到铸坯的质量。如果喷嘴出水量小或不出水，铸坯就会冷却不均匀，很容易造成铸坯内部断裂，导致轧钢质量缺陷。所以，公司明文规定：在开始浇中厚板之前，必须严格检查喷嘴，杜绝喷嘴堵塞现象。

在检查中，松盛田一发现有个喷嘴的出水量偏小，之后他又发现两个喷嘴有类似的情况。检查完毕之后，一共发现了三个喷嘴出水量偏小。于是他立即联系维修人员过来处理，然后向调度中心反映情况，要求延后中厚板的开浇时间。维护人员来到现场，去除了喷嘴里的杂质，更换了一个破损的外弧水管，喷嘴冷却水的流量立即恢复了正常。

等问题处理好时，他已经被水气浸湿了全身。但是松盛田一仍不忘告诫大家："公司里的规章制度是100%执行，千万不能找借口，不能打折扣，否则出了事故谁都担不起，到时候后悔都来不及。"

执行时不找借口，才能保证不折不扣地执行。管理者要明白，每个环节都执行到位，才能保证整个任务圆满完成。如果每个环节都打一点折扣，都降低一些质量标准，只执行99%，那么最终的结果可能是这样：90%×90%×90%×90%×90%=59.049%。这个数学公式告诉我们什么？它告诉我们：如果一个任务的每个环节在执行时都打九折，最后这个任务的执行质量会打5.9折。

事实上，打了折扣的执行结果，等于没有执行。因为打折扣的执行，就是执行不到位，执行不到位意味着"失位"。产品在生产过程中"失位"了，意味着质量有问题，甚至是不合格；战略决策在执行过程中"失位"了，意味着偏离方向，甚至是空忙一场。所以，管理者一定要力求不折不扣地执行，并严格要求员工这样做。

要知道，世界上每天都有企业破产，它们破产往往从1%的执行折扣开始，最终导致100%的失败。正如一位著名的管理学家说过的那样："从你手中溜走1%的不合格，到了用户手中就会变成100%的不合格。而一旦用户对你的产品失去了信心，结果就是你的产品卖不出去，企业运转失灵，最后关门。"

4 团队执行力：现在、立刻、马上

在西点军校，每个学员都要接受一个观念："不要拖延，立即行动!"皮鞋要及时擦干净，被子要及时叠整齐，不容许有丝毫的拖延。想想吧，如果不是擦皮鞋，而是在战场上，在修筑工事，在对敌冲锋时，你拖延的习惯将会给你、给全军带来多么可怕的后果。这并不是把问题绝对化。因为商场和战场一样，工作就像战斗。要想在商战中立于不败之地，管理者就要充分激发员工的执行力，从而带出一支高效的、有战斗力的团队。

朱先生是温州乐清五金机械厂的老板。1992 年金秋，他去上海出差，住在上海一家饭店。一天晚上，他吃完晚饭后在街上瞎逛。他很喜欢逛街，他将此称之为"跑信息"，或者说"捡钞票"。

在逛街过程中，朱厂长发现有一家食品店门口排起了一条长队。朱先生走近一看，发现大家都在排队买板栗。顿时，朱先生敏锐地意识到这里头有商机。为什么他这么认为呢？因为他信奉一条发财之道：人群密集的地方，财神爷就在微笑。

接着，朱先生观察到买板栗的人买到板栗后，由于急于尝鲜，往往猴急地剥、咬，结果把板栗弄得支离破碎，有时候还弄得满脸脏兮兮的，那样子真叫一个狼狈。看到这里，朱先生的大脑里突然闪现了三个字"剥栗器"，对呀，如果有剥栗器多方便啊。他的大脑迅速画出了剥栗器的草图，用镀锌铁皮制成的，成本大概 2 角，售价大概 3 角。

10 分钟之后，朱先生推开了那家食品店的大门，他找到店老板，向他推销剥栗器。食品店的老板对朱先生所说的剥栗器很感兴趣，他表示越早上市越好，并希望在两个月内能送到货。朱先生笑着对店老板说："两个月？不！我一个星期就能把剥栗器给你送来。"

当天晚上，朱先生用传真把剥栗器的草图发给了温州老家的工厂。在工厂技师和员工的全力配合下，两个小时后，一副模具生产了出来。接着，冲床开始运转，大批量生产。3 天后，朱先生派人把剥栗器运往上海。一时间，大大小小的炒栗贩子都成了朱先生的客户。

人们常说这是一个"大鱼吃小鱼"时代，其实，更准确地说，这是一个"快鱼吃慢鱼"的时代。速度在企业竞争中越来越重要，当企业决策出台后，要求的是现在、立刻、马上去执行，不容许有半点拖延，这样的执行力才是最高效的。

上文的朱先生从"人们辛苦地剥板栗"这一举动中看到了商机，并以出人意料的执行速度，将剥栗器生产出来。他既解决了人们剥板栗的困难，又狠狠捞了一桶金。毫无疑问，朱先生是一个快速高效的执行者，他的团队也是一个有高效执行力的团队，这就是他成功的重要原因。

试想一下，假如朱先生画出剥栗器的草图之后，要回到公司和员工商量、讨论，再决定研发，最后才到生产部门。这一套管理流程走下来，看似科学严谨，但是却会耽误很多时间。也许当朱先生将剥栗器生产出来时，已经有人抢先一步推出了剥栗器。

在当今激烈的市场竞争中，衡量一个企业、一个团队、一个员工的执行力，关键是看速度，看效果。如果一个团队能在保证完成任务的同时，以远远快于同行的速度去执行，那么这个团队将会所向披靡，这个企业将会前景无限。反之，如果团队执行速度慢，就很容易贻误战机，这样一来再完美的执行也会失去价值，这样的团队就没有执行力了。所以，大凡成功的企业家都倡导"现在、立刻、马上"去执行。

1999 年 2 月的一天，马云带领从北京回到杭州的 18 人，在自己家里召开了一次全体会议。这次会议之后，18 个像马云一样的"疯子"就开始迅速行动起来。其实，当时很多人并不理解马云的创业意图。当马云把网站的经营模式和盘托出时，程序员不同意，一些编辑人员也反对，他们对电子商务模式的认识还停留在 B2C 和 C2C 上。这也不怪他们，因为当时世界上成功的电子商务模式只有这两种。

在 18 人中，多数人认为马云的脑袋里装的 B2B 模式不可能成功。马云努力倡导自己的想法，但是没能说服他们，在这种情况下，马云只好用一个创业“头儿”的身份来下命令：“你们立刻、现在、马上去做!”

马云下令后，团队没有任何怨言，大家分头行动，快速展开执行。事后马云说：“我很少固执己见，100 件事里难得有 1 件。但是有些事，我拍了自己的脑袋，凡是觉得自己有道理的，我一定要坚持到底。”在后来阿里巴巴的发展过程中，像这样的情况出现过很多次。

有人说，阿里巴巴不是计划出来的，而是在“现在、立刻、马上”的执行理念中干出来的。在马云的带领下，阿里巴巴团队朝着自己认为正确的方向疯狂奔跑，最后他们成功了。

当然了，每个企业都渴望高效的团队执行力，但是执行力的提高并不是简单的事情。企业要想为执行提速，必须建立一套完善的控制制度。这套制度要为执行排除不必要的障碍，比如，消除繁杂的程序、严重的等级、官僚主义、推脱责任、拖延等不正之风。这套制度还要求每个管理者带头落实，每个员工严格遵守，并且大家还要互相协作，只有这样，团队执行力才能成功提速。

5 执行一定要落实到每一个细节上

英格兰有一句民谣：“少了一个铁钉，丢了一只马掌；少了一只马掌，丢了一匹战马；少了一匹战马，败了一场战役；败了一场战役，失了一个国家。”这个传奇故事发生在英国国王理查三世身上，对此，英国著名的诗人莎士比亚曾说：“马，马，一马失社稷。”

少了一颗钉子，带来了亡国之灾。由此可见，细节多么重要。在执行中，如果忽视细节，不讲究执行质量，有可能导致企业破产。这不是危言耸听，不是肆意夸大，而是真实地发生在很多破产企业身上。

有一家建材公司的退货率有些高，但是没有引起老板的重视。后来，退货率越来越高，产品销售额逐渐萎缩。最后，企业产品无法售出，投入的资金无法收回，企业陷入了破产边缘。是什么原因导致这家企业濒临破产呢？

老板决心查出问题，经过精心调查，他发现产品质量没有问题，问题出在送货上。原来，公司的送货员在客户对产品提出一些问题的时候，他们不是置若罔闻，就是暗示客户产品质量有问题。比如，客户说：“这块大理石的花纹怎么这么暗，是不是质量有问题啊？”送货员居然也阴阳怪气地说：“我觉得也是。”客户一听，自然对产品失去好感，于是退货了。

了解到这一情况后，老板突然发现：各个部门都有奖金，唯独送货部门没有奖金。于是，他立即宣布，从销售部拨出10%的奖金给送货部。从那以后，退货现象少了很多。因为送货员会帮公司说好话，比如，当客户抱怨大理石的花纹太暗时，送货人会说：“暗花纹可以显得庄重大方。”就这样一句话，增加了客户对产品的信任。

送货员在送货过程中，一句有损企业产品形象的话看似微不足道，但却差一点葬送了企业。由此可见，执行一定要落实到每一个细节上，只有保持细致的工作态度，在细节上下功夫，才能保证完美执行。

看看肯德基、麦当劳，凡事皆有高标准、严要求，不忽视任何一个细节。土豆条炸到怎样的程度？牛肉饼的分量够不够？店堂是否清洁？音乐是否优美？等等细节，都被企业列为不可忽视的执行标准。再看看美国希尔顿饭店的高标准服务，从中我们可以发现：执行落实到每个细节是多么重要。

希尔顿是美国的“旅馆大王”，他严格要求员工：不管工作如何辛苦，都必须对客户保持微笑。他把“你今天对顾客微笑了吗”作为自己的座右铭，在他经营旅馆的50多年中，他经常巡视各分店，每到一家分店，他都不忘告诉员工：今天你对顾客微笑了吗？

1930年，美国遭遇了罕见的经济大萧条，80%的旅馆在这次危机中倒闭。希尔顿旅馆也遭遇了前所未有的困境，尽管如此，希尔顿仍然有坚定的信念，他积极飞赴各分店，鼓励员工一起共度难关。在借债度日期间，他仍然要求员工对客户微笑，他呼吁："万万不可把心中的愁云摆在脸上，无论遭到何种困难，'希尔顿'服务员脸上的微笑永远属于顾客！"

由于全体员工在服务中很好地贯彻了微笑原则，希尔顿旅店感动了很多人。因此，希尔顿旅店的回头客特别多，渐渐地，它走出了低谷。后来，当希尔顿旅店不断扩大规模时，希尔顿问员工们："你们认为还需要添置什么？"员工答不上来。希尔顿笑着说："还要继续添置有一流的微笑！"

希尔顿告诉员工："如果我是一个旅客，单有一流的设备，没有一流的服务，我宁愿弃之而去住那种虽然设施差一些，却处处可以见到微笑的旅馆。"正是因为全体员工把执行落实到微笑这一细节上，希尔顿旅店才能至今屹立不倒，傲视群雄。

或许有人会说："执行任务就执行任务，何必要微笑呢？我们又不是卖笑的，笑与不笑有什么关系吗？"殊不知，微笑这个细节可以体现企业对顾客的尊重，能让顾客感到温暖和愉悦，使顾客对公司产生好感。

全球第一零售巨头沃尔玛也要求员工对客户保持微笑，并且有明确的规定：员工必须对三米以内的顾客微笑致意，甚至还有微笑的细则——要露出8颗牙齿。另外，当顾客提出问题时，员工永远不能说"不知道"。可以说，沃尔玛帝国有如今的成功，与它注重执行细节是分不开的。

有人曾问世界最伟大的建筑师密斯·凡·德罗："你的成功秘诀是什么？"密斯·凡·德罗的回答只有简单的六个字："秘诀在细节中。"他反复强调："不管你的建筑设计方案如何恢弘大气，但如果你不把握好细节，永远称不上是一件好作品。"其实，不仅是建筑设计，经营企业、管理企业也是如此。

比如，张老板想与一位客户合作，于是邀请客户来公司考察。在客户来公司之前，张老板就把客户的情况了解清楚了，给客户定的酒店是客户以前经常入住的，给客户准备的饭菜是客户最喜欢吃的，而且客户来访的第二天，正巧是客户的生日。张老板给客户精心准备了一场生日晚宴。这些细小的举动让客户非常感动。最后，客户答应了张老板的合作意向。张先生之所以能打动客户，赢得重要的签单，正是因为他在攻关客户的过程中注重细节。这个例子再次告诉我们，执行一定要落实到细节，才能保证圆满完成任务。

6 执行力不讲如果，只讲结果

巴顿将军在他的战争回忆录——《我所知道的战争》中，记录了这样一个故事：

“我要提拔人时常常把所有的候选人排到一起，给他们提一个我想要他们解决的问题。我说：‘伙计们，我要在仓库后面挖一条战壕，8英尺长，3英尺宽，6英时深。’我就告诉他们那么多。我有一个有窗户或有大节孔的仓库。候选人正在检查工具时，我走进仓库，通过窗户或节孔观察他们。我看到伙计们把锹和镐都放到仓库后面的地上。他们休息几分钟后开始议论我为什么要他们挖这么浅的战壕。他们有的说6英时深还不够当火炮掩体。其他人争论说，这样的战壕太热或太冷。如果伙计们是军官，他们会抱怨他们不该干挖战壕这么普通的体力劳动。最后，有个伙计对别人下命令：‘让我们把战壕挖好后离开这里吧。那个老混蛋想用战壕干什么都没有关系。’”最后，巴顿写到：“那个伙计得到了提拔。我必须挑选不找任何借口地完成任务的人。”

“不找借口”是优秀执行者的必备素质。“不找借口”是西点军校的流传已久的传统。

当长官问："为什么不把鞋擦亮?"如果学员回答："哦，鞋脏了，我没时间擦。"那么，很可能遭到长官的一顿训斥。因为长官要的是结果，而不是似是而非的借口。没有任何借口是西点军校奉行的重要的行为准则，它强化了每一位学员的执行力，提高了每一位学员的责任心。从西点军校走出来的学员在工作中很少找借口，因为"不找借口"的理念已经烙刻在他们的思想里。

德国国家足球队也有不找借口的传统，他们在足球场上取得过辉煌的战绩。其中，最大的原因就是彻底贯彻教练的意图、承担自己的角色所担负的任务。即使球队在场上比分落后，全对陷入困难，他们也一如既往地执行既定战略，不找任何借口。他们从来不会说："如果我们没有落后，我绝不会放弃防守，疯狂进攻。"这种执行精神是每个企业管理者都应该具备的。

彼特是公司的营销部经理，主要负责产品营销业务，深得上司的器重。然而，有一次他由于执行不力，导致一笔重要的业务被别人抢去了，给公司造成了较大的损失。事后，领导询问他为什么错失这笔业务，他说："如果不是我的脚伤发作，我就不会晚半小时到达，那笔业务就不会被对手抢去。"

原来，彼特曾经历了一次车祸，他的脚在车祸中受伤了。不过，受伤并不严重，只是轻微的跛，根本不影响正常行动，也不影响他工作。如果不仔细看，谁也不知道他跛脚。

领导听了他的解释，虽然不是很高兴，但是想一想彼特给公司做出的贡献，就原谅了他。没想到，领导的宽容没有换来彼特的回报，反而使彼特越来越频繁地找借口。每当遇到有点棘手的业务时，彼特就会以腿脚不便为由来推诿工作。如果有比较好揽的业务时，彼特就会跑到领导面前，说："我的脚不行，公司应该在业务方面对我照顾点。"

渐渐地，彼特养成了找借口的习惯，每当执行不力时，他就会找借口推脱责任。时间一长，他的业绩下滑了很多。领导原本器重他，见他越来越爱找借口，对他感到非常失望。终于有一天，领导忍无可忍，将其扫地出门。

乔治·华盛顿·卡佛曾经说过："99%的人之所以做事失败，是因为他们有找借口的恶习。”一旦你养成了找借口的恶习，你所表现出来的拖拉、磨蹭、推诿、没效率等毛病，会严重影响整个团队的合作氛围。你将会因此失去别人的好感，尤其是你的上司和你的下属，当然，还有你的同事。也许你的某些借口看似合情合理，但是你必须明白，如果在工作上没有取得良好的业绩，最终受害的是你自己。

职场是一个靠业绩说话的地方，而不是靠借口生存的地方。俗话说：“躲得过初一，躲不了十五。”你找借口能混一时，却无法一直混下去。比如，有位管理者在一家公司工作了十多年，一直没有获得晋升，相反，老板一步步将他降级到更低的职位。最后，把他降级为一名普通的仓管员，他感到很不解，于是找老板理论，意思是他没功劳也有苦劳，但是老板却说：“不是我要降你级，而是你没有取得业绩，而别人取得了业绩，我必须对别人表示认可。”这位老板的话是非常有道理的，他告诉人们：职场讲的是业绩，讲的是结果，而不是讲如果，讲借口。

综观《财富》500强公司中的管理者，他们有一个共同的优点：执行只讲结果，不讲如果。无论在执行中遇到何种困难，他们都会想尽办法去解决，他们相信方法总比困难多，他们牢记自己的责任，一旦接受任务，就会负责到底。正是因为执行力强，他们才能成为世界500强企业中的一名管理者。

7 没有胜算就换条路，将执行贯彻到底

曾经有一位商人在谈到“卖豆子”时，说过一段充满激情和智慧的话：“如果你有一堆豆子要卖，必须完成这个目标。你可以先卖豆子，如果豆子行情不好，你可以马上转换思维，用其他的办法把豆子换成钱；第

一种办法：把豆子沤成豆瓣酱，卖豆瓣酱；第二种办法：把豆子做成豆腐，卖豆腐；第三种方法：让豆子发芽，卖豆芽；第四种方法：把豆子变成豆浆，卖豆浆。”

如果有人认为这四种办法都行不通，该怎么办呢？商人继续说：“那么你可以继续想办法。如果豆瓣酱不好卖，就把豆瓣酱腌了，改卖豆豉；如果豆腐不好卖，可以把豆腐弄硬、弄干，卖干豆腐，甚至可以放几天改卖豆腐乳，如果豆芽不好卖，可以让豆芽长大一点，改卖豆苗，或者再让它长大点，改卖盆栽……”

就像商人所说的那样，在这个世界上，成功的道路千万条，你走的是哪条？做事的方法千万种，你用的是哪种？当你反复尝试之后依然发现此路不通时，你会换条路吗？当你用同一种办法做事，却总是失败时，你会换一个方法吗？身为企业老板、企业高管，有时候需要执著，有时候却需要转换思维。只有这样，才能更圆满地执行任务。

华人富豪李嘉诚可谓家喻户晓，他在成功的道路上，曾遇到过很多棘手的难题，每到这个时候，他都会转换思维，换一种方法去行动。

李嘉诚在做推销员期间，曾去推销过一种塑料洒水器，他拜访了好几家客户，都没有引起客户的兴趣。眼看着一上午过去了，李嘉诚却一无所获。他想如果下午还用这种办法推销，肯定无法成功，到时候回去没办法向老板交差。于是，他不断思考其他的推销方法。

当他来到一栋办公楼时，他看到楼道里落满了灰尘，于是灵机一动，去洗手间往洒水器里装了一些水，然后把水洒在楼道里。楼道经他这么一洒，一下子变得干净起来。李嘉诚的举动立即引起了办公楼主管的兴趣。那天下午，李嘉诚卖掉了十几台洒水器。

在做推销员的过程中，李嘉诚非常注重分析和总结。他把香港分成几片，并对各片进行结构分析，从中发现潜在客户，然后有目标地跑业务。这样一来，他的推销业绩自然比别人好得多。其实不只是在推销中李嘉诚善于转换思维，寻找新方法，在企业经营和管理过程中，他也秉承这一工作理念，从而一次次把握了改变命运的机会。

最优秀的人，是最重视找方法的人。他们相信凡事都有解决的办法，并且总有最佳的办法。对于成功者而言，一旦定下了目标，一旦接受了上司的任务，他们就不会轻易改变目标，轻易放弃执行任务。即便有过不去的坎儿，他们也不会就此放弃，而是调整思路、改变方法，从而找到解决问题的突破口。

很多时候，也许一句“没办法”是你做不到的最好理由。然而，正是一句“没办法”，浇灭了企业的创造之光，扼杀了企业的伟大战略决策，羁绊了企业发展壮大的步伐。我们平时在工作中经常会遇到这种情况：你的计划行不通。这个计划也许是个商业计划，也许是个产品战略计划，也许是一个美好的创意，等等。不管是什么，当你发现行不通时，你会像很多人那样做吗？说一句“没办法”，然后叹一声气，就把美好的计划搁置了。

当然，也有一些管理者会尽力去找方法，解决问题，甚至为此花费巨大的代价，也在所不惜。但是回头想一想，这样做值得吗？也许有时候只需要改变一下解决问题的思维，用简单的办法，用最小的花费，就能高效地将问题彻底解决，将执行贯彻到底。有这样一个故事，值得管理者们深思：

联合利华更新了一批自动香皂包装机以后，在生产过程中出现了一个棘手的问题：有些香皂盒里没有肥皂。这样不但造成香皂盒浪费，更可怕的是，有可能把空香皂盒卖出去，造成对消费者的欺骗。

怎样解决这个问题呢？公司管理层让工人在装配线一头检查，但是这样效率太低了。没办法，公司决定聘请一个由自动化、机械、机电一体化等专业人士组成的博士团队，来研究解决这个问题。经过长达半年的研究，花费了几百万，终于研发了一种全自动的X光透射检查线。这样一来，所有的装配线上等待装箱的香皂盒经过X射线的扫射，空肥皂盒就会被检测出来，然后机械上设置的机械臂就会将空肥皂盒取走。

很巧，联合利华遇到的空肥皂盒问题，在另一家乡镇企业也出现过。这家企业是怎么解决的呢？老板命令工人们一定要想办法，最后，工人拿来一台电风扇，安放在装配线上，对着那些等待装盒的肥皂吹，结果，空肥皂盒被风吹走了，问题很轻松地就解决了。

同样一个问题，联合利华花费了巨大的资金、人力来解决，问题是解决了，但是由于花费太大，显得有些得不偿失。而那家乡镇企业采用简单的思维，用最简单的办法把问题解决了，保证了生产线上的肥皂顺利装盒。

由此可见，在执行过程中，面对困难虽然要有不放弃的精神，要学会找方法，但我们一定要找最简单、最有效的方法，这样才能以最小的代价去解决问题，这样才是高效执行，才是聪明执行，才能赢在执行。

8 有效的执行需要有效的监督机制

不少企业存在“半截子”工程。管理者把任务布置下去之后就不再过问，而员工在执行中一旦遇到困难，就可能会拖延、敷衍，甚至干脆把任务搁置起来，不去执行。等到管理者追问结果时，员工就开始找借口为自己推脱。或者员工的执行偏离了正确的方向，与管理者所期望的大相径庭。这样一来，好的战略没有得到贯彻执行，好的想法没有落实到结果上，就不可能给企业带来效益。执行离不开监督，要想员工有效地执行任务，就必须建立有效的监督机制。

克里斯托弗·高尔文是摩托罗拉创始人的孙子。1997 年，他接任公司 CEO。上任之后，他认为应该对员工充分授权，完全放手，让高级主管充分发挥能力。可是，在授权之后，他不重视监督，不关注员工的执行效果，导致公司经营出现重大失误。为此摩托罗拉公司的市场占有率逐步下降，股票市值、赢利也连连下跌。到了 2001 年，摩托罗拉开始出现了亏损。

对摩托罗拉这样的大公司，出现这样的严重后果，确实是罕见的。而问题的关键就在于克里斯托弗·高尔文只知道放权，却没有做好监督。这样最明显的弊端就是，无从得知员工的工作情况，不能及时了解问题，调整战略。

最典型的一次事件是，营销总经理福洛斯特建议克里斯托弗·高尔文把业绩不好的广告代理商麦肯广告撤换掉。但是高尔文没有采纳这个建议，因为他对麦肯广告的负责人非常信任，他表示要给对方一次机会，放手让对方去经营。

结果一年之后，麦肯广告公司糟糕的经营状况令他震惊不已。于是，他赶忙撤掉麦肯广告公司。可笑的是，克里斯托弗·高尔文在这一年间，并没有问及麦肯广告公司的经营情况，下属也没有向他汇报麦肯公司的情况。

还有一件事：摩托罗拉曾决定重磅推出一款"鲨鱼"手机，这款手机厚重、价格昂贵。克里斯托弗·高尔文原本知道欧洲人喜欢简单、轻巧的机型，但是他在决策时，只是轻描淡写地问下属几句有关市场调查的情况，然后就同意推出这款手机。结果"鲨鱼"手机在欧洲市场严重亏本。事实上，就算决策失误，只要在事后加强监督，也可以在第一时间发现问题，及时调整战略，避免遭到重创。

从克里斯托弗·高尔文不重视监督的失败经历中，我们可以吸取很多教训：无论是员工落实制度，还是执行任务，作为企业老板和高层管理者，都应该建立有效的监督机制，关注员工执行的效率和进展。只有当管理者关注"回报"，员工才会给你"回报"。前一个"回报"是指"回来报告"，即员工及时向你汇报自己的工作进展，后一个"回报"才是报答和收益。

在企业经营管理中，很多老板把任务交代给员工，就不去过问，等到后来发现事情不对劲时，又责怪员工。殊不知，因为管理者不重视监督，不要求员工汇报，员工自然不做汇报。例如，下面这种情况很常见：

一天，老板对市场部的王经理说："我这里有一个市场推广任务交给你……"老板和王经理谈了两个小时，交代了诸多背景、重要性、目标、权限范围、风险等等。讲完后，老板习惯性地问了一句："你清楚了吗?"

王经理说："没问题，我马上就安排人去办。"

王经理回到办公室，立即召集手下的骨干员工，谈了30分钟，把任务布置下去。

三天后，老板被一系列重要事务缠着，忘记了给王经理布置的事情。一周过去了，直到半个月后，老板才突然想起那件事，于是马上问王经理事情办得怎么样了。王经理把事情的进展情况向老板汇报了一下，结果老板大惊失色，大声嚷嚷道："你怎么这么干呢？你怎么不早向我汇报呢？"

你布置任务之后，要求员工汇报工作进展情况吗？你是怎样监督员工的执行情况呢？很多管理者喜欢听员工汇报，却不知，真正有效的执行是双向沟通和反馈，既要求下属向上司汇报，也要求上司主动走下去，去了解员工的执行情况，及时发现员工执行中存在的问题，以便给予指点和帮助，这样才能保证下属不偏不倚地按照目标去执行。

大公司管理的精髓在于：管理者主动去检查和监督，是促进员工把工作落实到位的关键。因为员工的自觉性再好，能力再强，也需要管理者的监督。没有监督，结果执行不到位，出了大问题时，后悔就晚了。

不过，监督不等于监视，有些管理者恨不得监视员工的一举一动，甚至为此不惜破费金钱，费尽心思，借助高科技手段监视员工，期望员工认真地对待工作、不偷懒、不耍滑。比如，员工出差，会给员工发放一部带有定位系统的手机，实现随时了解员工动态的目的。殊不知，这不叫监督，而是监视和窥探，必然会遭到员工的反感和抵触。

事实上，最有效的监督是最简单的。管理者不用监督太多，只需监督和控制最重要的环节。就像汽车上的表盘、仪表，是给司机做监控用的，司机只需要控制速度和路线，就能保证汽车安全行驶。管理者对员工的监督亦是如此。你给员工布置任务后，只需要讲明任务完成的时间和要达到什么效果——这个效果最好可衡量。然后，在员工执行任务期间，你隔三差五地问明情况，关注进展，询问员工是否遇到困难，及时给予指导，这就足够了。

第十一章 Di Shi Yi Zhang

危机管理：企业家天天想的就是危机在哪里

21世纪，没有危机感就是最大的危机。如果经营者没有危机意识，管理者不懂得居安思危，就算是“百年老店”，也难逃倒闭的命运。身为老板，当企业处于兴盛时，千万不要妄自尊大。只有未雨绸缪，控制好风险，增强企业的免疫力，你的企业才能长治久安。

1 百年老店也会破产，老板千万不要自我陶醉

有一项关于企业寿命的调查：12.5 岁，这是欧洲和日本企业的平均寿命；8.2 岁，这是美国企业的平均寿命；4.2 岁，这是中国企业的平均寿命。其中，中国民营企业的平均寿命是 2.9 岁，中国跨国企业的平均寿命是 11.5 岁。而世界 500 强企业的平均寿命是 41 岁，德国四分之一的企业寿命超过了 100 岁。

这项调查说明了什么呢？做企业很难，把企业做大、做强更难，而要想把企业做成一家“百年老店”则是难上加难。但是，就算有幸做成了百年老店，也不意味着企业就可以一直昌盛下去，因为如果企业经营者没有危机意识，企业管理者不懂得居安思危，“百年老店”也无法摆脱倒闭的命运。

看看北京隆福大厦，这家发端于明朝庙会的企业，几年前因经营不善偃旗息鼓，随后传出要拆除的消息；“王麻子”剪刀，这家有着悠久历史的企业，也在多年前退出了历史舞台；还有一些餐饮类的企业，诸如玉华台、厚德福等，都因经营不善而倒闭。为什么这些企业也会破产呢？让我们以“王麻子”为例，来看看具体原因吧！

1959 年，“王麻子”剪刀厂成立（其前身是清朝顺治八年，也就是公元 1651 年，在北京菜市口的一家以经营剪刀、火镰为主的店铺。由于这家主人姓王，脸上长有麻子，所以人称“王麻子”）。1985 年，该企业被国家内贸部认定为“中华老字号”企业。生意红火时，“王麻子”剪刀一个月卖出过 7 万把菜刀、40 万把剪子，其产品远销港澳及东南亚地区。

然而，上世纪90年代，“王麻子”剪刀开始衰落。当时国家取消了对小商品的保护政策，产品全面面向市场，由于该厂的设备陈旧，而且无力更新设备，在新工艺和不锈钢领域，“王麻子”也落后于同行。与此同时，南方多个地区出现了数百个剪刀厂，它们凭借先进的工艺、低廉的价格、丰富的品种，迅速跻身于剪刀市场的前列。

事实上，市场竞争只是王麻子破产的其中一个原因，关键的原因在于“王麻子”企业内部重组的失误。1995年，经相关组织的撮合，“王麻子”与北京文教器材厂等四家企业组成一个集团，而这四家企业根本就是八竿子打不着、毫无关联的行业，被强行绑在一起的后果可想而知。

当时如果“王麻子”能够果断地进行体制调整和技术更新，完全可以凭借多年积累下来的品牌优势，成功实现自救。但是重组之后，出现了诸多问题，比如体制混乱，领导层管理混乱，产权混乱，企业之间债务不清等等，这直接让“王麻子”剪刀陷入困境，经过连续几年的亏损，企业最后连工资都发不出来了，甚至不得不借钱给员工发工资。

2001年，陷入混乱中的“王麻子”剪刀被迫停产，最终宣告破产。

“王麻子”剪刀厂之所以破产，最根本的原因在于企业管理者缺乏危机意识。这主要表现在两个方面：一方面，企业管理层对危机管理认识不够，随意地组合企业，结果造成体制混乱、管理混乱、债务纠缠不清等隐患；另一方面，管理层对市场竞争的危机感不够敏感，没有及时跟上市场竞争的步伐，没有做好应对市场竞争的规划。所以，在竞争中逐步落入下风。

其实，“王麻子”剪刀厂的倒闭原因具有一定的普遍性。在中国如此，在国外也是如此。这两方面原因，一方面是管理危机，一方面是竞争危机，前者属于内部危机，后者属于外部危机。当然决定企业生死的关键在于内部危机，内部危机导致企业在面对外部危机时无力抵抗。当然，说到底，还是企业老板以及高层管理者的危机意识不够，对企业所取得的成就沾沾自喜，才会导致一系列的管理问题和竞争问题。

哈佛商学院教授理查德·帕斯卡尔曾说过："21 世纪，没有危机感是最大的危机。"每个企业的发展都要经历一个成长、成熟的过程，但如何把握这个过程呢？关键是注重每一环节，控制好风险，增强企业的免疫力，培养员工的危机意识和忧患意识。这对任何一家企业的发展都是至关重要的。

身为企业老板及管理者，当企业处于兴盛时，千万不要妄自尊大。如果老板认为企业不会受到什么冲击，更不会被市场淘汰，于是站在员工面前夸夸其谈、沾沾自喜，不知天高地厚，那么企业是很危险的。

要知道，天外有天，人外有人。当你站在行业的前沿时，时刻都会被人关注，别人时刻都在想办法赶超你。所以，你要从市场的角度积极研究发展战略，及时调整产品结构和档次，不要盲目扩张，更不要因为盲目扩张而放弃自己的主业，热衷于副业。否则，企业注定会走向灭亡。

在这些方面，深刻的教训比比皆是，比如，秦池、沈阳飞龙、三株等企业，他们曾风光过，曾红透大江南北，但是最终还是烟消云散。根本原因就在于，面对企业的辉煌时，管理者缺乏危机意识，他们被眼前的效益所蒙蔽，对市场缺乏长远的认识，他们轻视企业管理和企业文化，一味地追求利益最大化，这种"小农意识"注定会像流星般一闪而过，企业只能是昙花一现。

再看看那些历经百年，依然强盛不衰的企业，它们无不重视危机感，它们甚至把"危机感"作为激励员工积极创新的原动力，让员工时刻都有被淘汰的思想意识。海尔集团的张瑞敏用"始终战战兢兢，日日如履薄冰"来自律；微软公司的比尔盖茨以"微软离破产只有 18 个月"来警醒自己。在这种危机意识下，企业经营者才能用长远的眼光看待企业的未来，认真研究自身发展的方向和目标，制定科学合理的管理策略，不断加强创新意识，加强员工的培训，从而提高自身应对危机的防范能力。

2 企业家天天想的就是危机在哪里

辽阔的非洲大草原上生活着一种蝙蝠，它们身体很小，以吸食动物血为生，是野马的天敌。当它们发现目标（野马）时，就会悄悄接近，然后趴在马腿上，用锋利的牙齿慢慢地咬破马腿，把尖利的嘴插进马腿中吸血。

一开始，野马只是感觉到一点疼痛，它会用蹄子踢一下，然后继续吃草。但是渐渐地，野马会感到腿部麻木，全身发软。这个时候，它本能地用蹄子再踢，但是一切都晚了。不一会儿，野马就会在痛苦中死去。

野马最大的敌人不是狮子，不是猎豹，也不是豺狼等猛兽，而是不起眼的吸血蝙蝠。对于这些吸血蝙蝠，野马丝毫没有防范意识，根本想不到小小的蝙蝠会终结自己的性命，最终招致了灭顶之灾。

其实，很多老板及管理者就像野马一样，他们眼里只看得到“大危机”，对于细小的危险却视而不见，甚至根本没有意识去防范。然而，任由这些细小的危机发展下去，可能会葬送企业的生命。

中国软实力权威专家邓正红先生表示，细小的危机对大企业来说或许暂时不是什么问题，但是对中小企业而言，“蝙蝠吸血”现象却是一个危机潜伏的信号，如果不重视细小的危机，积累到了一定程度，潜在危机就会突然显现出来，甚至会对企业造成致命的打击。

所以，企业家应该经常思考一个问题：企业的危机在哪里？那么，企业的危机到底在哪里呢？我们不妨从阿里巴巴总裁马云的一段讲话中来体会一下。2007 年，在杭州第四届中国网商大会上，马云讲过这样一番话：

“阿里巴巴有没有危机？我觉得危机很大……我以前也在想公司大点可能老板就轻松了，我现在发觉公司越大老板越累，企业家天天想的就是危机在哪里。感冒你治也是7天，不治也是7天，它会好的，而且有时候公司内部有问题是个好现象，有些东西也许今天没事但是可能今后会成为癌症。作为企业家，在内部不断关注癌症的癌变，这很痛苦。如果你真的能够找到癌细胞了，那你也是顶尖人物，今天马云不是顶尖人物，但是天天在关注。所以，我觉得公司内部有危机，公司内部的危机在于：电子商务的高速发展，未来5年会出现井喷现象，但是阿里巴巴是不是准备好了呢?”

不论你是大企业，还是小企业，不论你是知名企业，还是不知名的企业，你都不可避免地会遇到产品、价格、人才、信息、财务、信誉等种种危机，这是当今时代企业经营者必须面对的问题。而管理危机的最好办法就是准确遇见，迅速建立预防机制。因此，具有远见卓识的经营者总能在危机大爆发之前，把危机消灭掉。在这一点上，大卫·诺瓦克——世界连锁餐饮巨头百胜集团的CEO为我们树立了典范。

2005年，亚洲部分国家出现了禽流感，在禽流感猖狂蔓延之前，诺瓦克和他的团队就已经知道危机在哪里——鸡肉。要知道，百胜集团（尤其是中国的肯德基）的鸡肉销量一旦供应不上，那么将会严重影响企业的效益。因此，诺瓦克提出了一个问题：面对禽流感恐慌怎样支持肯德基并继续销售鸡肉呢?

在提出这个问题后，诺瓦克忠告自己的团队：“我们现在最关键的是保障供应肯德基的鸡肉的安全。”首先，他在百胜集团内部宣传这一消息，让大家对这个问题达成共识。同时，他对外做出宣传：世卫组织已经证明高温是杀灭禽流感病毒有效的方法之一，而肯德基门店所提供的鸡肉，更是经过高温消毒的。通过这种教育和宣传，诺瓦克很好地协调了内外部的利益相关者，使得“鸡肉保卫战”圆满成功。

这一举动果然见效，当禽流感在亚洲多个国家集中爆发时，很多有关鸡肉的餐饮企业遭受重创甚至直接倒闭，而肯德基的利润先是小幅下将，但不久之后就有了显著的反弹。可以说，整个禽流感时期，肯德基的利润并未受到大的影响。

身为企业的管理者，你是否能够做到像诺瓦克那样未雨绸缪呢？如果你希望像他一样成功地抵御危机，那么你就应该树立强烈的危机意识，并且在企业中营造充满危机感的氛围。为此，你应该加强对员工的职业培训，引导员工理解企业发展中可能遇到的问题，并督促员工有意识地去预防。最后，还要训练员工在危机来临时的应急处理能力。

3 成功就是把所有的潜在风险都干掉

我国古代有一个关于神医扁鹊的故事：

扁鹊三兄弟都是医生，但医术高低各不同，名气大小也不一样。大哥医术最高，但是名气却最小。为什么呢？因为他总是在疾病尚在皮肤上起色时，就观察出病情，然后给病人下几剂药，病很快就好了。所以，人们以为他只能治小病，故而名气不大。

二哥医术比大哥的医术差一点，名气反而比大哥的名气大。因为他要等到疾病进入到病人的肌骨时，才能识别出病因并治好，所以，人们认为他的医术更高明一些。

扁鹊的医术最差，非要等到疾病进入肝脏，病人已经快不行了时，他才能看出病因，然后大动干戈，将病人救活。也正因为如此，别人都称他能让病人起死回生，称他为“神医”，他也因此后世闻名。

扁鹊三兄弟的故事，可以促进我们反思企业的危机管理。在企业危机管理中，也有类似的三种管理者。一种管理者像扁鹊的大哥那样，在危机刚露出苗头时，就把危机消灭掉，这个时候投入的成本最小，成功率最高，对企业的发展最为有利。一种管理者像扁鹊的二哥，要等到危机表现得更明显一点，才能发现危机并将危机消除。还有一种管理者像扁鹊，非要等到危机大爆发后，才意识到危机的严重性。

对比这三种管理者，你认为哪一种管理者在危机管理方面是最高明的呢？毫无疑问，当然是像扁鹊大哥那样的管理者，因为他善于从看似平常但又有些异常的现象中发现企业潜在的危机并将其消除，而不是在危机彻底爆发之后，再启动应急措施。这就像扁鹊的大哥给人看病，只要观其肤色就能预判病因，然后用最小的花费给人治病。这难道不是更高明吗？

有些企业在发展过程中，看似很红火、很景气，但却突然倒闭了。这是为什么呢？究其原因，大多是因为管理者没有发现企业的潜在危机，或发现一些小问题后不予重视，结果造成“千里之堤毁于蚁穴”的悲惨结局。

2002 年 5 月，一些地方小报上刊登了关于“微波炉存在对人体有害的辐射”的文章，文章中指出，微波炉带有强辐射，而且用微波炉制作出来的食物营养会全部流失。身为微波炉行业的引领者的格兰仕根本没把这篇文章当回事，没想到，在随后的两个月内，类似这篇文章的报道在全国 500 多家平面媒体上发表。这直接造成格兰仕微波炉的销量从天上掉到地下，市场份额迅速缩水。

格兰仕微波炉的销量大幅下降，市场份额迅速缩水，这怪不了别人，要怪只能怪格兰仕的管理者缺乏潜在危机的察觉能力。一个企业的管理者若不具备潜在危机的洞察力，他就会在危机丛生的市场竞争中疲于被动“救火”，看到产品质量出现了问题，马上处理产品质量问题；看到大批消费者投诉，马上处理消费者纠纷。这样一来，管理者就会非常被动，而且经常会顾此失彼，对企业的发展严重不利。

反之，如果管理者具备潜在危机的洞察力，就可以从被动救火转为主动出击，在危机还未显山露水时，在危机还处于萌芽状态时，就将危机统统干掉。如此，就会非常轻松地将危机消除，从而保证企业稳定地发展。

对于企业管理者来说，洞察潜在危机是保证企业发展的必要策略。而对这一策略的忽视将给企业带来惨重的损失，而能及早意识到危机并采取有效的措施，将危机扼杀于无形，是成本最低的危机管理方式。所以说，危机的预防永远胜于危机事件发生后的应对，不论事后应对危机是否成功。

为什么有些管理者不愿意花费人力、物力、财力来思考和制定危机预防机制呢？因为他们存在侥幸心理，觉得危机没有想象中那么严重，即使危机出现了，也可以顺利地控制危机。或许，只有等到企业在危机中栽跟斗了，心存侥幸的企业经营者才会幡然醒悟，重视危机预防管理吧！

4 防微杜渐，不要忽略任何一个错误

1969 年，美国斯坦福大学心理学家菲利普·辛巴杜做了一个实验：

他找来两辆一模一样的汽车，把一辆汽车停在加州帕洛阿尔托的中产阶级社区，把另一辆汽车停在相对杂乱的纽约布朗克斯区，并把这辆车的车牌摘掉，把顶棚打开。结果，停在纽约布朗克斯区的汽车当天就被偷走了。而停在帕洛阿尔托的那辆汽车，一个星期依然安好。后来，辛巴杜把这辆汽车的玻璃敲破了，结果，几个小时后，它就被偷了。

以这项实验为基础，美国犯罪学家凯琳和美国政治学家威尔逊提出了一个理论——破窗效应。他们认为，如果有人把窗户玻璃打破了，而主人

没有及时维修，那么别人会打破更多的窗户玻璃。久而久之，这些破窗户就会给人一种无序感，这种无序感又会滋生犯罪。

其实，“破窗效应”在生活中也十分常见。比如，一面墙上有一些涂鸦，但是没有被及时清洗掉，很快墙上就会被画得乱七八糟；地上有一些垃圾，没有得到及时清理，很快地上就会出现更多垃圾，因为地上有垃圾，人们再扔垃圾时，就不会觉得羞愧。而在干净的地方，地上没有任何垃圾，人们会不好意思扔垃圾。

同样，在企业管理中，管理者必须防微杜渐，高度警觉那些看似微不足道的错误，尤其是当这个“小错误”触犯了公司的核心价值时，一定要及时修好“第一扇被打碎的窗户玻璃”。否则，不仅会给企业带来巨大损失，甚至还会颠覆企业的文化和理念。

美国有一家公司很少炒员工鱿鱼，但这并不意味着公司对员工一味地纵容。

有一天，资深车工杰瑞在切割台上工作时，竟然把手中的切割刀的防护挡板卸了下来。切割刀没有防护挡板，就意味着存在安全隐患。但杰瑞想，这样切割材料会更方便、更快捷，可以在中午休息之前，完成三分之二的切割任务。

不巧的是，主管在车间巡视的时候，发现了杰瑞的举动。当时主管雷霆大怒，立即命令杰瑞把切割刀的防护挡板装上，然后又大声训斥了杰瑞，并声称要扣除杰瑞一天的工资。

第二天一上班，杰瑞被通知去见老板。老板对他说：“身为公司的老员工，你应该清楚安全对公司意味着什么。你今天少完成一些工作，公司少获得一些利润，我们还可以换个时间补回来。但是，一旦你发生了事故，比如，失去了胳膊，甚至失去了生命，那么公司永远也无法补偿回来……”最后，老板决定辞退杰瑞。

离开公司那天，杰瑞痛哭流涕。他在公司工作多年，曾有过风光，也曾有过不近人意的表现，但是公司从来没有对他“痛下杀手”。可这一次不同，他知道，这次他触碰了公司灵魂的东西，所以他无法被原谅。

危机来自哪里？也许是来自于员工对企业制度的一次无视，也许是来自于员工对顾客的一次羞辱，也许是来自于不经意间对产品质量监测的大意。汪中求说过："细节决定成败。"当管理者发现一个错误时，哪怕这个错误非常微小，都应该予以重视。尤其是当员工违反了企业制度，触犯了企业灵魂的东西，比如经营理念、企业价值等时，管理者更应该严肃处理，甚至是无情处理，就像杰瑞的老板那样。

在日本企业界，有一个名叫"红牌作战"的质量管理活动。"红牌"象征着对企业具有警示意义的提示，企业把这些红牌贴在一些有油渍、不洁净的设备上或者有污垢的室内死角，员工看到这些红色警示后，就要立即将其清理干净，从而营造出干净舒适的办公环境。在这种良好的办公环境中，大家都能身心愉悦地工作，而且不再忽视工作中的小纰漏。

事实证明，不忽视任何一个小错误、小细节，在企业经营的过程中是非常有必要的。俗话说："千里之堤，溃于蚁穴。"在工作中，小错误如果得不到及时纠正，可能会给企业带来无法弥补的损失；反之，如果及时纠正小错误，就能遏制错误的蔓延，从而避免产生更大的危机。

哈尔·尼达姆经营着一家裁缝店，他的手工活做得好，价格又实惠，附近的人都愿意去他那里做衣服，所以他每天都很忙。有一天，一位老妇人来到尼达姆的店里定做了一套礼服。按照约定，三天之后老妇人来取礼服。

可是，当哈尔·尼达姆做完礼服时，发现一只袖子比另一只袖子长了1厘米。正当他准备修改时，老妇人来到了店中。她穿上礼服，在镜子前面照来照去，感到非常满意，不时对哈尔·尼达姆手艺大加赞赏。

当老妇人准备付钱时，哈尔·尼达姆说："尊敬的夫人，我不能收您的钱。因为我礼服的一只袖子比另一只袖子长了1厘米，你能给我一点时间，让我把它修改一下吗？"

老妇人说："真的很抱歉，我马上就要去参加宴会了，可能时间来不及了。但是你放心，我不会在意这个小问题的。”

哈尔·尼达姆说：“夫人，可是我很在意这个问题，我不能容许自己犯任何错误，特别是有些错误可以控制，而我却犯了。请你给我一个机会，我只需15分钟，就能弥补这个错误，好吗?”

老妇人被哈尔·尼达姆的真诚感动了，于是脱下礼服，让他修改……

正是尼达姆这种勇于承认错误，一丝不苟的工作精神，使哈尔·尼达姆成为一名世界顶尖的服装设计大师。

不放过任何一个小错误，这是一种负责任的工作态度，也是防微杜渐、不留后患的危机意识的表现。身为企业老板、企业管理者，一定要重视细小的问题、细小的错误，要让员工明白小错的危害，让员工具备细节精神。这样企业才能避免犯大错，才能做到精益求精，做大做强。

5 处理危机要果断彻底，坚决不留后患

危机就像污水，必须处理干净，这样才能保证整个河流的水清洁。如果处理不干净，污水依然存在，河流依然会被污染。对企业而言，如果处理危机不果断彻底，危害将是“源远流长”的。

尽管我们说“防火”胜于“灭火”，但是总有防不胜防的时候。一旦没有防住“火灾”的发生，企业就应该尽力去“救火”，而且决策要果断，行动要迅速，补救要彻底，坚决不留后患。

1984年12月3日午夜，印度博帕尔的一个地下储藏罐泄露了一些有毒的气体。气体飘到空中，形成一块致命的白云，覆盖了周围25平方英里的区域。凌晨时，死亡人数多达1200人，中毒人数多达2万人。这种毒气

是用于制造杀虫剂的基本原料，由美国联合碳化物公司印度分公司生产。

当美国联合碳化物公司在美国的总部得到灾难的消息后，立即向全世界发出指令：停止该种气体的生产和运输，并立即派出医生和技术人员奔赴印度抢救中毒者、调查事故原因。

事故发生的第二天，公司的董事长沃伦·安德森飞到了印度博帕尔。他到达时，死亡人数已经超过2000名。面对新闻媒体的“围剿”，他镇定自若地处理了这件事。沃伦·安德森表示：“现在，我们要做的就是马上向印度方面提供帮助，送来医疗设备和防毒面具，派出医务人员等。同时，对遇难者家属表达慰问。”与此同时，技术专家小组已经查出了事故的原因，并堵上了泄露气体的储藏罐。

从总体上看，联合碳化物公司在这次危机处理中取得了很好的效果，赢得了主动权。后来，公司的发展并没有因为这次危机受到太多负面影响。

在危机爆发后，公司的最高管理者、焦点人物频频露面，四处“扑火”，可以表现公司对危机处理的重视，在一定程度上能够改善危机给公司造成的不良印象，更能激励员工勇敢面对危机。

在国内企业的发展过程中，也有过类似的果断处理危机、坚决不留后患的经典案例。比如，万科集团在处理“捐款数额问题引发的危机”时，万科管理层的危机处理能力得到了彰显。

2008年5月12日，四川汶川发生了8级大地震。当天，万科集团宣布向灾区捐款200万元。可是，这200万元与万科集团超过48亿元的净利润相比，简直是九牛一毛。因此，舆论普遍认为，万科集团的捐款数额太少，并对万科集团表达了不满。

随后，万科集团总裁王石在博客中的一句“200万是个适当的数额，普通员工的捐款以10元为限”，顿时一石激起千层浪，网友一致指责万科集团，不少人甚至开始抵制购买万科股票、万科住宅。随后，万科A股的股价就像万科的形象一样，从每股40元快速跌到每股18元。

面对这一危机，万科集团很快就在深交所的网站上公布：经公司董事会决定，公司将参与四川地震灾区的临时安置、灾后恢复与重建工作，并以绵竹市遵道镇为重点；该项工作为纯公益性质，不涉及任何商业性（包括微利项目）的开发；批准公司在净支出额度人民币1亿元以内参与上述工作；上述费用将在未来3~5年内，根据实际需要逐年支出。公司将在每年的年度报告中披露具体的支出情况。

这一消息公布之后，万科集团才算喘了一口气，大大改变了公众心目中"铁公鸡"的印象。

虽说王石不把公众的不满声音放在眼里，还火上浇油，说"200万元是个适当的数额"。但是随后，万科集团针对全面爆发的危机所采取的处理措施还是非常彻底的。因为万科集团知道危机的症结是大家不满意公司捐款的数额，因此，他们马上对症下药——支出1亿元参与救灾工作。这一举措在很大程度上消除了万科集团所面临的危机。

对企业而言，要想彻底地处理危机，关键就在于找出危机产生的原因，从根本上消除危机。最常见的几种引发危机的原因有：

（1）消费者投诉、状告公司引发的危机。比如，宜家危机的产生，是因为一位北京消费者向媒体反映，他在宜家所购买的商品两周都没有送到，随后众多类似的投诉引发了宜家来华的首次危机。又比如，宝洁SK－II危机的产生，就是一名江西消费者状告宝洁，理由是使用SK－II产品后并未收到宝洁公司所宣传的神奇功效，反而灼伤了皮肤。

围绕消费者所产生的危机，企业应该快速与消费者联系，满足消费者的合理要求，让消费者向相关媒体澄清事实。当然，有些消费者提出的要求很离谱，对此公司要认真研究，将产生危机的源头控制住，方能处理好这类危机。

（2）国外发生的问题在媒体的报道下引发了国内企业产生的危机。比如，美国科学家研究发现，高露洁牙膏中含有致癌的物质，而实际上这一报道源于英国一份不入流的小报，但是经过媒体的转载和报道，最后对高露洁公司造成了重大危机。

针对因国外发生的问题导致国内企业产生的危机，企业应该认真分析产品对消费者的影响，到底是有害还是无害，并诚恳地通过媒体告知公众。在处理时，公司的态度一定要诚恳，这对消费者的影响非常大。

(3) 相关部门发现企业产品质量问题或违法行为引发的危机。比如，某市食品药品安全委员会发表书面调查文件称，某公司使用了在保质期内的库存奶进行再加工。针对类似的质量问题所引发的危机，企业应该第一时间与相关部门联系，或者请专家或更高层次的管理部门做质量检测，澄清事实，还自己一个清白。

总而言之，要想彻底清除企业危机，就应该找到危机产生的原因，对症下药地处理危机，这样才能“药到病除”，不留后患。

6 公司完整的危机预警机制不可少

英国危机管理专家迈克尔·里杰斯特说过：“预防是解决危机的最好方法。”未雨绸缪，超前预防潜在的危机，这对企业而言是最好的危机管理预警机制。真正的危机管理高手善于通过事先分析、科学预测，制定相关的预警机制，防范可能性的危机。

对企业管理者而言，高度警觉的危机防范意识是不可或缺的，对企业本身而言，科学合理的危机预警机制是必不可少的。如果企业管理者缺乏危机防范意识，且公司缺乏危机预警机制，那么危机显山露水时，也不会引起企业重视，而当危机全面爆发时，企业将会遭受重创。

创建于1867年的雀巢公司至今已有140多年的历史，是全球规模最大的跨国食品公司。它所生产的食品，尤其是速溶咖啡，是企业的拳头产品之一，在全球都很受消费者欢迎。然而，雀巢公司缺少完整的危机预警机制，对危机的认识不够。在20世纪70年代，雀巢公司险些在信誉危机中一命呜呼。

危机事件发生在20世纪70年代末80年代初，当时有一种舆论，说雀巢食品会导致母乳哺育率下降，还会导致婴儿死亡率上升。当时公司的决策者不在意舆论的批评，也不出来澄清事实，依然我行我素。在竞争对手的煽风点火下，美国掀起了一场“抵制雀巢产品”的运动。

美国婴儿奶制品行动联合会发动会员到处游说，劝说美国公民抵制购买“雀巢”产品，还批评雀巢公司的商业行为不道德。面对危机，雀巢公司是怎么应对的呢？雀巢公司的应对策略很失败，他们一味地为自己辩护，结果遭到媒体更猛烈的抨击。

这场危机持续了10年之久，用美国新闻记者米尔顿·莫斯科维兹的话来说，这场抵制雀巢产品的运动是有史以来规模最大、最为激烈和最懂感情的战斗。直到1984年1月，雀巢公司才承认并实施世界卫生组织有关经销母乳替代品的国际法规，这场抵制运动才宣布结束。

回头想一想，如果雀巢公司有完整的危机预警机制，那么根据社会舆论，他们就能制定科学的应对策略。退一步说，危机爆发后若能科学处理，危机也不至于持续10年。雀巢公司应对危机的策略可谓拙劣无比，他们态度冷漠，被动应对，一味强调自己的产品没问题，结果非但没有消除危机，反而使危机愈演愈烈。

危机预警是危机管理的第一步，也是危机管理的关键环节。危机预警主要是人们对危机的认知，表现为具有强烈的危机意识，以及在认知的基础上，建立预警系统。也就是说，首先要有危机意识，其次，还应建立科学的预警系统。如果做好了这两点，纵然危机总是出人意料地发生，但是比较容易控制危机的全面爆发。

在危机预警阶段，企业主要应做好以下五个方面的工作：

第一，确定危机来源，对可能引发危机的现象或事件进行列举。

危机来源于何处呢？要想弄明白这个问题，企业可以从这样几方面进行调查：对公司的高层、中层、基层进行问卷调查；对大客户、经销商进行调查；对消费者进行调查；对政府部门、行业主管部门进行调查。通过调查这些人群，企业可以明确可能存在的危机。

第二，对危机进行分析。

对危机进行分析，主要表现为：分析危机发生的频率；分析危机发生的影响力；分析危机管理的难度；分析危机引起的公众关注度。企业根据这四条考评依据，可以评估可能性危机的状况。

第三，确定危机的预控策略。

假如危机爆发，企业应该采取什么策略来应对呢？对此，企业应提前做好预计。一般来说，应对危机的策略有四种，分别是“躲”、“侧”、“转”、“接”。

俗话说：“惹不起，躲得起。”打不过，总跑得过吧！“躲”就是把企业存在的一些危机爆发的诱因消除掉，避免做无谓英雄，正面和危机硬拼。比如，坚决避免小问题，改正小错误，尽量不要制定冒险性、风险大的战略决策。

所谓“侧”，指的是缓解策略。如果躲不起，也要侧身让一让，缓一缓，避免硬碰硬。通过各种措施，把危机的诱因控制在一定的范围内，从而缓解危机。

所谓“转”，指的是转移策略。如果侧不开，就把危机的诱因转移开。因为企业难免会碰到无法缓解的危机，这个时候应合理地转嫁风险。比如，将部分经营环节外包，购买保险等。

所谓“接”，指的是防备策略。也就是转嫁不了风向，那就承担下来，想办法防备。为此，企业应做好人、财、物的准备，积极承担风险。就像防洪一样，必须做好应对洪峰过境的准备。

第四，对员工进行危机管理培训和演习。

企业应开展危机管理教育和培训，一方面可以增强员工危机意识，一方面可以增强员工处理危机的技能，还能增强员工对危机的心理承受能力。在这方面，著名的可口可乐公司做得很好，它每年都要组织几次危机培训，培训内容像是做游戏，比如模拟记者采访，模拟处理事件过程，员工互换角色，总经理扮演公关人员，公关人员扮演普通职员。这样做是为了让员工从不同的角度来为事态的全局服务，从而更好地胜任危机之下的各种角色。

第五，对危机进行监测和报告。

企业应建立敏感度高、信息准确地检测系统，主要为了及时收集相关信息，并对这些信息进行分析、研究和处理，从而全面清晰地预测各种危机情况，准确地捕捉危机先兆，为处理各种潜在危机制定对策、方案，尽量确保危机不发生。

7 小公司在危机中更容易调整战略

俗话说："船小好调头。"小公司在经营过程中，通常涉足的领域和经营范围不宽，而且投资较少，一旦发生风险，可以立即调整企业战略。就算经营失败，甚至企业倒闭，也可以很快从困境中抽身而出，去经营其他的领域。可以说，小企业相比于大企业来说，灵活经营是最大的优势之一，也是预防危机时的一个优点。

美国金融风暴肆虐的时期，很多大公司遭受重创，利润严重下降，但是有一家小型进出口贸易公司却在危机中强势突围，利润不降反增，一举壮大了企业实力。该企业究竟是怎样应对危机的呢？

据该公司的总经理说，在金融风暴时期，公司所在的罗马尼亚市场出现了严重萎缩，当地的货币出现了大幅度的编制，公司的利润急剧下降。最严重的一段时间，罗马尼亚的货币每天贬值3%。面对这一情况，公司立即决定从罗马尼亚市场撤离，转而投向邻国加拿大市场。

针对加拿大货币利率稳定这一情况，公司通过先放货、后付款的交易方式，迅速将产品输入加拿大，在商家的努力下，这些商品在加拿大占据了一定的市场。与此同时，公司设法提高产品质量，主动降低利润空间，让经销商尝到了甜头。因此，一段时间后，公司的产品影响力大幅度提高。

危机过后，公司的总经理说："回过头来看，这场危机对我们来说不完全是一件坏事，而是考验我们灵活调整战略的能力。谁能快速地调整战略以应对危机，谁就能摆脱危机。"

在狂风大浪中，大船可以依靠坚实的船体作保障，避免风浪的冲击。相比之下，小企业不能与狂风大浪正面作战，而应该"见风使舵"，看到风浪来了，或调转船头回到岸上，或调整方向躲到凹处的海岸，这样一样能顺利地避开危机，使公司免遭损失。

企业就像一艘船，大企业就是万吨油轮，小企业就是小船。当遇到紧急灾难和危机时，只要能灵活地调整战略，随时应付出现的问题与风险，就能稳妥地经营。即使偶然有些损失，后果也不大严重，损失额相对来说也较小。

其实，无论是在面对危机时，还是在情形一片大好的时期，企业经营都应该注重战略的灵活性。灵活地挑战战略，意味着不盲目竞争，意味着不以鸡蛋碰石头，意味着寻找自己的市场定位，更意味着用自己的优势去竞争。在这一点上，国内饮料行业的几个小公司就做得很好，他们善于在危机重重的市场竞争中找准方向，灵活调整战略，深入挖掘区域优势。

稳居福建省饮料销售榜第一名的惠尔康，在本地市场之所以可以战胜实力雄厚的可口可乐、哇哈哈、康师傅、王老吉等饮料大公司，就是因为它善于根据外部环境调整经营策略。最初，惠尔康在全国范围内与那些大的饮料公司竞争，结果发现这样竞争下去只有死路一条。于是，他们立即调整战略，在福建省加大宣传和营销力度，结果占据了这块地盘。同样，延中盐汽水在上海市销量非常可观，超过了很多大的饮料品牌，也得益于灵活性的战略调整和深度挖掘区域优势。

身为企业经营者，要认识到：与大企业相比，小公司在经营中，更能贴近市场，能以最快的速度和较低的成本调整自己的经营方向，以适应千变万化的市场需求。在管理方面，小公司不存在大公司那种繁杂的程序问题，不需要层层请示，遇到问题可以迅速反应，及时处理。所以，小公司并不一定就会被淘汰，只要经营者有居安思危的意识，懂得根据市场具体情况灵活地经营，小公司也能发展成大企业。

8 危机也蕴藏着商机，把握“重新洗牌”的机会

企业就像一个人，在成长的过程中难免遇到困难和挫折，遭遇风浪和起伏，在各种各样的因素的交错下，危机的种子就萌发了。面对危机时，有些企业却应对无措，损失惨重，甚至被无情淘汰；有些企业可以镇定自若，在短时间内恢复过来；而有些企业懂得聪明地利用危机，在危机中找到崛起的机会。可以说，经营者对待危机的态度、应对危机的策略、处理危机的能力，直接决定了企业在危机的洗礼下是什么样的状态，决定了企业在危机之后的生死存亡。

有这样一个故事：

一头驴子不小心掉到一口枯井里，它大声地呼喊救命，期待主人把它救出来。主人找来乡邻帮忙，但是想了很久，也找不到解救驴子的办法，最后他心一狠，决定把这只驴子埋在枯井里。于是，主人让大家往枯井里铲土。

一开始，驴子非常恐慌，它似乎意识到自己即将丧命。但接着，它镇定下来，把落到身上的土抖落下来，踩在脚下，努力把自己垫高。随着土越铲越多，驴子顺利地走出了枯井。

试想一下，如果你的企业身陷“枯井”中，你会像驴子那样勇敢自救吗?

毋庸置疑，没有哪个老板愿意遭遇危机，但是危机却无处不在。我们不妨来认识一下危机：从字面上来看，“危机”一词有两层含义，一层含义是“危”，即危险、危难，一层意思是“机”，即机遇、机会、生机。也就是说，危机与机遇是同在的。正如中国一句古话说的那样：“祸兮福所倚、福兮祸所伏。”所以，企业经营者应辩证地看待危机，乐观地对待危机，积极地从危机中寻找机会。

危机的危险性不用赘言，危机的机遇性在于：首先，危机可以暴露企业存在的弊端，使经营者猛醒过来，找到企业问题的症结，为企业进一步发展扫清障碍；其次，企业在危机中往往会成为公众关注的焦点，如果处理得当，可以有效地提高企业的知名度和美誉度，提升企业的公众形象。

2005 年，发生在吉化的爆炸事故，导致含苯及其他有毒物质的污水流入松花江。要知道，松花江是哈尔滨的主要水源。随后，恐慌感在哈尔滨蔓延，人们担心环境灾难会导致供水不足，于是，人们纷纷抢购矿泉水和啤酒。原来 15 元一箱的矿泉水，在两个小时后，就变成了 50 元一箱。

除了矿泉水受到疯抢，本地产的哈尔滨啤酒也被疯抢。因为人们担心生产啤酒的用水也会受到污染。对于这种声音，哈尔滨啤酒厂的一位副总经理表示：“由于生产用水一直来自厂内地下80米的深井，自来水只是非生产用水，所以这次停水对他们的影响不大。”然而，他的话没人理会。因为多数啤酒消费者不知道啤酒的取材，也不了解井水与松花江水的严格划分。

面对供不应求的啤酒行情，同行业的百威啤酒迅速进入哈尔滨。据说，当时的百威公司从位于武汉的酿酒厂向哈尔滨派送了35000箱380毫升瓶装饮用水。行业的另一家公司——华润属下新三星啤酒，也在一夜之间受到了市民的青睐。新三星啤酒在哈尔滨停水的第三天，就送水进医院。整个送水事件被哈尔滨的《生活报》大篇幅地报道，新三星啤酒很好地树立了有责任、有担当的社会形象。一位哈尔滨市民说：“从前没有觉得新三星啤酒的口感这么好。”由此可见，新三星啤酒的口碑通过这次事件大为改观。

美国大陆航空公司总裁格雷格·布伦尼曼说过：“危机不仅带来麻烦，也蕴藏着无限商机。”可见，危机既能给企业带来损失，也可以给企业带来机遇。企业经营者从危机中可以得到深刻的教训，获得宝贵的经验，还可以从危机中找到商机，把危机转化为企业发展的转机。

1910年，美国的亚拉巴马州的棉花田遭遇了一场特大“象鼻虫灾害”。所有的棉花都被毁了，棉农们欲哭无泪。灾后，世代种植棉花的人们认识到，如果仅仅种植棉花，恐怕是不行了。为了降低风险，他们在棉花田里种上玉米、大豆、烟叶等不同的农作物。

尽管棉花田还会受到象鼻虫的侵害，但是喷上少量的农药，就可以消灭它们。这样一来，棉花和其他农作物都有很好的收成。事后人们发现，种植多种农作物的经济效益远远高于单纯种植棉花所获得的效益。从此以后，人们开始多样化经营农作物，亚拉巴马州的经济很快就走上了繁荣之路。

后来，亚拉巴马州的人们建立了一座纪念碑，以感谢当年那场象鼻虫灾害。

没有人愿意遭遇危机，但是危机常常不期而遇。面对危机，你可曾想过，危机中也有机会，也有转机？要知道，任何事情都有两面性，有弊必有利。所以，面对危机，经营者要提醒自己：危机，并没有想象的那样可怕。然后用“两分法”看待危机，用“逆向思维”来寻找企业的出路。

企业经营者要明白，只要企业应对危机的策略得当，危机也能为你带来机遇。危机就像一次狂风大浪，把破损的、虚大的、质量低劣的船冲洗掉，把精干的船只留下，这无异于一次大洗牌。如果企业能把握重新洗牌的机会，想方设法在洗牌之后留下来，那么企业将迎来新的生机。

第十二章 Di Shi Er Zhang

老板的形象影响着公司的命运

自古道："江山之固，在德不在险。"君主如此，老板也如此，治理国家与管理企业，本质上没有区别。正所谓"正人先正己"，要想拥有振臂一呼、应者云集的号召力，先要具备良好的德行；要想在竞争激烈、危机重重的商场上屹立不倒，就要有大胸襟、大抱负。

1 江山之固在德不在险，小领导做事，大领导做人

在冷兵器时代，战争成败的因素归纳起来，无外乎天时、地利、人和。以三国为例，曹操携天子以令诸侯——占了天时；孙权坐拥江东——占了地利；刘备有诸葛亮和五虎上将的辅佐——占了人和。正因为如此，曹操、孙权、刘备才能各占天下之一，呈三足鼎立之势。但是，如果仅占天时、地利、人和三者中的一条乃至三条，是否就能打下江山，是否江山永固呢？对此，战国初期著名的军事家吴起表达了个人的看法：

魏文侯死后，他的儿子继承王位，称魏武侯。一天，魏武侯在吴起的陪同下坐着船，顺黄河而下，船到半途，他回过头来对吴起说："山川是如此的险要、壮美哟，这是魏国的瑰宝啊！"吴起说："国家政权的稳固，在于施德于民，而不在于地理形势的险要。从前三苗氏左临洞庭湖，右濒彭蠡泽，由于他不修德行，不讲信义，所以夏禹能灭掉他；夏桀的领土，左临黄河、济水，右靠泰山、华山，伊阙山在它的南边，羊肠坂在它的北面，但由于他不施仁政，所以商汤放逐了他；殷纣的领土，左边有孟门山，右边有太行山，常山在它的北边，黄河流经它的南面，但由于他不施仁德，武王把他杀了。由此看来，政权稳固在于给百姓施以恩德，不在于地理形势的险要。如果您不施恩德，即便同乘一条船的人也会变成您的仇敌啊！"武侯回答说："讲得好。"

在吴起看来，影响战争成败的因素，不仅是天时、地利、人和，更重要的是君主的德行。如果君主的德行不好，如果君主不修德行，即便拥有天时、地利、人和这三者，也不见得能在战争中取胜，更不能保证江山永

固。所以，吴起这才有了“江山之固，在德不在险”的观点。

著名的满学家阎崇年先生曾经说过：“爱新觉罗·努尔哈赤之所以能为大清朝的建立奠定坚实的基础，除了拥有天时（明朝腐朽内忧外患）、地利（统一女真雄踞一方）、人和（八旗劲旅同仇敌忾），还有最重要的一点就是“已和（心态平衡心胸开阔）。”

阎崇年所谓的“已和”与吴起的“君主的德行”十分近似，不同的是，“已和”表达的是内在的心态、心理和智慧，而“德行”说的是治理国家的心态和智慧。可以说，“已和”是君主德行的根本，只有当君主有了良好的心态时，他才有可能表现出好的德行。

其实，管理企业与君王治理国家，在本质上是没有区别的，只是设计的管理范围、人数不同而已。管理企业，同样离不开一个“德”字，所谓“厚德载物”，领导者唯有良好的德行，才能行走在竞争激烈、危机重重的商场，才能得人心，得天下。在这方面，代表性的人物有史玉柱、牛根生、柳传志等。

当年“巨人大厦”项目崩盘时，巨人的核心管理层并未因史玉柱的破产而离去，核心管理者们对史玉柱依然不离不弃，这种风雨同舟的情愫，源于他们对史玉柱的信任，这是史玉柱后来崛起的关键。

牛根生创立蒙牛时一穷二白，既没有资金，也没有厂房，连奶源都没有，他的办公室是居民楼里的一套两居室，牛根生自嘲道“就是这么个环境，当时的蒙牛是中国乳业的尾巴尖上的最后一根毛”，但是牛根生的创业团队雄心不见，始终团结在一起，最终打造出今天的蒙牛集团。

联想在柳传志的带领下，从当年只有20万元的企业，发展成今天上百个亿的大企业，成为中国电子工业的老大。联想能有今天，与柳传志的人格魅力和高尚品格是分不开的，柳传志曾说过一段很有名的话：“第一，做人要正。虽然是老生常谈，但确确实实极为重要。一个组织里面，人怎么用呢？我们是这么看的，人和人相当于一个个阿拉伯数字。比如说

10000，前面的1是有效数字，带一个零就是10，带两个0就是100……其实1极其关键。很多企业请了很多有水平的大学生、研究生，甚至国外的人才，依然做得不好，是因为前面的有效控制不行，他也是个零。作为‘1’的你一定要正。”

柳传志说得到做得到。在联想的“天条”里，有一条是“不能有亲有疏”，意思是领导者的家属、子女不能进公司。柳传志的儿子毕业于北京邮电学院计算机专业，但是柳传志不让他来联想，因为他害怕子女进公司，各亲属结成利益团体，到时候没法管理。这只是柳传志做人的一个缩影，正是这种浩然正气，使得联想的事业蒸蒸日上。

翻阅历史，从无到有、从有到强大，在逆境中生存的例子不胜枚举，他们都有一个共性：都需要一群人，一个团队，而且需要一个有德行的领袖。史玉柱有“德”，所以在逆境中，依然能用人格魅力凝聚他的团队；牛根生有“德”，所以他才能带领团队，走过创业初期最艰难的日子；柳传志有“德”，所以他才能通过正人先正己，树立个人的影响力，把联想做成世界级的企业。

今天，有多少企业小老板有“德”？悲观地说，大多数企业是“树倒猢狲散”，甚至有些企业，“树”还没倒“猢狲”就已经散了。这一点从一个企业的人才流失率上就能看出端倪。当一个企业的人才不稳定，尤其是核心人才频繁流失时，企业的领导者就应该反思了，到底为什么无法聚集人才？这肯定是有原因的，而最大的原因，恐怕就是领导者“无德”。

牛根生曾说过：“小胜凭智，大胜靠德。”如果老板无德，他永远只能凭借“小智”取胜，他永远只能经营一个小企业，做一个小老板。试问，优秀的人才怎么愿意跟着没有前途的小老板，混迹在没有前途的小公司呢？

领导者们要清楚一点：振臂一呼，应者云集的号召力，绝不是职位赋予的，如果没有追随者，领导者的职位只是一个空壳，也就是说，是追随者成就了领导者，是追随者凸显了领导者。所以，领导者必须加强个人德行的修炼，学习做人的智慧。只有这样，才能领导团队，打下江山，把企业做大做强。为此，领导者要注意以下几点：

（1）要有“仁德”——敬天与仁爱

所谓仁德，指的是致利除害、无私爱人的崇高道德，还指人与人相互友爱、互助、同情等。作为领导者，要学会爱自己的员工、下属，爱自己的事业，只有无私的爱，才能把事业做大。

（2）要有“言德”——信任与守诺

所谓言德，指的是嘴上有德，即说话要讲信用，说到就要做到，只有当你以身作则，言而有信时，你才能让大家相信你。当你兑现了员工承诺时，你才能激起员工更强烈的动力，你要相信，给员工足够的动力，他们就会为企业创造出业绩，这是基本的信儿。

（3）要有“品德”——正直与胸怀

所谓品德，指的是个体依据一定的社会道德准则和规范行动时，对社会、对他人、对周围事物所表现出来的稳定的心理特征或倾向。品德归纳为一点，是指对身边的人充满善意，对社会有所贡献，比如，尊重他人、为人正直、胸怀宽广等，都是品德的一种表现。

2 打铁还需自身硬，自己做到才能要求别人

一个连自己都管不好的领导者，如何管理别人？

一个每天上班不守时的领导者，怎么要求下属守时？

一个上班经常打私人电话、上网聊天的领导者，下属会全力以赴地工作吗？

一个在背后说客户坏话、轻慢客户的领导者，下属会真心诚意的对待客户吗？

反之，如果领导者能先管好自己，表现出过硬的素质，给员工做好表率，那么就会有大不一样的结果。

一个不论刮风下雨，都准时来上班的领导者，下属往往会自觉地准时上班。

一个重视学习、不断进取的领导者，他的下属往往也会努力学习，害怕被淘汰。

一个上班兢兢业业、严于律己的领导者，他的下属怎敢造次？

一个对客户彬彬有礼、真诚服务的领导者，他的下属怎么会傲慢滑头？

一个懂得管好自己的领导者，根本不用费尽周折地管理下属，因为下属往往会自觉地向领导者看齐，自觉地约束自己。一个连自己都管不好的领导者，无论他怎么“使手段”，都难以管好下属，因为上梁不正下梁歪。

在管理学中，有这样一则寓言：

有个农夫养了一只大狼狗，然后让狗看好鸡群，免得可恶的狐狸们来吃鸡。尽管狐狸们很狡猾，但是有了狼狗的守护，它不敢贸然去吃鸡，它又馋又怕危险，简直伤透了脑筋。

一天晚上，机会终于来了。因为农夫忘了关鸡笼子。狐狸们在鸡窝不远处徘徊了很久，趁农夫一家包括大狼狗呼呼大睡之际，成功潜入了鸡群，然后大开杀戒，把鸡窝搞得满目狼藉。最后，狐狸们“酒足饭饱”之后，带着几只鸡走了。

第二天早上，农夫起床后发现鸡笼子里“尸横遍野”，鲜血淋淋，顿时火冒三丈，它抄起鞭子，狠狠地抽打大狼狗，嚷嚷道：“该死的畜生，你怎么能让狐狸进入鸡笼子吃鸡呢？你昨晚干什么去了？难道昨晚你死了吗？”

狼狗很惭愧，也很委屈，它答道：“你是一家之主，鸡被狐狸吃了，这件事你也脱不了干系，连你都不留心照看鸡笼是否关好，只顾睡大觉，又怎么要求我看护鸡笼子呢?”

狼狗的申辩句句在理，一个连自己都管不好的人，有什么资格去指责别人？一个失职了却不承认错误的人，有什么资格去斥责别人不坚守岗位？身为企业管理者，你所处的位置就像农夫，尽管你下面有忠诚的“狼狗”，但是不要忘了，你是领导者，下属犯错、失职有你的一份责任，而且如果你自己都做得不够好，你就难以让人信服。

有些老板对员工训话时，引经据典，头头是道，可是他说的那些道理，自己根本就没做到，他制定的制度，他也根本没执行。比如，有个企业老板请来一个培训专家给员工做培训，专家问他：“你参加吗?”他说：“我很忙，不参加了，你给员工讲一讲，让他们好好学习一下。”专家说：“那就算了，我还是不讲为好。”试想一下，一个不愿意学习的老板，如何要求员工不断学习？真正需要学习的，不仅仅是员工，更有企业的老板、团队的领导者。

有经书上说：“信道的人们啊！你们为什么说你们所不做的事呢？你们说你们所不做的事，这在真主看来，是很可恨的。”这句话告诉人们，不要给别人说那些连自己都做不到的事情，即便说了也没用。

有个乡下人来到清真寺，向阿訇诉说儿子多么不孝，阿訇问他：“你对父母怎么样?”乡下人脸一红，不吭声。原来，乡下人对自己的父母也不孝，他和父母比邻而居，但却视父母为路人，一年到头都不去看望父母。可笑的是，他居然痴心妄想儿子孝顺他。

《论语·子路》中说：“其身正，不令而行：其身不正，虽令不从。”一个人如果不讲道德，却要求别人讲道德，这不是霸道吗？即便你是老板，是领导者，你这种要求也会激起民愤。我们常说：“己所不欲，勿施于人。”要求别人做到的事情，如果你自己都做不到，那么别人自然会心悦诚服地学你。

一家商场的岳经理是一位很有号召力的领导者，在他的团队中，很少发生他要求团队成员去干什么，而自己却没做到的事情。他非常重视以身作则，他要求别人做到的，自己肯定会先做到。比如，有一年夏天，户外温度高达40℃，公司准备在商场前的广场上开展一次促销活动。当时有下属抱怨："天气太热了，还让不让人活了，为什么不在户内搞促销呢?"可是岳经理坚定地说："既然公司已经安排好了，我们就执行，否则会让前期的准备和投入失去意义。"

活动当天，他带头忙活起来。团队成员见此情景，啥也不说了，但他们认为岳经理坚持不了多久，他只是做个样子。因此，他们懒洋洋地跟着干。可是让人没想到的是，岳经理竟然始终和他们在一起，寸步没有离开过，而且还不时提醒其他员工去阴凉处歇一歇。

这只是在岳经理身上发生的其中一件事，还有很多事情，岳经理都是这么做的。因此，他在团队中有非常高的威信，他以实际行动感染了团队中的每一员，使团队充满了战斗力。

俗话说"打铁先要自身硬"，要想领导好一个团队，就要身体力行；希望下属做到的，你自己应该先做到。只有这样，你才能表现出过硬的自身素质，让下属心服口服地追随你。这样你才能赢得下属的尊重，才能在下属心中树立威望，才能一呼百应、应者云集。

3 领导者个人魅力大小决定团队气场大小

每个人都希望自己有魅力，个人魅力可以展示自我的外在形象，无形之中传达出我们的正能量。在企业中，作为一个领导者，尤其需要强大的个人魅力。优秀的领导者除了具备优秀的领导才能，还应有与众不同的魅力。领导者的个人魅力是领导才能的一种反应，是凝聚人心、激励斗志、带领队伍完成任务的重要保障。领导者的魅力能让领导者产生持久的影响力，使他在团队中充满威信，去影响团队成员的行为。

曾4次被美国《国际投资者》评为“世界最佳饭店”的泰国曼谷东方饭店，有一个十分出色的总经理——库特·瓦赫特·法伊特尔。他在泰国是个很有声望的人，曾被泰国秘书联合会数度评为“本年度最佳经理”。正是在他的管理下，曼谷东方饭店才有蒸蒸日上、誉满天下的盛况。

法伊特尔的管理秘诀就是“大家办饭店”，他把东方饭店当成一个大家庭来经营。在饭店内部，除了有一套行之有效的管理制度之外，法伊特尔的个人魅力也起到了十分重要的作用。作为饭店的总经理，作为饭店的最高负责人，法伊特尔从来不摆架子，他对每个员工都十分和蔼。无论是哪个员工遇到了困难或疑问，都可以直接找法伊特尔面谈。

在管理企业中，法伊特尔十分重视感情交流，他经常为员工及其家属举办各种活动，比如，生日舞会、运动会、佛教仪式等等。通过这些活动，各部门之间、员工之间、上下级之间有了更多的交流和接触，大家的距离就拉近了，这对提高员工的工作积极性、融洽彼此的关系、凝聚团队人心具有强大的推动力。

在东方饭店，从看门的人到出纳员，每个员工都充满着荣誉感。在这里，员工不仅有丰厚的工资，还有丰富的福利待遇，比如，免费就餐、年终红包、职业保险、年终休假、紧急贷款、医疗费用等等。这些对推动员工积极工作，也起到了举足轻重的作用。

领导是一门艺术，领导者的个人魅力在这门艺术中起着重要的作用。很多人认为，领导者必须有知识、有学问、有铁血手腕、有手段，但实际上，真正高明的领导者不会以拥有这些为荣，相比之下，他们更重视用个人的修养、亲民、和蔼的姿态，表达对员工的尊重和重视，使员工感受到被尊重、被信任，从而凝聚人心。当领导者具备了这些特质时，他的团队成员就会紧密团结在他周围，形成一个气场强大的团队。

在中国历代君王中，不乏优秀的领导者，但说起唐太宗李世民，我们不仅要用优秀来形容他，还要用“个人魅力强大”来形容他。早在当秦王时，虽然他的地位不及兄长李建成地位显赫，但是他以独特的个人魅力，吸引了众多能人志士追随。当他登上皇位之后，满朝文武，智者云集。后来，他们在李世民的带领下，打造了一个“贞观之治”。

在位期间，李世民从来不像其他权贵一样发号施令、玩弄权术，而是选择身体力行，为文臣武将做出示范。行军时，他与士兵同甘共苦，并把下属视为知己；打仗时，他不畏强敌，冲锋在第一线；决策时，他不独断专行，而懂得倾听他人意见，通过集思广益来制定策略。正是因为这些超凡脱俗的个人魅力，李世民才能让一群桀骜的草莽豪杰心甘情愿地臣服于他，并终生为他效力。

身为管理者，你的个人魅力与团队的气场有直接的关系。如果你的魅力强大，大家就容易在你的影响下抱成一团，凝成一股强大的合力。领导者的魅力不是天生的，完全可以通过实践来培养。一般来说，领导者可以在这样几点上努力修炼自我：

（1）高贵的人格

人格是指人的性格、气质、能力等特征的总和，也是一个人道德品质的体现，孟子在《滕文公下》中说：“富贵不能淫、贫贱不能移、威武不能屈，此谓之大丈夫。”这就是君子的人格魅力。而有些企业领导媚上欺下、耍两面派，这就是最大的人格缺陷。作为领导者，最应具备的就是正直、行事光明磊落、有责任感、有担当。

（2）独特的风格

所谓独特的风格，指的就是一个人的个性和特点，如果管理者没有自己的风格，就很难出类拔萃。这种独特的风格，不是处处长杨、标榜自我，而是一种适合于己、业已成熟、便于识别、行之有效的行为方式。比如，阿里巴巴的总裁马云、搜狐公司的张朝阳，他们就是有个性的领导者。

（3）大胸怀、大气魄

一个人的魅力不是取决于他的身高有多高，而是取决于他的胸怀有多宽广。就像林则徐写的一副自勉的对联："海纳百川，有容乃大；壁立千仞，无欲则刚。"试想一下，如果领导者小肚鸡肠、斤斤计较，怎么称得上有魅力呢？怎么可能赢得他人的追随呢？

（4）以身作则

以身作则的重要性不言而喻，通过以身作则，可以形成上行下效的良好团队氛围。领导者做得好，下属们还敢胡来吗？许多优秀管理者的例子都告诉我们，管理者的一举一动，往往会影响着下属的积极性，给下属留下深刻的印象。因此，率先垂范，树立榜样，是一个领导者必须重视的问题。

（5）睿智的头脑

领导者是决策者，必须要有睿智的头脑，想问题、做决策应有理有据、有条有理，尤其是在遇到棘手的问题时，要冷静地思考，泰然处之，而不能慌不择路，这样才能聪明地处理问题。

（6）渊博的学识、学习的心态

一个有魅力的领导，应该是一个爱学习、有学识的人，同时，他们还拥有丰富的管理经验，懂得虚心请教、耐心倾听、乐意与下属交流。这样不但可以让领导者扩充学识，还能使他们显得有亲和力、谦逊、温和。

总而言之，领导者若想打造个人的魅力，不妨从以上几个方面去努力，不断地提升自己、完善自己，这样一来，个人魅力定会油然而生。

4 别总板着脸，那不是威信而是距离

什么是老板？对于这个问题，有人曾打趣地说：“老板就是老是板着脸的人。”其实，不只是老板爱板着脸，很多中高层的管理者也爱板着脸。也许他们认为，板着脸可以在下属面前树立威信，可以与下属保持距离，可以体现自己的威严。相反，如果经常笑嘻嘻的，就会失去“官样”。有些管理者认为，轻易对下属微笑，下属就不怕你，久而久之，你讲话就没人听。当然，还有一些管理者，天生就长着一张严肃的脸，就是不爱笑。

板着脸真的能显示管理者的威严、威信吗？其实不然，冷的面孔、严峻的规例，很容易使人产生反感，感到不安。板着脸不是威严，而是人为地拉开与下属之间的距离，让你成为被大家远离和孤立的对象，会让你失去员工的心，得不到员工的理解和支持。

李经理是一个不苟言笑，不喜欢与下属私下来往的人。端午节的前一天，几个下属约好了去吃晚饭，下班的时候，见李经理在办公室，就特意去邀请他：“李经理，今晚我们部门的几个同事一起过端午节，大家请你也参加，走吧，一起去吧！”

没想到一番诚挚的邀请，却换来李经理冷若冰霜般的回应：“你们去吧，我不去！”下属们失望至极，有人忍不住问了句：“走吧，大家都等你呢！”李经理的语气中有些不耐烦：“说了不去呢，你们去吧！”

从那以后，李经理的“不通人情”在企业内部传开了。公司同事们再组织活动时，谁也不会邀请李经理。在李经理主持的部门会议上，大家都闷声不响，很少主动发表观点和看法。当李经理不在的时候，大家有说有

笑，当他出现时，刚才聊得热火朝天的场面，一下子就冷场了。因为大家看到李经理板着脸，再也没有聊下去的兴致。

板着个脸，怒目以对，显然不能树立领导者的威严，相反，却会拉开领导者与下属的心理距离，使人对领导者敬而远之。当下属不再愿意接近领导者时，领导者就会失去了倾听民心的机会，自然无法从下属那里获得有价值的建议、创意。

有一位公司的经理曾讲述了自己一段切身的经历："两年前，我到一家公司担任经理。在第一个月，我发现公司每次召开中高层管理会议、学习座谈会、研讨会等，只要有我在场，会议就会变得非常沉闷。很多参会者不愿意讲话，有的发言结结巴巴，显得很紧张。我感到很纳闷，后来经过一番察访，终于弄清了缘故：原来是我的表情太严肃了，总是板着面孔。从那以后，我从'脸'上做起，开始练习微笑，表现出一种轻松的状态。渐渐地，公司会议上沉闷的现象有了改观，有时候我还会主动用幽默的口吻和大家讲话，逗得大家哈哈大笑，会议的效果也非常好。"

这位经理的经验告诉我们，管理者的脸上是冷若冰霜还是挂着微笑，效果是大不一样的。微笑是世界上最美丽的行为语言，也是管理者一项重要的基本功。微笑可以给别人带来轻松快乐，缓解紧张，让人心情愉悦。在公司里，管理者多一点微笑，多一点幽默，能很好地调动企业内部的工作氛围，使大家在一种轻松活泼的氛围下工作，这样会大大提高员工的工作效率。相反，管理者常板着面孔，会让下属产生一种距离感、自卑感、紧张感。

美国著名企业家、钢铁大王卡内基说过："笑容能照亮所有看到它的人，像穿过乌云的太阳，能带给人们温暖。"英国诗人雪莱也有类似的名言，他说："微笑是仁爱的表达，快乐的源泉，亲近别人的桥梁。有了微笑，人类的感情就沟通了。"管理者要学会微笑，学会制造他人微笑，营造一种快乐的工作氛围，既有助于增强自己的亲和力，又能实现与下属畅通无阻地沟通。因此，赶紧放松紧绷的脸部神经，把微笑作为一种好的作风来培养吧！

盛田昭夫是索尼的缔造者和最高首脑，也是一个有着非凡亲和力的领袖。他喜欢和员工接触，只要有空闲，他就会笑着去分店转悠，找机会与员工沟通。他希望所有的经理都能抽出时间走出办公室，走到员工中去，与员工拉近距离，更好地了解和认识员工，倾听他们的意见，使大家生活在一个轻松、透明的工作环境中。

有一次，盛田昭夫到东京办事，见时间有余，他就来到一家挂着“索尼旅行服务社”招牌的小店，对店里的员工说：“相信你们在电视或报纸上见过我，今天我特意来和你们打个招呼，让你们看一看我的庐山真面目。”这句话把大家逗得哈哈大笑，气氛一下子变得轻松起来。盛田昭夫趁机在店内走动，四处看看，并和员工随意攀谈家常，有说有笑，很好地融洽了大家之间的关系。

还有一次，盛田昭夫来到美国加州的帕罗奥图市参观索尼公司的一家分支研究机构。参观活动结束后，研究机构的一位美籍经理提出和盛田昭夫合影，盛田昭夫欣然应许：“还有谁想和我合影，大家都可以过来！”结果，盛田昭夫和三四十位员工都有了合影，这让大家感到心满意足。

合影结束后，盛田昭夫对这位美籍经理说：“你这样做很对，你真正了解索尼公司，索尼公司本来就是一个大家庭嘛。”

再有一次，盛田昭夫来到美国索尼分公司，参加分公司成立的25周年庆典活动，然后和全体员工一起用餐。之后，他又飞到纽约，和当地的索尼员工欢快地野炊。最后，他马不停蹄地赶到阿拉巴马州的杜森录音带厂，以及加州的圣地亚哥厂，和员工们一起进餐、跳舞，狂欢了半天。在一系列地与员工接触的活动中，盛田昭夫感到非常开心，非常尽兴，员工们也感到荣幸和自豪。

索尼公司正是靠着高层管理者的这种亲和力，才使得全公司的成员凝聚在一起，形成一股强大的合力，才能在激烈的市场竞争中，同心协力、屡战屡胜。

事实证明，一个管理者的亲和力，可以为企业发展带来巨大的推动力。对管理者而言，平易近人是一种不可或缺的品格，是管理者个人魅力的重要体现，也是凝聚人心，激励团队的关键因素。所以，请不要板着脸，而要面带微笑，亲近员工，与员工打成一片。这样的管理者在员工心目中才会有影响力，才会有真正的威信。

5 推功揽过，成为下属心中的守护神

《菜根谭》中说："当与人同过，不当与人同功，同功则相忌；可与人共患难，不可与人共安乐，安乐则相仇。"意思就是，不要一个人独占好的名声和荣誉，要学会与人分享，才不会招来嫉恨；不要把坏的名声和错误全推给别人，而要积极地承担几分，这样才可以保全你的功名，获得美德。简单地说，这句话就是告诉我们：做人要学会推功揽过。

推功揽过是做人的境界。一个善于推功揽过的人，往往是厚德载物、雅量容人、大智若愚之人。一位善于推功揽过的管理者，往往会以其睿智和胸怀凝聚人心、鼓舞士气，强化团队的战斗力。

身为企业管理者，如何对待功过是非，既考验其思想境界和为人品行，又考验其管理智商和领导智慧。不少管理者对待功劳时，大包大揽，仿佛在说："功劳都是我的，如果没有我的英明领导，企业或部门怎么会取得如此骄人的成绩呢？而一旦出了问题时，他们就东躲西藏，推诿搪塞，仿佛在说："都是下属执行不力，不关我的事！"事实上，功劳是谁

的？责任是谁的？大家心知肚明，公然地争功推过只会让管理者众叛亲离、被人唾弃。

王先生是某地产集团的运营经理，他与下属们群策群力，历经5个月，完成了一个重要的项目。公司董事长来检查工作时，他夸夸其谈，把功劳全部归功于自己，对下属们的默默付出绝口不提，好像整个项目的成功是他一个人完成的。

董事长非常高兴，当场表扬他，还许诺给他各种奖励，他脸上乐开了花。再看看下属们的表情，充满了失望和气愤。大家私下里痛斥王先生的自私和阴险，从此跟他离心离德，不管做什么，大家都不配合他。有的下属甚至写信给上级检举他，揭发他工作中的错误，暗地发誓，不打倒他绝不罢休。

为了贪图一时的虚名而葬送美好的前程，这是何苦呢？看到那些刚才和自己站在一个阵营里的下属，转瞬之间就站到自己的对立面，想必王先生已经明白不懂得推功揽过的严重后果。所以，千万不要拿着最高的工资，却在成绩面前抢功，而一遇到困难、问题和挫折就把责任推给下属，自己当“缩头乌龟”，那只能引来下属的鄙视和嘲笑。

当员工出了问题时，管理者首先应该做的不是推卸责任，指责下属，而应该是检讨一下自己，是否因为自己的疏忽，才导致员工出现了错误。即使你没有明显的错误，作为管理者，你也有监督不力的失职之责。这个时候，你应该做的是大胆地站出来，勇敢地为员工承担责任，与他们一起研究犯错的前因后果，然后想办法弥补过错给公司造成的损失。

台湾的著名管理培训大师余世维任职过多家公司，他每到一处，都能赢得员工的尊重。大家之所以愿意服从他，愿意跟随他，就是因为他从不推卸责任，从不会把问题归咎于员工的失职，而是在上司面前为员工扛起全部的责任。关于这方面，他曾讲述了一件亲身经历的事情：

有一次，公司从中东客户那里进口了50辆豪华轿车，再转口销往大陆市场。余世维已经和中东客户谈妥了条件，然后他把剩余的细节问题和合同的签署一事交给了下属去办理，还特别交代了轿车的前窗要可活动型的。

可是等到交货时，下属慌张地找到余世维，说发生大事情了。原来，下属把余世维当初交代的活动型的前窗忘得一干二净，签署的这批轿车的前窗玻璃都是固定的。面对下属焦急的神情，余世维却表现得异常冷静。他来到董事长的办公室，把这件事汇报给董事长，董事长听了之后，非常生气："到底哪个员工做的，赶快把他给我找来。"

余世维没有出卖自己的下属，他对董事长说："都是我的错，是我一时疏忽而导致发生这样的事情，我愿意承担全部的责任，并希望尽快得到圆满的解决。"他向董事长发誓，如果不能将这50辆车卖出去，任凭公司处置。

凭着这股不服输的勇气，余世维挨家挨户将50部车全部推销出去，而没有让部下承担责任。部下除了感动，只有加倍努力地工作，用优异的工作业绩报答他的恩情。

有人说："领导者如果不主动承担错误，他就不适合担任公司的领导者。"优秀的领导者在出了问题时，勇于承担责任，他们甚至把责任一肩挑起来，让员工放下心中的包袱和压力，轻装上阵地面对工作，余世维就是这样的领导者。在他承担责任、解决问题的同时，也深深赢得了下属的尊重、敬佩和追随，这就是领袖的魅力。

管理者一定要认识到，下属信任你，在某种意义上，不是因为你有多大的权力，而是因为你在关键时刻，敢于承担起责任。因为你的权力再大，如果下属不信任你，他们完全可以选择离开公司，你的权力对他产生不了任何影响，但如果你有魅力，下属信任你，那么他们愿意永远效忠于你。

在恰当的场合，以适当的方式推功揽过，表面上看似乎对自己有"损失”，但实际上有利于在团队中营造相互信任、相互支持、相互谅解的心理环境，形成相互激励、相互推动的积极力量，使下属放下心中的包袱，放开手脚开展工作，与领导者一起同甘共苦、共同进退，形成团结一心的良好氛围，最终实现企业利益最大化。

6 不要神化自己，偶尔暴露自己的缺点

俗话说：“树活一张皮，人活一张脸。”管理企业，在与员工打交道的过程中，很多领导者往往竭力掩饰自身的种种缺陷与弱点，以顾全脸面，在下属面前树立一个“高大全”的形象，把自己神化成“不食人间烟火”“不与员工同流”的光辉形象。

殊不知，掩饰自身缺点、刻意美化形象很容易在领导者与员工之间制造一条心理鸿沟，使员工对领导者产生一种距离感，员工甚至会这样看待领导者：你不是很牛吗？我偏不服你，我配合你，看你牛得起来不？这样一来，团队凝聚力就无从谈起，团队战斗力就难以体现。

其实，与其刻意神化自己，不如适当暴露自己的缺点，让员工知道你也是普通人，而不是神；让员工知道，你也有不足，你也需要他们的支持和帮助；让员工知道，你其实很谦虚，你希望向他们学习。如此一来，你的个人魅力就一下子增强了，你的领导力也会变得强大起来。这一点在著名的 NBA 球星迈克尔·乔丹身上表现得特别典型。

众所周知，迈克尔·乔丹被誉为“世界篮坛巨人”，他的成就至今无人能及。乔丹在球队里是毫无争议的领袖，在广大球迷以及很多队友眼中，他被神化成无所不能的球星。可是乔丹不这么认为，他意识到如果要

想芝加哥公牛队连续夺得总冠军，就必须推倒“乔丹偶像”这一形象，以证明公牛队不是他一个人的球队，而是整个团队的球队。

乔丹的队友斯科蒂·皮蓬也是NBA中的一名超级球星，当人们狂热地追捧乔丹时，皮蓬的心理无疑会受到不良的影响。毕竟，一山难容二虎，为了打造一个有凝聚力的团队，乔丹主动向皮蓬暴露了自己的缺点，指出了皮蓬的优点，激发了皮蓬的自信心。

在一次训练中，乔丹主动与皮蓬聊了起来，他问皮蓬：“咱俩的3分球谁的更好?”

皮蓬说：“那还用说，当然是你。”

“不，是你!”乔丹肯定地说，“虽然我投3分的命中率比你高一点，可是你投3分的动作比我要规范、自然得多，在这方面，你的天赋远胜过我，相信以后你还会做得更好，而我投3分是个弱点，以后必须改善一下。”

接着，乔丹说：“我扣篮的时候习惯性地用右手，即便是左手扣篮，也会习惯性地用右手帮一下。我左手扣篮能力不好，这是我的一个重大的缺陷，而你呢，左右手都能扣篮，甚至左手扣篮比右手还要好一些。”

这些细节皮蓬从来都没发现，通过这次对话，皮蓬对乔丹有了更多的敬佩，他明白自己与乔丹相比有哪些优势。从此以后，在乔丹的鼓励下，皮蓬的团队协作意识越来越强，在球场上表现得越来越好，和乔丹的关系也变得越来越融洽。正因为如此，NBA的历史上才会有“公牛王朝”。

领导者主动暴露弱点，毫无保留地向他人展示真实的自我，这体现出领导者的坦荡和谦逊。这样做可以让团队成员明白，领导者虽然优秀，但并非完美的，也有缺点和不足，需要支持和帮助。暴露了缺点和不足，可以向团队成员表明：你是一个真实的、可接近的人，而不是一个无所不能的神。

一位经理在管理上非常有才能，但他的缺点是性格火爆，当下属犯错时，他就会不顾情面地一顿猛“批”。为此，下属们都不太愿意接近他，甚至有些害怕他。后来，在一次部门会议上，他很动感情他说：“我这人，从小就是‘牛’脾气，发起神经来就会让别人难堪。我下决心改了十几年，还是没改掉。今后，如果我‘牛’气上来了，拜托大家用力顶回去，谁帮我改掉了‘牛’气，我就把我的年终奖给他。”从那以后，大家再也不把他的牛脾气放在心上，相反，大家经常在他发作的时候，笑嘻嘻地和他开玩笑：“经理，我们看到了一头发疯的牛。”

领导者身上如果有些弱点，改又改不来，这时就无需回避、遮掩了，不如坦率地自我揭发，自我曝光，这样下属反而觉得你为人坦诚，进而谅解你，觉得你有亲和力。

每个团队的领导者都希望自己手下都是精兵强将，这样大家才能助你的事业不断飞跃，你才能获得更大的提升空间。因此，你不妨借鉴一下乔丹的做法，主动暴露自己的缺陷和不足，肯定别人的闪光点，或者出点小洋相，表明自己不是一个高高在上、十全十美的人，这样不但可以使你变得更容易接近，有时候还会使别人不与你为敌。

有一位记者去拜访一位企业家，目的是获得有关他的一些丑闻。因此，他带着一连串的质问气势汹汹而来。简单地寒暄之后，这位企业家对记者说：“时间还很充足，我们可以慢慢聊。”这种从容不迫的姿态让记者大感意外。

片刻之后，秘书端来咖啡，这位企业家端起咖啡喝了一口，立即惊慌失措地把咖啡放下来，嘴里嚷道：“啊！好烫啊！”咖啡洒了一桌子。等秘书收拾好之后，企业家拿了一支香烟放入嘴里，但是记者发现，企业家居然从过滤嘴一头点火。于是他赶紧提醒道：“先生，你的香烟拿倒了。”企业家听到提醒，才慌忙地把香烟拿正，不料又将烟灰缸碰翻在地。

在商界中叱咤风云的企业家，居然出了一连串的洋相，让记者大感意外。不知不觉中，记者原来的那种挑战情绪完全消失了，甚至觉得企业家也不过如此。其实，这些都是企业家刻意安排的，他就是想以此弱化记者的挑战情绪——他的目的达到了。

在很多人的印象中，领导人物总是“高大全”的印象，如果领导人物能主动暴露自己的缺点，就很容易消除普通人对领导人物的仰视姿态，甚至会对领导人物产生一种亲近感。因此，身为领导人，你应该让部下看清你也是一个普通人，这对融洽部属关系、团结部下会有很好的效果。

在企业界，职位越高的人往往越容易相信自己比别人更重要，或者更聪明。SGS 汤普生微电子公司的总裁比尔·马尼拉曾经说过：“当务之急是我们应该把自己从职位、头衔以及过去的成见中抽身出来。从新的角度去看，其实每个人都是领导者。”而约翰·罗宾逊更明确地说：“我们应该提醒自己，除了拥有显赫的头衔之外，其实他跟其他同事和部属之间毫无区别。”

约翰·罗宾逊回忆道：“我 30 岁出头就当上了银行总裁，那时觉得自己实在是个了不起的人物。可是每次我回家时，宝宝的尿片湿了，我还是得帮他换尿片。我忽然间回到了现实，对自己有了新的认识，并得以保持自我平衡，免于自我膨胀。”

这些优秀的成功人士都在提醒我们：身为企业的领导者，有必要把自己视为一个普通人，一个与员工毫无区别的普通人，而不要自以为是，高高在上，甚至刻意地神化自己。这样，才能成为一个有亲和力的领导者。

当然，在暴露自身弱点的时候，要有所选择，对于那些致命的缺点，永远不要暴露，刻意被暴露出来的弱点，应该是那些无关紧要的缺点；或者挑选从某种意义上可被视为优点的“弱点”来暴露。

7 带人要刚柔并济，做领导要软硬兼施

有生活常识的人都知道，一个东西如果太刚硬，就容易折断；一个东西太柔软，就会显得萎靡不振。做人也是这个道理，处处表现得强硬，往往树敌众多；处处表现得软弱，又会被人欺。作为企业领导者，更不能陷入太刚或太软的极端，太刚会使你显得太严肃、古板、不通人性、没有人情味、不可接近；太软会使你显得没威信、无法镇服下属。因此，领导者最佳的境界是刚柔并济、软硬兼施。

古今中外，高明的领导者往往深谙“刚柔并济”、“软硬兼施”的智慧。他们一会儿唱红脸，一会儿唱白脸；一会儿和和气气地表扬下属，一会儿杀气腾腾地怒斥下属。这样一来，他们既让人尊敬，又令人畏惧，从而很好地慑服了下属。有“经营之神”之称的松下幸之助，就是这方面的高手。

有一次，松下公司获得了一份很大的订单，松下非常重视这笔生意，就把这笔生意交给一向沉稳的冈田负责。没想到，冈田因一个很小的疏忽，把这单生意弄砸了。松下把冈田叫到办公室，对他大发雷霆。由于情绪激动，他在斥责冈田的时候，不停地用手杖敲打地面，把手杖敲弯了。

批评结束之后，冈田垂丧着头准备离开，松下却把他叫住，用很温和的语气说：“对不起，我的手杖弯了，你能否帮我把它弄直?”冈田拿起手杖，用力地在地上敲打，内心的不良情绪在敲打的过程中得以发泄。当他把敲直的手杖交给松下时，松下说：“干得不错，手杖比之前更

直了。”

松下这一招确实很厉害，他在厉声斥责下属之后，马上通过表扬表现出自己柔和的一面。这种行为向冈田传达出这样的信息：这件事已经过去了，而且受到批评的不是他本人，而是这件事本身。

冈田被松下肯定之后，转忧为喜，并为自己的错误深深自责。后来，他对松下一直忠心耿耿，是松下手下最得力的干将之一。

正如一个在战场上指挥的将军，令旗一挥，必须全军冲锋陷阵，若稍有心慈手软，必挫伤进攻的锐气，降低战斗力。企业领导也一样，在正确的前提下，该一锤定音时，绝对不可以有任何讨价还价的可能；对某些屡教屡犯者，绝不可以始终原谅、“开恩”，而需不留余地地做出处理。

在表达“刚”的时候，夹杂一些“柔”的成分，会使你显得有情有义。例如，当下属亲近领导者，向领导者表达意见或建议时，如果领导者正襟危坐、不理不睬，那么下属的积极性就会受到打击。正确的做法是，对下属的行为表达肯定和欣赏，保护下属的积极性。

同样的道理，在对下属表达“柔”的同时，也应该在合适的时候，表达自己的“刚”。在该刚的时候刚，在该柔的时候柔，做到刚柔并济，才能更好地驾驭下属。比如，下属犯了原则性的错误，你就要来硬的，就要“唱白脸”，甚至还要“唱黑脸”，表现得铁面无私，秉公执法，该批评的批评，该惩罚的惩罚。

在下属犯错时，如果你不分是非，不讲原则，一味地做老好人，害怕得罪人，对下属唯唯诺诺。那么，不但会破坏公司的制度，还会损害你个人的威信，引起其他下属的不满。当在唱白脸之前，可以先唱红脸，适当肯定下属，然后再唱白脸，义正辞严地指出下属的问题。这就是管理学上常说的“胡萝卜加大棒”，鼓励与批评配合使用，能取得更好的效果。

通用公司前总裁杰克·韦尔奇是一位忠于原则和底线，又忠于结果的领导者。当年他新官上任，公开宣布：通用公司在市场上必须进入前两名，因为如果无法进入前两名，将会面临破产的命运。

对于韦尔奇的刚性要求，很多员工抱怨他要求太高。但是韦尔奇不为所动，无论产品销售的业绩如何，他总是嫌不够，一时间，让人觉得他很没有人情味。但事实上，韦尔奇并非没有人情味的领导，他也注重温柔待人。

一天，有一位中层经理在韦尔奇面前作报告，由于紧张过度，他两腿不停地抖动起来。韦尔奇发现这一情况后，就问他怎么回事，为什么如此紧张。这位经理坦白地说："我太太跟我说，如果这次报告砸了锅，我就完了。"

韦尔奇听后，马上安慰他，还让人送来一瓶高级香槟和一束红玫瑰给这位经理的太太，并附上一张便条，上面是韦尔奇亲笔写的一句话："你先生的报告非常成功，我们非常抱歉害得他在最近几星期忙得一塌糊涂。"这件事让这位经理和他的太太十分感动。

太刚硬的领导者，会让人敬而远之。只有懂得刚柔并济，才能达到让人又爱又敬又惧怕的效果。不过，什么时候该"刚"，什么时候该"柔"，什么时候该"软"，什么时候该"硬"，领导者需要拿捏准确，只要在正确的时候、对的人身上，运用得当，就会圆满成功。

8 大胸怀，大气魄，成就卓越领导者

企业管理是一个做人做事的过程，在这个过程中，领导者能否做到大肚能容、宽厚待人，能够做得到眼观六路、耳听八方、胸怀全局、心怀天

下，很大程度上决定了企业能长远地发展。因为宽厚待人，才能广结人缘，才有可能得到员工的支持，因为胸怀全局，才不至于目光短浅，拣了芝麻丢了西瓜，这是一种大气魄。

很多时候，大胸怀与大气魄是紧密联系的，很容易理解的一点就是：大胸怀表现为不与人计较，为的就是从长远来看，与人为善，使自己多一个朋友，少一个敌人。这一点在企业管理中显得尤为重要。有些领导者嫉贤妒能，害怕下属抢了自己的风光，于是处处打压下属，这就是典型的缺少胸怀和气度的表现。

提到三国时期的周瑜，很多人就会产生刻板印象，认为周瑜嫉妒心强，心胸狭小，其实并非这样的。程普是东吴的老将，他原先与周瑜不和，两人关系相当紧张，但是周瑜并没有因程普对他不友好而报复。相反，他把程普的不友好抛之脑后，选择了大度宽容，后来，程普被他的宽宏大量感动了，两人成了挚友。程普还用“饮醇醪自醉”来评价与周瑜的交往，意思是与周瑜交往，就像喝了又浓又醇的美酒，让人神清气爽。由此可见，大胸怀是化解矛盾、消除隔阂的良药。

身为企业管理者，不但要在做人方面有大胸怀，还要在做事方面有大气魄，这样才能让你的领袖气质影响更多的员工。在这一点上，李嘉诚值得我们学习。李嘉诚当年创办塑胶厂时，将厂子的名字定为“长江”，他的解释是：“长江不择细流，故能浩荡万里。长江之源头，仅涓涓细流，东流而去，容纳无数支流，形成汪洋之势。日后的长江塑胶厂，发展势头也会像长江一样，由小到大。长江是中国的母亲河，是中华民族的骄傲，未来的长江集团，也应该为中国人引以自豪。长江浩荡万里，具有宽阔的胸怀，一个有志于实业的人，理当扬帆万里，破浪前进，去创建宏图伟业。”

在做人做事做生意的过程中，李嘉诚总是提醒自己多一点大度、多一点让利。他说：“重要的是首先得顾及对方的利益，不可为自己斤斤计较。

对方无利，自己也就无利。要舍得让利使对方得利，这样，最终会为自己带来较大的利益。我母亲从小就教育我不要占小便宜，否则就没有朋友，我想经商的道理也该是这样。”正是这种胸怀天下的大志向和大气魄，促使李嘉诚不断将事业做大做强。

无独有偶，格力集团的董事长董明珠也是一个拥有大胸怀和大气魄的人。在营销界，她被誉为传奇人物。这不仅在于她为格力创造了前所未有的营销模式，更在于她对营销保持着与众不同的态度。

很多人在搞营销时，都会赔尽笑脸、说尽豪华，跟在客户身后，服务周到，但是董明珠搞营销却不这样，她总是开宗明义地告诉客户：如果你不按我的规矩来，就别和我玩这个游戏。结果，客户围绕在她身边抢着付钱，还对她保持12分的敬佩。这到底是怎么回事呢？

有人曾问董明珠：“你怎么敢肯定，客户会按照你的规则跟你玩游戏呢？”董明珠说：“因为我的出发点不是我个人的那一点眼前利益，我手中把握的是合作双方的长远利益。”看到这样的回答，我们就不难理解为什么客户愿意与他合作了。

另外，董明珠还是一个有大气魄、大格局的领导者，她的一位下属曾表示：“董总特别善于观察，而且反应敏捷，在你还没开口之前，她已经知道你要什么；她也会让你明白，她手里掌握的正是你想要的——她永远控制着大局的进程。”

领导者的大气魄、大格局很大程度上，表现为企业战略的制定和企业长远的规划上。就像董明珠这样，站在“大格局”的角度上，统筹内部和外部的一切资源，将利益最大化发挥得淋漓尽致。这一点在威盛电子董事长王雪红身上也有典型的表现。与董明珠向营销渠道的强权发起挑战大同小异，王雪红在威盛电子创立不久，就敢于向行业巨头英特尔叫板，结果一战成名。

王雪红向英特尔挑战并不是哗众取宠、借故炒作威盛的知名度，而是因为她从一开始就看准了中国电子公司不能永远都做“高级作坊”的趋势，必须拥有自己的芯片技术。结果，威盛在她的领导下，一点一点做技术，一点一点赢得市场，最终的结果是威盛和英特尔、AMD并称为全球三大芯片生产商。

敢于挑战是大气魄，这需要勇气，需要胸怀，需要长远的规划和大格局上的把控。企业领导者就应该具备这些素养，要学会着眼未来，积极地为明天准备；要学会掌控全局，从局外人、多角度观察企业的运营，判断企业的健康情况，判断它的发展阶段，并且根据观察和判断，来加以掌控企业的运营和走向。

领导者的大胸怀、大气魄还表现为揽天下英才、用天下将才、惜天下帅才，还表现为立意高远、气魄夺人、决断、坚持、承担责任、承认错误。如果你做到了这些，那么你的领袖气质就会发挥强大的正能量，从而带领企业走向明天的辉煌。